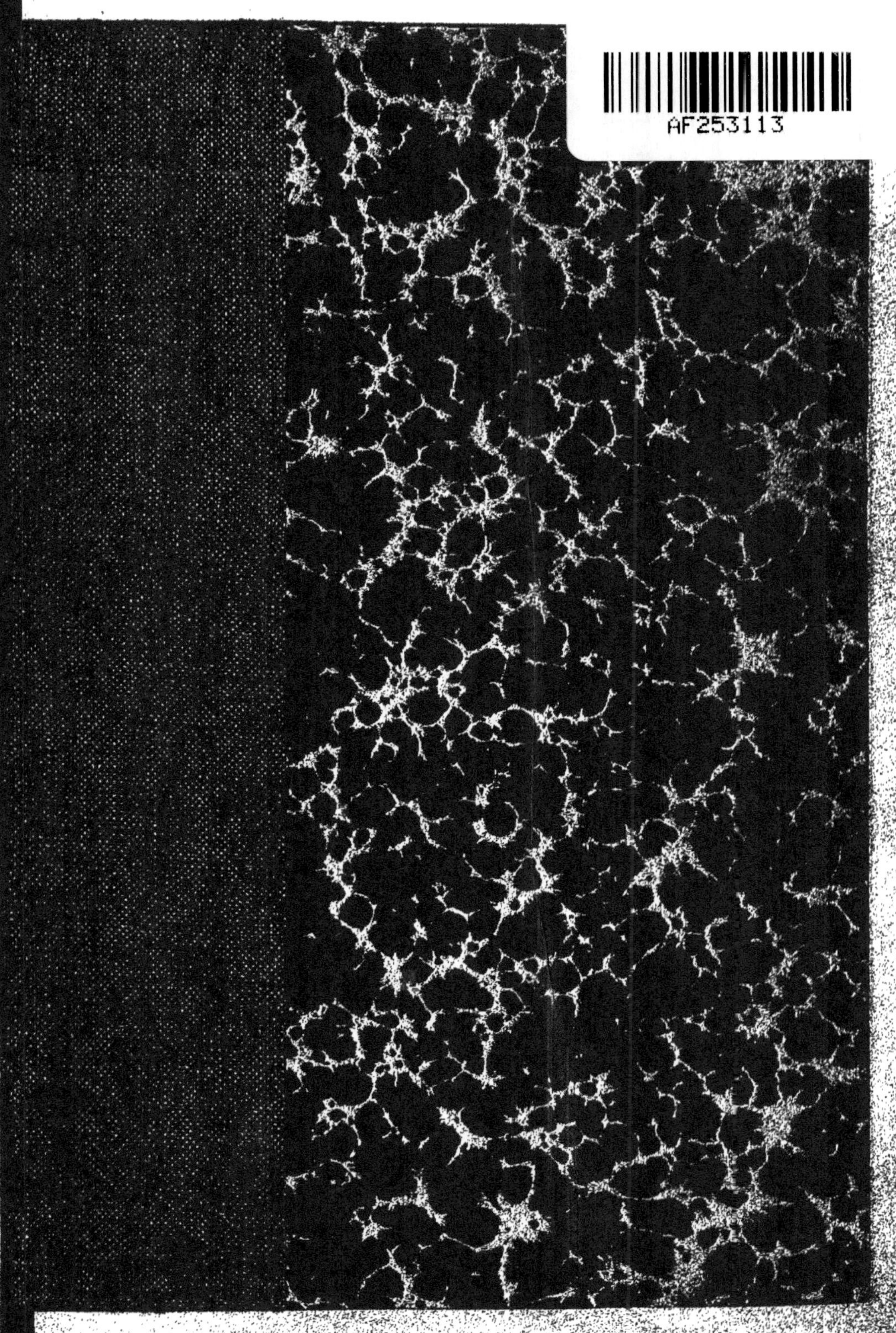
AF253113

# TRAITÉ

## THÉORIQUE ET PRATIQUE

# DU TAPISSIER

## PRINCIPES DE LA DÉCORATION

PAR

## G. Félix LENOIR

LAURÉAT DES CONCOURS DE L'UNION CENTRALE DES ARTS DÉCORATIFS
MÉDAILLES AUX EXPOSITIONS DE 1874, 1875, MÉDAILLE D'ARGENT À L'EXPOSITION DE 1879
MÉDAILLE D'ARGENT À L'EXPOSITION UNIVERSELLE DE 1889

AVEC LA COLLABORATION

DES

## PREMIERS COUPEURS DES PRINCIPALES MAISONS DE PARIS

DEUXIÈME ÉDITION

Exposition universelle 1889. — Médaille d'argent.

## CH. JULIOT, ÉDITEUR

AVENUE DE PARIS, DOURDAN (SEINE-ET-OISE)

Ci-devant à Paris, 23, rue des Écoles

Armoire Louis XVI (dessin réduit)
Chambres à coucher, salles à manger, salons et petits meubles, bibliothèques, bureaux, toilettes, etc.
de tous styles avec plans et coupes.
20 planches (0,32 sur 0,42) de modèles de meubles, 80 planches de détails, profils et plans.
Prix : 50 francs.

# TRAITÉ

## THÉORIQUE ET PRATIQUE

# DU TAPISSIER

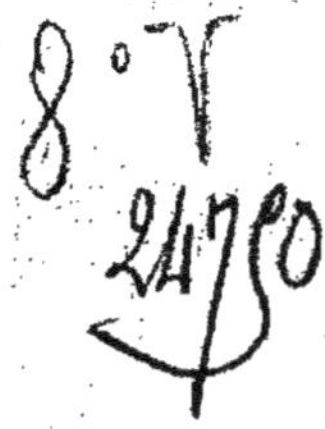

# DÉCORATION DES APPARTEMENTS

*Ouvrage faisant suite au « Traité théorique et pratique du Tapissier ».*

PAR

## G.-Félix LENOIR

PROFESSEUR DE DESSIN DÉCORATIF

(Dessin réduit)

COMPOSITIONS NOUVELLES D'AMEUBLEMENTS

Ensembles d'intérieurs, lits, fenêtres, portières, tentures, meubles, sièges, etc.

*Draperies et lambrequins dessinés d'après l'exécution.*

Ouvrage de 60 planches grand in-folio. Prix............ **160** fr.

# TRAITÉ

## THÉORIQUE ET PRATIQUE

# DU TAPISSIER

## PRINCIPES DE LA DÉCORATION

PAR

### G.-Félix LENOIR

LAURÉAT DES CONCOURS DE L'UNION CENTRALE DES ARTS DÉCORATIFS
MÉDAILLES AUX EXPOSITIONS DE 1874, 1876, MÉDAILLE D'ARGENT A L'EXPOSITION DE 1879
MÉDAILLE D'ARGENT A L'EXPOSITION UNIVERSELLE DE 1889

AVEC LA COLLABORATION

DES

### PREMIERS COUPEURS DES PRINCIPALES MAISONS DE PARIS

DEUXIÈME ÉDITION

Exposition universelle 1889. — Médaille d'argent.

## CH. JULIOT, ÉDITEUR

AVENUE DE PARIS, DOURDAN (SEINE-ET-OISE)

Ci-devant à Paris, 22, rue des Écoles

*Droits de reproduction et de traduction réservés.*

Extrait du « *LENOIR, Décoration des Appartements* ». (Dessin réduit.)

CHAMBRE A COUCHER STYLE LOUIS XV

# PRÉFACE

—

NCOURAGé par le bon accueil déjà fait á nos différentes publications, nous présentons aujourd'hui un nouvel ouvrage renfermant les *principes théoriques et pratiques de l'Art du Tapissier*. Cet ouvrage contient un nombre considérable de modèles classés par style, et comprend les diverses coupes géométriques appliquées dans les premières maisons de tapisserie.

Composant et exécutant des travaux importants en ameublement, et étant en rapports constants avec les meilleurs coupeurs de Paris, nous avons pratiqué les différentes méthodes de coupe et d'exécution. Nous avons donc groupé nos études et recherches personnelles avec les documents recueillis, pour faire de cet ouvrage un *Traité essentiellement pratique,* et nous nous sommes efforcé de rendre aussi simples que possible les démonstrations nécessaires à l'explication de nos planches.

L'ART DE LA TAPISSERIE a pour base le dessin, le bon goût et une grande habileté de coupe.

L'étude du dessin et des styles s'impose d'elle-même pour la pratique de la tapisserie, car il est essentiel que chacun se forme le goût et le coup d'œil pour arriver à une bonne exécution.

Notre partie fait tous les jours de remarquables progrès ; mais ceux qui dessinent peuvent seuls innover. Tous les coupeurs tapissiers devraient être assez habiles pour composer eux-mêmes leurs décorations, dessiner les applications d'un lambrequin et en faire le tracé en grandeur d'exécution. Il ne suffit pas d'employer des étoffes riches, et par conséquent très chères, pour faire de beaux décors ; avec un bon modèle et des étoffes simples, on peut obtenir le même résultat. Les draperies offrent également de grandes ressources pour celui qui sait étudier les effets de leurs plis d'après le molleton, et qui, les terminant par une coupe heureuse, arrive à cette note d'originalité qui caractérise le bon décorateur. Mais quelle communauté d'idées ne doit-il pas exister entre le coupeur et le villier, pour que celui-ci complète, par une pose intelligente, l'ensemble de l'effet cherché.

Actuellement, les garnisseurs mêmes ne sont plus spécialistes comme autrefois ; il ne leur suffit pas d'une simple habileté de main pour bien garnir un siège ; ils doivent avoir des connaissances plus étendues, afin de pouvoir draper au besoin les contours de ces sièges de fantaisie dont on a créé aujourd'hui de si beaux modèles.

Nos prédécesseurs ont certes donné des enseignements utiles, mais le grand développement du goût dans la décoration moderne et la tendance générale de n'avoir plus que des ameublements de style, joints à la création d'étoffes de tous genres, exigent pour le tapissier des études et des combinaisons nouvelles.

Du reste, dans notre ouvrage Décoration des apparte-ments, nous avons déjà cherché, par nos compositions nombreuses et variées, à répondre aux besoins du goût actuel, et nous espérons compléter, par ce *Traité théorique et pratique*, les éléments nécessaires à celui qui veut s'instruire dans la tapisserie.

Nous venons joindre notre concours aux efforts continus des membres de la Chambre syndicale des Tapissiers de la ville de Paris et du Comité de Patronage, pour entretenir notre belle industrie dans la voie d'étude et de progrès qu'elle a toujours suivie.

Heureux si, par nos travaux, nous pouvons contribuer à développer, pour le plus grand nombre, le cercle des connaissances indispensables à l'Art de la Décoration.

G. Félix LENOIR.

EXTRAIT DU « *Mobilier d'art, 4ᵉ série, Sièges* ». (Dessin réduit.)

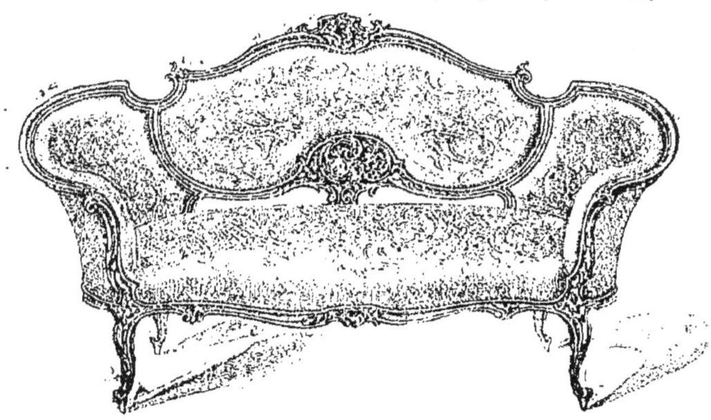

# LE MOBILIER D'ART

4ᵉ Série « *Sièges* »

### Environ 300 modèles de tous styles

Par MM. S. MARCAL, Théodore VILLENEUVE, E. DAJOT, etc

DESSINATEURS D'AMEUBLEMENT

50 planches en lithographie. Prix.............. **40 fr.**

Voir pages 107, 116, 157, 300 et 301.

CHAMBRE À COUCHER LOUIS XVI

# DÉCORATION INTÉRIEURE D'APPARTEMENTS

Ensembles d'intérieurs vus en perspective, meubles, sièges, tentures, etc.

DANS LES STYLES GOTHIQUE, RENAISSANCE, FRANÇOIS I, HENRI II, LOUIS XIII, LOUIS XIV, LOUIS XV ET LOUIS XVI

Par **E. BAJOT**, ARCHITECTE D'AMEUBLEMENT

Reproduction en phototypie des dessins de l'Auteur.

21 planches doubles (61 sur 49). Prix : **60** fr. — Le même ouvrage, nouvelle édition (dessins réduits), format (28 sur 36). Prix : **35** fr.

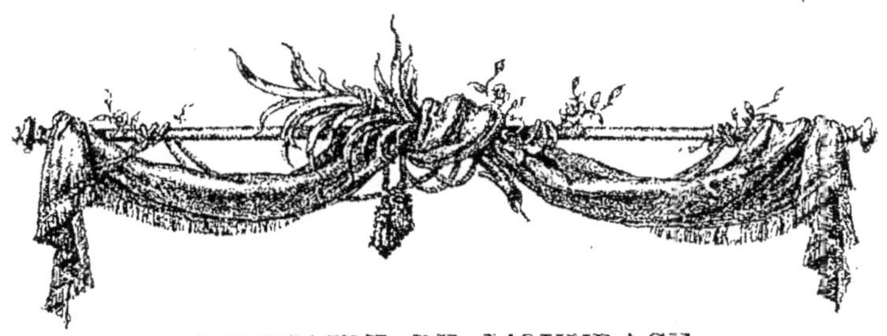

# SOMMAIRE DE L'OUVRAGE

Cet ouvrage, composé de 80 planches de dessins, de coupe et de modèles de tout genre, renferme les documents suivants, lesquels sont divisés par chapitres dans le texte :

Principes généraux de dessins.

Géométrie. Plans d'appartements. Projections, changements de proportion. Perspective.

Différents outils du tapissier.

Décoration en général.

Coupe des tapis sur des marches.

Tentures ; unie, plissée, grecque, etc., panneaux de tentures, plafonds tendus, voussures. Applications, etc.

Différentes coupes et poses des rideaux.

Rideaux froncés ou plissés sur diverses lignes. Têtes de rideaux, embrasses.

Coupe des rideaux à l'italienne et rideaux drapés.

Bandeaux plissés, lambrequins drapés et à plis avec coupes et développements.

Baldaquins simples et de divers styles.

Lits simples, lits drapés, coupe de ciels de lits plissés, règlement des rideaux de lits, fonds de lits, courtes-pointes diverses.

Lits de pieds et de coin à baldaquins drapés, etc.

Lits à draperies ordinaires et Louis XVI.

Dispositions d'alcôves et lits jumeaux.

Fenêtres à draperies Louis XVI. Combinaisons de draperies.

Coupe de draperies diverses, régulières et irrégulières, draperies jetées, dispositions de draperies sans coupe, chutes diverses, etc., etc.

Lambrequins, fenêtres et lits Renaissance et Louis XIII.

Cartouchages, applications, broderies, etc., etc.

Coupe de lambrequins drapés et cantonnières.

Lambrequins, fenêtres, baldaquins et lits Louis XIV.

Dispositions de fenêtres reliées par des draperies et lambrequins.

Lambrequins, fenêtres, baldaquins et lits Louis XV.

Toilettes garnies avec coupe, dispositions de cheminées à lambrequins et à draperies, cadres de glaces, chevalets drapés, gaines, etc.

Décorations de divers styles.

Draperies d'escaliers, housses, etc.

Ferrures, systèmes divers, stores, etc., etc.

Cet ouvrage comprend toutes les principales dispositions de Décorations qui peuvent se présenter dans la Tapisserie, avec leurs coupes et démonstrations.

*Voir la Table à la fin du volume.*

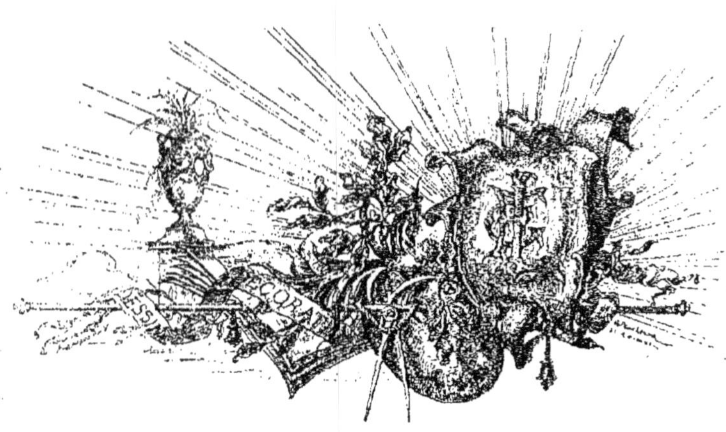

# TRAITÉ

## THÉORIQUE ET PRATIQUE

# DU TAPISSIER

## CHAPITRE PREMIER

### NOTIONS GÉNÉRALES

I. est toujours facile de rendre sa pensée par un croquis, mais il faut un dessin bien arrêté pour tracer un décor quelconque en grandeur d'exécution.

On peut représenter les objets par le dessin de deux manières : par les projections et par 'a perspective.

Le but des *projections* est de faire connaître les dimensions réelles d'un objet et de les décrire de manière à pouvoir les exécuter.

Le but de la *perspective* est de représenter les objets tels qu'on les voit d'un seul coup d'œil, connaissant leurs positions relatives et leurs dimensions.

Nous n'entendons pas par ces définitions parler ni des projections obliques, ni de perspective cavalière ; ces modes de représenter les objets employés par les ingénieurs ne sont pas applicables aux dessins de meubles ou de décors d'intérieurs.

La mise en place de la *perspective pratique*, comme nous la démontrons dans le chapitre V, est aussi simple que facile.

On appelle *plans de projection* deux plans perpendiculaires entre eux (fig. 2 et 3, pl. 4), l'un vertical et l'autre horizontal, entre lesquels on place un corps donné pour le déterminer : soit le plancher d'une pièce sur lequel repose un meuble et le mur sur lequel il s'appuie.

La *ligne de terre* est la ligne formée par l'intersection de deux plans de projections TT (fig. 2 et 3, pl. 4).

On appelle *projections horizontales* ou simplement *plans*, les projections tracées sur le plan horizontal, (fig. 1 et 2, pl. 3), et projections verticales ou élévations, les projections tracées sur le plan vertical et représentant l'extérieur de l'objet ou les côtés d'une pièce. La fig. 4, pl. 3 représente au milieu son plan ou projection horizontale et ses élévations ou projections verticales qui sont les côtés de la pièce.

Une *coupe* ou *section* est une projection faite sur un plan de section qui renferme à la fois les parties qui sont coupées et celles qui ne le sont pas (fig. 3, pl. 3).

Un *profil* est une projection faite sur un plan de section qui ne renferme que les parties coupées par le plan ; le profil d'une moulure d'une corniche d'appartement.

· On dira également le profil d'un meuble, d'un lit pour désigner l'ensemble de ce meuble ou de ce lit vu par le côté (fig. 6 et 9, pl. 4).

On désigne sous le nom de *dessins géométraux* les plans, les coupes les élévations, les profils et généralement toutes les projections.

Le dessin géométral employé dans la tapisserie se fait toujours à une échelle déterminée en rapport avec les mesures données de l'appartement.

*L'échelle* est une ligne droite divisée en parties égales représentant chacune l'unité de mesure, soit le mètre, et que l'on divise et subdivise de la même manière.

L'échelle sert à tracer un dessin dont les diverses lignes soient dans un même rapport avec les lignes correspondantes de l'objet donné ou du modèle coté; et à juger, d'après un dessin, des dimensions réelles d'un objet, c'est pourquoi on l'appelle échelle de proportion. (Figure ci-dessous.)

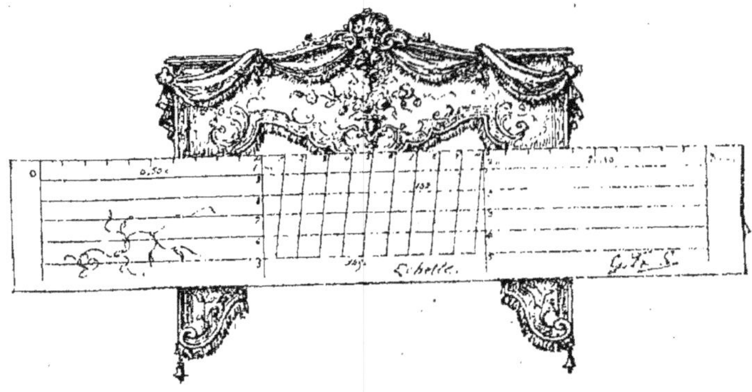

Échelle de 31 millimètres pour 1 mètre complétée d'une échelle des dixièmes.

*Échelle des dixièmes.* — Lorsqu'on établit un dessin à une échelle très petite, ou bien pour relever sur un petit dessin les mesures très exactement, on emploierait l'échelle des dixièmes.

Cette échelle se construit ainsi :

Sur une ligne indéfinie (fig. 6, pl. 5), porter de A en B une mesure quelconque, mesure qui doit cependant représenter l'échelle du dessin à relever, ou l'échelle du dessin à mettre au net. Diviser cette ligne AB en dix parties égales, on aura donc une échelle représentant un mètre et ses divisions; de B en C, porter la même mesure, sans qu'il soit utile de la diviser. Sous le point A, tracer une perpendiculaire et porter les dix divisions de AB de A en D; de ces points de division, mener des parallèles à ABC, puis tracer les perpendiculaires B E, C F parallèles à A D; porter également les divisions de

AB sur la ligne D E, joindre le point D au premier point de division de AB, soit au point 9 marqué sur cette ligne, et mener par les autres points de division des lignes AB, DE, des parallèles obliques.

Chaque division des lignes AB, DE représentera dix centimètres, et les premières obliques entre les perpendiculaires A D, B E traversant les parallèles horizontales indiqueront 1.2.3.4.5.6.7.8.9.10 centimètres, suivant leur place respective. On numérotera ces lignes comme sur la figure 6.

Si l'on veut prendre la mesure de 54 centimètres par exemple, on ouvrira le compas jusqu'à la rencontre de la sixième parallèle oblique de la ligne numérotée 4 sur A D au point S, on aura donc 50 cent. et 4 cent., soit la mesure cherchée; il restera 46 cent. de l'autre côté de cette même ligne.

Pour prendre la mesure de 1 m. 53 cent., on placera le compas sur le point H de la ligne C F indiquant le second mètre, puis on l'ouvrira jusqu'à la sixième parallèle oblique au point O.

Pour avoir 1 m. 88 cent., du point R sur C F, on portera l ouverture du compas jusqu'à la neuvième parallèle oblique au point X, on aura d'une part 1 m. 8 cent., et 80 cent., ce qui donnera la mesure totale. Rien que le tracé de cette échelle en fera comprendre l'utilité.

Le dessin de la page précédente représente une échelle de 31 millimètres pour un mètre complétée d'une échelle des dizièmes. Quoique cette échelle ne soit tracée que par moitié, sa disposition permet de trouver d'un côté ou de l'autre toutes les mesures nécessaires.

Les dessins d'ameublement peuvent se faire à différentes échelles.

Les dessins de meubles se font généralement à 10 cent. pour un mètre, ce qui facilite le tracé grandeur d'exécution. On pourra dessiner à cette échelle une fenêtre seule, un lit, un siège, mais elle deviendrait trop grande pour un côté de pièce avec ses deux ou plusieurs fenêtres; on choisirait alors une échelle de 5, 6 ou 7 centimètres par mètre, suivant l'importance de la pièce.

Il est plus avantageux de présenter au client un dessin fait à une échelle un peu réduite

Pour les plans d'intérieurs, on proportionnera toujours le tracé à l'importance de la pièce et au nombre de meubles qu'elle doit contenir.

Les plans avec côtés abattus, comme fig. 2 et 4, pl. 3, se font à une plus petite échelle.

Sur toutes les planches de cet ouvrage, nous avons indiqué l'échelle correspondante aux dessins représentés, il sera facile ou de les dessiner à une autre échelle ou de les tracer de suite en grandeur d'exécution.

Le dessin en grandeur d'exécution est de toute nécessité dans la tapisserie pour le tracé des draperies, chutes, lambrequins, coupes de rideaux, etc., et se fait sur le tableau noir ; l'établi sert également pour certains tracés.

### REMARQUE.

Ces notions générales étant données nous allons passer dans les quatre chapitres suivants à l'explication des dix premières planches de cet ouvrage.

Les démonstrations de ces planches composent une série d'études progressives indispensables à ceux qui désirent apprendre le dessin spécial à l'ameublement.

Nous donnons d'abord les *éléments de géométrie* pour faciliter l'étude du trait.

Nous passons ensuite à la levée et aux principales dispositions *des plans d'Appartements* ; puis *aux élévations géométrales* généralement employées dans la Tapisserie.

Nous terminons par les *principes de la perspective*, qui serviront à bien faire dessiner un meuble, un intérieur suivant l'aspect que l'on veut leur donner.

Ces démonstrations aideront tout au moins à faire comprendre les dessins ou modèles dont on se sert journellement.

Nous ne comprenons pas un *Traité du Tapissier* s'il ne réunit d'abord tous ces éléments.

Nous aborderons ensuite la démonstration et l'application des différents emplois, poses et nombreuses coupes en usage dans la Tapisserie.

# CHAPITRE II

## GÉOMÉTRIE

### PLANCHE 2.

ous n'entreprendrons pas de démontrer dans cet ouvrage toute la géométrie ; nous ne faisons que rappeler ici les principes de première utilité.

La GÉOMÉTRIE est une science qui a pour objet la mesure de l'étendue et l'étude de ses propriétés.

On distingue trois sortes d'étendue : l'étendue en longueur, qu'on appelle LIGNE ; l'étendue en longueur et largeur, qu'on appelle SURFACE ou SUPERFICIE, et l'étendue en longueur, largeur et épaisseur ou profondeur qu'on appelle VOLUME, CORPS ou SOLIDE.

Le dessin linéaire est l'art de représenter par de simples traits les contours des surfaces et des corps.

La base du dessin linéaire est le tracé géométrique.

Le tracé géométrique est la partie de la géométrie qui enseigne l'usage du compas, de la règle et de l'équerre pour la construction des figures.

### DES LIGNES.

La *ligne* est une longueur sans largeur ni épaisseur.

Le *point* géométrique n'a aucune étendue ; on l'exprime par un point sensible.

Le *point d'intersection* est le point commun à deux lignes qui se coupent (fig. 2, 3).

La ligne est droite, courbe ou brisée (fig. 4, 5, 6).

La ligne *droite* est la plus courte distance entre deux points.

La ligne est verticale, horizontale ou oblique.

La ligne *verticale* suit la direction d'un fil à plomb (fig. 7).

La ligne *horizontale* est dans le sens du niveau de l'eau (fig. 4).

La ligne *oblique* est inclinée d'un côté ou d'un autre (fig. 8).

Une ligne est *perpendiculaire* sur une autre lorsqu'elle la rencontre sans pencher plus d'un côté que de l'autre (fig. 9).

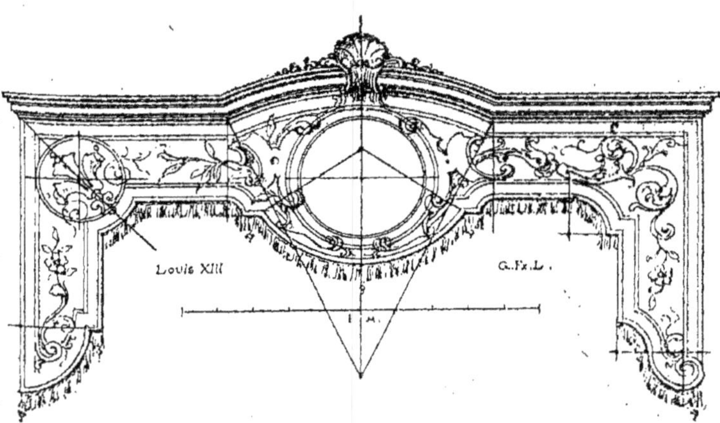


Tracé géométrique d'un lambrequin.

Pour tracer une perpendiculaire sur une ligne donnée AB : de ces deux points, avec une ouverture de compas plus grande que la moitié de la ligne AB, décrivez des arcs qui se coupent en D et C et tirez la droite DC, ce sera la perpendiculaire demandée.

Une ligne est appelée *diagonale* quand elle va d'un angle d'une figure rectiligne (ou terminée par des lignes droites) à un autre angle opposé (fig. 30, 32).

Deux lignes sont *parallèles* lorsqu'elles sont également distantes l'une de l'autre dans toute leur étendue

Des lignes de mouvements variés peuvent être parallèles (fig. 5 et fig. 6).

2

Pour tracer deux lignes droites parallèles (fig. 10) : sur une ligne horizontale avec une ouverture de compas égale à l'écartement que vous voulez leur donner, tracez deux petits arcs sur lesquels vous mènerez une tangente commune.

Toutes les lignes que l'on tracera avec le Té dans le même sens sur la planche à dessin seront des parallèles.

## DES ANGLES.

Un *angle* est l'ouverture plus ou moins grande de deux lignes qui se rencontrent en un point appelé sommet.

L'angle *droit* est formé par la rencontre de deux perpendiculaires et a pour mesure 90 degrés ou le quart de cercle (fig. 9 et 13).

L'angle *aigu* est moins ouvert que l'angle droit (fig. 12, A).

L'angle *obtus* est plus ouvert que l'angle droit (fig. 12, B).

Deux angles sont *adjacents* lorsqu'ils sont formés du même côté d'une droite rencontrée par une autre (fig. 12, A,B, et fig. 13).

La grandeur d'un angle dépend de son ouverture et non de la longueur de ses côtés.

Pour mesurer les angles et les tracer, on se sert du rapporteur (fig. 11), en plaçant son centre sur le sommet de l'angle et son diamètre sur l'un des côtés. La division du limbe à laquelle répond l'autre côté de l'angle détermine sa valeur.

On appelle *bissectrice* de l'angle la ligne droite qui divise un angle en deux parties égales A (fig. 13).

## DU CERCLE.

La *circonférence* ou ligne circulaire est une courbe fermée, dont tous les points sont également distants d'un point intérieur, qu'on nomme centre.

Le *cercle* est la superficie renfermée par la circonférence ; par extension, on donne quelquefois le nom de cercle à la circonférence même.

La circonférence se divise en 360 parties qu'on appelle *degrés*, le degré en 60 *minutes*, la minute en 60 *secondes*.

La division du cercle est la base du calcul géométrique ; elle sert particulièrement à mesurer les angles et à déterminer leur valeur

Le *rapporteur* est la moitié d'une circonférence et peut servir à la diviser (fig. 11).

Les principales lignes considérées à l'égard du cercle sont :

Le *rayon*, ligne droite menée du centre à la circonférence, OG (fig. 17).

Le *diamètre* est une ligne droite qui passe par le centre et se termine de part et d'autre à la circonférence, AB (fig. 17).

Le diamètre divise le cercle et la circonférence en deux parties égales.

La *corde* est une ligne droite qui joint les deux extrémités d'un arc, DC (fig. 17).

La plus grande corde qu'on puisse tracer dans un cercle est le diamètre.

La *flèche* est la perpendiculaire élevée sur le milieu d'une corde, EF (fig. 17) ; elle mesure la plus grande distance de cette corde à l'arc qu'elle sous-tend.

La *tangente* est une droite qui n'a qu'un point de commun avec la circonférence, IJ (fig. 17) ; ce point s'appelle point de contact.

La *sécante* est une droite qui coupe la circonférence en deux points et se prolonge au delà du cercle, GH (fig. 17).

La circonférence se trace avec un compas ou, si son diamètre est très grand, une corde fixée à un clou remplace le compas.

La division de la circonférence peut se faire de plusieurs manières différentes :

En menant un diamètre quelconque, on divise la circonférence en deux parties égales ; si l'on mène un second diamètre perpendiculaire au premier, la circonférence est alors divisée en quatre parties égales. En continuant de subdiviser en deux parties égales les angles formés par ces deux premiers diamètres, on parviendrait à diviser la circonférence en seize, trente-deux, soixante-quatre parties égales, etc. (fig. 15).

En portant sur la circonférence une ouverture de compas égale au rayon du cercle, on a le sixième ; deux de ces parties prises ensemble en sont le tiers et en partageant chacune des premières parties en deux, quatre, huit, on obtient le douzième, le vingt-quatrième, le quarante-huitième, etc.

Ce procédé repose sur la propriété que possède le rayon d'être égal à la corde qui sous-tend un arc de 60 degrés du même cercle.

On peut diviser la circonférence en trois et en six parties égales, de la manière suivante :

Sur le diamètre AB (fig. 16), du point A comme centre et avec la même ouverture de compas qui a servi à tracer la circonférence, décrivez l'arc CDE, la circonférence se trouve divisée en trois parties égales aux points C,B,E ; avec la même ouverture de compas et du point B, décrivez l'arc FDG, la circonférence sera divisée en six parties égales.

Pour diviser la circonférence en nombres impairs, le moyen le plus simple est de chercher avec le compas ; on peut diviser d'abord la moitié de la circonférence en trois, cinq, sept, et on double la mesure trouvée que l'on porte sur toute la circonférence en la rectifiant.

Pour trouver le centre d'un cercle : d'une ouverture de compas quelconque, marquez quatre points à distance égale sur la circonférence ABCD (fig. 18). Des points A,C décrivez deux arcs qui se croisent en E, du point B faites passer une ligne par l'intersection E. Des points B et D décrivez deux autres arcs qui se croisent en F, du point C menez une ligne par le point F ; la rencontre de ces deux lignes sera le centre cherché.

Pour trouver le centre d'un arc, divisez cet arc en deux parties égales ou inégales ; tracez les cordes correspondant aux deux arcs ainsi obtenus, et, sur le milieu de chacune de ces cordes, élevez une perpendiculaire : la rencontre de ces deux perpendiculaires sera le point cherché (fig. 14).

## COURBES USUELLES OU FIGURES CURVILIGNES.

Les figures curvilignes sont, après le cercle :

La *spirale*, l'*ove*, l'*ellipse*, l'*ovale* et l'*anse de panier*.

La *spirale* est une ligne qui, en tournant, s'éloigne de son centre.

Pour tracer une spirale (fig. 20), menez les quatre lignes indéfinies 1A, 2B, 3C, 4D formant un carré à leur naissance.

Le point 1 sera le centre de l'arc 4*b*, le point 2 le centre de l'arc *b c*, le point 3 le centre de l'arc *c d*, le point 4 le centre de l'arc *d e*, le point 1 le centre de l'arc *e f*, le point 2 le centre de l'arc *f g*, le point 3 le centre de l'arc *g* D, le point 4 le centre de l'arc DA, le point 1 le centre de l'arc AB, le point 2 le centre de l'arc BC.

L'*ove* est une courbe qui se rapproche de celle de l'œuf ; elle est souvent employée en architecture.

Pour tracer une ove (fig. 23), élevez sur le milieu de la droite donnée AB comme diamètre une perpendiculaire indéfinie DE ; du point C, décrivez une demi-circonférence ADB, portez CA en CF, tirez les droites AF, BF prolongées ; des points A et B comme centre, décrivez les arcs AH, BG. Enfin du point F, décrivez l'arc HEG qui termine l'ove.

L'*ellipse* est une courbe fermée, telle que la somme des distances de chacun de ses points aux deux foyers est égale au grand axe de l'ellipse (fig. 24). Croisez perpendiculairement et par le milieu les deux axes AB, DC ; de l'extrémité D du petit axe, et, avec une ouverture de compas égale à la moitié AE du grand axe, coupez le grand axe aux points F et G qui seront les foyers de l'ellipse.

Si vous opérez sur la planche à dessin pour tracer par exemple des ellipses ou parties d'ellipses comme celles qui se trouvent dans le cours de cet ouvrage ; vous fixez sur ces points, qui sont les foyers de l'ellipse F et G, deux épingles, puis vous en mettez une troisième au point D, vous prenez un fil que vous passez autour de chacune d'elles, et vous l'attachez bien solidement ; vous retirez l'épingle du point D et vous la remplacez par votre crayon ou tire-ligne

Dans cette position, le point D étant un des points de contour de l'ellipse, vous continuez à décrire l'ellipse en tournant, tout en ayant soin de tenir le fil tendu ; il tournera tout autour des deux épingles ou foyers de l'ellipse F, G.

Pour tracer une grande ellipse, à la place d'épingles, vous fixez des clous dans le sol, et vous opérez de la même façon en remplaçant le fil par une grande corde.

On doit employer ce moyen toutes les fois que l'on désire une ellipse d'une exactitude rigoureuse.

On peut construire une ellipse au moyen d'une bande de papier (fig. 24). Menez la droite AB égale au grand axe ; sur son milieu, tracez les perpendiculaires EC, ED égales chacune à la moitié du petit axe donné. Marquez un point sur le bord d'une bande de papier bien droite, puis portez la longueur EA du demi-grand axe de F en G, et celle EC du demi-petit axe de G en H, de sorte que HF exprime la différence des demi-axes. Cette bande ainsi préparée, placez le point F sur le petit axe et le point H sur le grand axe, la position de G donnera un point de l'ellipse.

Vous aurez autant de points que vous voudrez, en ayant soin que le point F soit toujours sur CD, et le point H sur AB. Les points obtenus, vous tracez l'ellipse.

L'*anse de panier* est la ligne courbe formée par un demi-ovale (fig. 22).

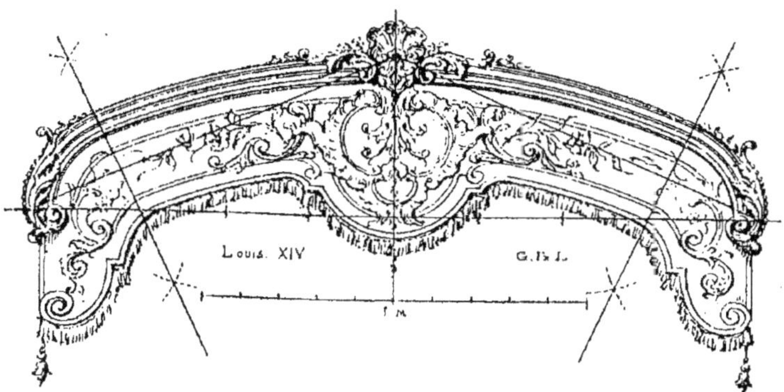



Tracé géométrique d'une galerie et d'un lambrequin formés par un anse de panier.

Sur le milieu de la base AB, élevez perpendiculairement la ligne CD, hauteur que vous voulez donner à l'anse de panier ; joignez AD, BD.

Portez CD en CF, portez la petite longueur AF en DH et DO ; sur le milieu de AH et de BO, élevez les perpendiculaires GM et LN, qui vont concourir en un même point E de la hauteur CD prolongée ; des points G et L, sur la base AB, décrivez les arcs des extrémités, et du point E le grand arc du milieu. L'anse de panier sera tracée.

L'*ovale* est une courbe formée par des arcs de cercle et ressemblant à une ellipse (fig 19).

On trace l'ovale de la manière suivante :

La ligne AB étant donnée, partagez-la en trois parties égales, AC, CD,DB. Des points C,D, avec un rayon AC, décrivez deux circonférences qui se couperont en E et en F. De ces points, avec un rayon AD, tracez les deux grands arcs qui terminent l'ovale.

## DES SURFACES.

On appelle surface toute étendue qui a longueur et largeur, sans hauteur ni épaisseur.

Un *polygone* est une surface plane terminée par des lignes droites ou courbes.

Le *périmètre*, ou contour d'un polygone, est la ligne formée par l'ensemble de ses côtés.

Les polygones qui ont un nom particulier sont : le TRIANGLE ou TRILATÈRE, qui a trois côtés ; le QUADRILATÈRE, qui en a quatre ; le PENTAGONE, qui en a cinq ; l'HEXAGONE, qui en a six ; l'OCTOGONE, qui en a huit ; l'ENNÉAGONE, qui en a neuf ; le DÉCAGONE, qui en a dix, etc.

## DES TRIANGLES.

Un *triangle* est l'espace renfermé entre trois lignes qui se joignent deux à deux.

La construction des triangles est très utile dans la tapisserie pour lever et rétablir les plans d'appartements.

La base d'un triangle est le côté sur lequel le triangle semble appuyé ; l'angle qui lui est opposé s'appelle sommet.

On distingue trois sortes de triangles par rapport à leurs côtés

Le triangle équilatéral, qui a ses trois côtés égaux (fig. 25).

Ce triangle se construit ainsi : soit AB base et longueur des côtés du triangle, des extrémités A,B, avec une ouverture de compas égale à AB, décrivez des arcs qui se coupent au point C. Menez les droites AC et BD.

Le triangle *isocèle* qui a deux côtés égaux (fig. 26).

Sur la ligne AB, base du triangle, et sur ses extrémités, avec une ouverture de compas égale à la hauteur que vous voulez lui donner, croisez des arcs au point C. Menez les lignes AC,BD.

Le triangle *scalène*, qui a tous ses côtés inégaux (fig. 27).

Sur la ligne AB, du point A, avec une ouverture de compas égale à AC, décrivez un arc; du point B, avec la mesure BC, décrivez un autre arc. Menez les lignes AC, BC.

Il y a trois sortes de triangles par rapport à leurs angles :

Le triangle *rectangle* est celui qui a un angle droit (fig. 28).

L'*hypoténuse*, dans un triangle rectangle, est le côté opposé à l'angle droit.

CONSTRUCTION. — Sur la ligne AB, base du triangle, élevez au point A une perpendiculaire indéfinie; du point B, et d'une ouverture de compas égale à la longueur que vous donnez à l'hypoténuse de ce triangle, coupez cette perpendiculaire au point C et menez BC.

Le triangle *acutangle*, dont tous les angles sont aigus. Le triangle acutangle est aussi un triangle scalène (fig. 27).

Le triangle *obtusangle*, qui a un angle obtus (fig. 29). Même construction que pour les triangles précédents.

## DES QUADRILATÈRES.

On appelle quadrilatères les figures planes terminées par quatre lignes droites.

Le *parallélogramme* est un quadrilatère dont les côtés opposés sont égaux et parallèles.

Le CARRÉ, le RECTANGLE et le LOSANGE sont des parallélogrammes.

Le *carré* est un rectangle qui a ses côtés égaux (fig. 30), ABCD.

Le *rectangle* est un parallélogramme qui a ses quatre angles droits, mais sans avoir ses côtés égaux.

Le *losange* est un parallélogramme dont les quatre côtés sont égaux, sans que ses angles soient droits (fig. 32).

Le *trapèze* est un quadrilatère dont deux côtés seulement sont parallèles (fig. 33).

La construction de ces quadrilatères étant facile à établir, nous ne la décrirons pas.

## DES POLYGONES.

Un polygone régulier a tous ses côtés et ses angles égaux.

Le polygone régulier est équiangle et équilatéral, et peut toujours être inscrit dans une circonférence (fig. 16).

Un polygone irrégulier n'a pas ses côtés ni ses angles égaux.

## DES SOLIDES.

On appelle *solides* ou corps, tout ce qui réunit longueur, largeur et épaisseur.

Les solides sont rangés en deux classes :

Les polyèdres, qui sont limités en tous sens par des plans ou faces planes, et les corps ronds qui sont enveloppés de faces courbes.

Il y a deux sortes de polyèdres : les réguliers et les irréguliers.

Un *polyèdre* régulier est un solide dont toutes les faces sont des polygones réguliers égaux entre eux, et dont tous les angles solides sont aussi égaux entre eux.

Les polyèdres réguliers sont :

Le *tétraèdre*, dont les quatre faces sont des triangles équilatéraux.

L'*hexaèdre*, ou cube, dont les six faces sont des carrés (fig. 30).

L'*octaèdre*, dont les huit faces sont des triangles équilatéraux.

Le *dodécaèdre*, dont les douze faces sont des pentagones réguliers.

L'*icosaèdre*, dont les vingt faces sont des triangles équilatéraux.

Un polyèdre irrégulier est un solide dont toutes les faces ne sont pas des polygones réguliers égaux entre eux, et dont les angles solides sont inégaux.

Les polyèdres irréguliers sont : le prisme, le parallélipipède et la pyramide.

Le *prisme* est un solide dont les faces latérales sont des parallélogrammes unis à deux polygones égaux et parallèles.

On appelle *base* les deux faces égales et parallèles du prisme.

Un prisme est triangulaire, quadrangulaire, pentagonal, hexagonal, quand sa base est un triangle, un quadrilatère, un pentagone, un hexagone, etc.

Un *parallélipipède* est un prisme dont les bases sont des parallélogrammes.

Un parallélipipède est droit lorsque ses arêtes sont perpendiculaires aux plans des bases; il est oblique dans le cas contraire.

Un parallélipipède rectangle a toutes ses faces rectangles.

La *pyramide* est un solide dont la base est un polygone et les faces latérales des triangles qui se réunissent en un point nommé sommet (fig. 31).

L'axe d'une pyramide est la droite qui joint le sommet au centre de la base.

Une *pyramide* est triangulaire, quadrangulaire, pentagonale, etc., suivant que sa base est un triangle, un quadrilatère, un pentagone, etc.

Une pyramide est droite lorsque son axe est perpendiculaire à sa base ; elle est oblique dans le cas contraire.

Une pyramide est régulière ou irrégulière, suivant que ses faces triangulaires sont égales ou inégales.

La hauteur d'une pyramide est la perpendiculaire abaissée du sommet sur le plan de la base qu'on prolonge s'il est nécessaire.

## CORPS RONDS.

Les corps ronds principaux sont le *cylindre*, le *cône* et la *sphère*. Le *cylindre* est droit quand son axe est perpendiculaire à ses bases (fig. 36).

Le cylindre est oblique quand son axe est oblique à ses bases.

Dans un cylindre droit, toute section parallèle aux bases est un cercle, toute section oblique aux bases est une ellipse, et toute section perpendiculaire aux bases est un rectangle.

Le *cône* droit est un solide produit par la révolution d'un triangle rectangle tournant sur un des côtés de l'angle droit.

Le cône est droit lorsque l'axe est perpendiculaire aux plans de la base (fig. 34).

Le cône est oblique quand l'axe est oblique au plan de la base.

La *sphère* est un solide terminé par une surface courbe dont tous les points sont également éloignés d'un point intérieur qu'on nomme centre (fig. 35).

Le *rayon* de la sphère est une ligne droite menée du centre à un point de la surface.

Le *diamètre* ou *axe* est une droite passant par le centre et terminée de part et d'autre à la surface.

On appelle *pôles* d'un cercle de la sphère les extrémités du diamètre de la sphère perpendiculaire au plan de ce cercle.

On appelle grand cercle de la sphère toute section qui passe par le centre de la sphère, et petit cercle toute section qui n'y passe pas

Les parties principales de la surface de la sphère sont : la *zone*, la *calotte* et le *fuseau sphériques*.

La *zone* est une partie de la surface de la sphère comprise entre deux cercles parallèles.

La *calotte sphérique* est une partie de la surface de la sphère comprise entre deux plans parallèles, dont l'un est tangent à la sphère. Le solide qu'elle enveloppe se nomme *segment extrême*.

Le *fuseau sphérique* est une partie de la surface de la sphère comprise entre deux demi-grands-cercles qui se terminent à un diamètre commun.

# CHAPITRE III

## PLANS, LEVÉ DES PLANS D'APPARTEMENTS

### PLANCHE 3.

vant de lever un plan, on examine bien son aspect général, et l'on en trace en petit à vue d'œil le plan approximatif ou croquis, destiné à recevoir les cotes provenant de la mesure des lignes et des angles.

Nous conseillons d'adopter pour la levée des plans en général un format de papier, le papier écolier dédoublé par exemple. Comme on a très souvent besoin de consulter ces plans dans le cours d'une affaire, il faut leur donner une proportion convenable, sur laquelle toutes les mesures soient bien distinctes. Ce qui n'empêchera pas de les mettre au net s'il y a lieu, et à une échelle plus grande pour indiquer la place des différents meubles.

Il vaut mieux faire le plan de chaque pièce d'un appartement sur une feuille séparée ; on pourra tracer non seulement le plan, mais les élévations comme l'indique la fig. 2, pl. 3. On pourra réunir les plans des différentes pièces pour composer un plan général, comme la fig. 1, pl. 3.

Quand on passera d'une pièce à une autre en levant le plan d'un appartement, il faudra bien tenir compte des différentes épaisseurs des murs, cloisons, et de tous les points nécessaires pour bien reconstituer ce plan. Avant de lever les différentes pièces d'un appartement, il serait bon de faire un petit plan général sur lequel on donnerait à chaque pièce le numéro correspondant au plan détaillé que l'on établirait séparément.

Après avoir tracé comme nous l'avons dit l'ensemble approximatif d'une pièce, mais cependant avec assez d'exactitude, on indiquera bien à leur place respective les fenêtres, les portes avec leurs embrasures, les chambranles, on notera bien le sens de l'ouverture des portes, que l'on indiquera sur le plan par des lignes ponctuées ; on placera la cheminée, on indiquera le marbre du foyer, enfin toutes les parties nécessaires pour reconstituer ce plan à une échelle déterminée.

Le plan par terre établi, on placera sur cette feuille provisoire les côtés ou élévations, comme dans la fig. 2, sur lesquels on indiquera la ligne de la corniche, les élévations des portes, cheminées, fenêtres avec leur imposte et également leur soubassement, les détails d'ornementations nécessaires pour représenter la pièce s'il y a lieu.

Une fois ces diverses indications faites, on cotera le plus exactement possible tous ces emplacements : les fenêtres avec et sans leurs chambranles, le devant et le fond des embrasures, chaque vantail, le soubassement des fenêtres ; on prendra bien la hauteur de terre au-dessus de l'ouverture des fenêtres, la hauteur de l'imposte, puis du haut de l'imposte à la corniche, on cotera la largeur de chaque panneau, des parties à garnir d'étoffe, et les moulures d'encadrement avec leur épaisseur. On indiquera bien les mesures des côtés de la cheminée, du marbre du foyer; on prendra également le plan du dessus de la tablette avec ses contours, on pourrait faire de suite le calibre avec un papier fort en indiquant bien la saillie du cadre de la glace, pour les échancrures à faire à la tablette rapportée. On portera les mesures des portes et de tout ce qui aidera à refaire le plan et les élévations de cette pièce, ou des parties dont on aurait seulement besoin.

Il est très important, dans les appartements décorés de panneaux montant de chaque côté des fenêtres, de voir de suite en cotant les élévations la place où doivent arriver les galeries.

Il est urgent de prendre à la hauteur de l'emplacement des galeries la longueur exacte qu'elles doivent avoir, afin qu'elles n'entrent pas dans le haut des panneaux, comme on le voit quelquefois.

On terminera la levée de son plan par les mesures totales de la pièce. Quand on cote une pièce, il est indispensable, comme dans la fig. 1. pl. 3, d'indiquer la direction des lignes principales sur lesquelles on a pris les mesures.

Puis l'on prendra les mesures sous plafond et sous corniche, ce qui est facile en plaçant le double mètre sur une porte ou une fenêtre ouverte.

Si la pièce devait être tendue entièrement et que l'on doive rapporter une corniche en voussure ou en pan coupé avec un plafond tendu, on mesurerait bien exactement de chaque côté de la pièce le bas de la corniche existante pour s'assurer s'il n'y a pas de faux équerre, car il est bien rare qu'il n'y ait pas de petites différences dans les côtés correspondants d'une pièce.

On prendra dans ce cas la saillie de la corniche et sa hauteur très exactement. On en relèverait ainsi les dimensions : du point A (fig. 1, pl. 4), extrémité de la corniche sur le plafond, on tiendrait le fil à plomb ; on prendra la mesure, du fil à plomb au niveau du bas de la corniche, soit en C B ; on prendrait également la mesure de la corde AB de l'arc de cercle formant la voussure.

Toutes ces mesures étant prises, on pourra facilement rétablir le plan et les élévations d'une pièce pour composer soit l'installation générale des meubles, soit une partie ou l'ensemble de la décoration.

Les pièces d'un appartement peuvent présenter des plans bien différents, comme fig. 1, pl. 3, n°⁸ 1, 2, 3, 4, 5, 6, 7, 8.

Si la pièce est rectangulaire, comme n° 1, fig. 1, il est facile de s'assurer si elle est bien d'équerre, en prenant la mesure en diagonale avec le décamètre. Si la mesure donnée par les diagonales AD, BC est égale, les angles de la pièce sont des angles droits.

Si sur le côté BD, on avait à relever le plan de la pièce n° 6 terminée par une partie cintrée, soubassement d'un grand vitrage, on opérerait ainsi :

Après avoir pris la mesure de l'embrasure de la baie aux points

E,F, on tracerait à la craie sur le plancher de ces points et des points G,H des lignes parallèles. On diviserait ces lignes EF, GH en dix parties égales ; sur les divisions de ces lignes, on tracerait des perpendiculaires que l'on prolongerait jusqu'à la rencontre de la partie cintrée. On prendrait exactement la longueur de chacune de ces lignes qui, reportées sur le plan, indiqueraient le passage de la courbe. On peut tracer ces lignes avec un cordeau frotté de craie qui, soulevé, laisse une trace blanche sur le plancher.

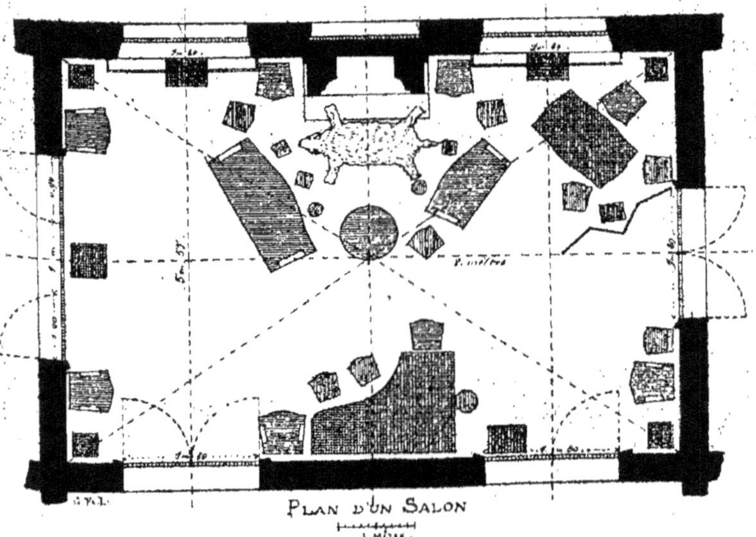


Installation des meubles qui composent ce salon.

Une pièce peut être formée par des parties cintrées, comme n° 4. Pour en relever le plan, après en avoir fait le croquis, on commencerait par prendre les mesures des diagonales AC, BD ; des points où commencent les parties cintrées, on prendrait les mesures en lignes droites jusqu'aux points correspondants opposés ; on aura donc par le croisement de ces lignes les centres $o,o,o,o$, des quarts de cercle formant les angles de cette pièce.

On pourra toujours relever exactement une partie cintrée quelconque par le moyen indiqué dans le chapitre 2 de la géométrie (fig. 14).

Si une pièce est circulaire (n° 3), on pourra s'assurer encore au moyen des diagonales si elle forme un cercle parfait, les diagonales en donneront le centre O. Il faudrait avoir soin de prendre les mesures aux points diamétralement opposés, A,B,C,D.

Une pièce peut présenter des pans coupés, comme n° 5; après avoir pris les mesures en EH, puis en CD, on les prendrait sur AF, BG, on prendrait encore les mesures AC, BD, sans oublier les baies FG,FG.

S'il fallait relever le plan d'une pièce, comme n° 2 : le côté AB étant plus étroit que le côté EC, on porterait la mesure AB en CD; on prendrait la mesure des diagonales AC, BD; puis la mesure de D en E qui serait la base du triangle qui complétera ce plan. La mesure DA étant donnée, on prendra la mesure du côté AE et l'on pourra reconstituer facilement le plan de la pièce. Pour vérifier encore l'exactitude de ces mesures, on prendrait la longueur donnée des points B, E.

C'est toujours au moyen des triangles que l'on peut lever le plan d'une pièce offrant l'aspect de la fig. 5, au bas de la pl. 3, et dont l'ensemble forme un polygone irrégulier.

On établirait d'abord le premier triangle formé par les lignes DE, DC. L'hypoténuse CE servira de base pour établir le triangle CBE; le côté CB servira de base pour établir le triangle CAB, et le côté BE pour établir le triangle BGE.

On pourrait commencer, pour arriver au même résultat, par relever les mesures des lignes CB, BE, EC, qui serviraient de base pour établir les triangles formant les contours de la pièce.

Il s'agit donc pour relever un plan de prendre le plus de points de repère possible pour le reproduire exactement.

Un dégagement ou un couloir peut présenter un plan formé par une partie convexe et une partie concave (n° 7 dans la fig. 1); c'est encore au moyen de la construction des triangles que l'on pourra en lever le plan.

On observera bien et on placera exactement sur le croquis les parties rectilignes qui pourront former les bases des triangles, comme les lignes indiquées des points *i j, g h, c a*. On divisera les contours de ce couloir en plusieurs parties à peu près égales, comme dans cette figure, on joindra par des lignes les points marqués *n, l, i, g, e, c, a*, aux points *b, d, f, h, j, k, m*. Le côté *c a* sera la base de la première opération qui viendra se terminer sur la ligne *g h*. Sur le côté *c a*, on établira le triangle donné par les lignes *a b* et *c b*, puis sur *c b* le triangle donné par *c e* et *b e*; sur *b e*, on établira le triangle donné par les lignes *b d, d e*, la diagonale *c d* servira à vérifier et à bien placer les deux triangles; on continuera à lever les mesures des lignes suivantes de la même façon jusqu'aux points *g h*. Les diagonales *g j, h i* donneront la mesure du milieu de ce couloir, puis on reprendra l'opération en commençant par les points *i, j*. Il sera alors très facile de reconstituer ce plan.

Si l'on peut sur le parquet tracer à la craie le croisement de ces lignes, en quelques instants on aura relevé le plan, ce à quoi on arriverait aussi bien avec les points seuls indiqués sur les parois des murs.

## TRACÉ A L'ÉCHELLE.

Quand on veut établir le tracé au net d'un plan quelconque, il faut d'abord se rendre compte de la dimension générale à lui donner, en proportionnant l'échelle à la grandeur de la feuille à dessin.

L'échelle doit être de grandeur suffisante pour bien indiquer la construction générale de la pièce, et pour placer les différents meubles et sièges, de façon à faire valoir l'installation que l'on propose au client.

Le plan d'une seule pièce sur lequel on aura un certain nombre de meubles à indiquer devra être au moins à l'échelle de 4 ou 5 centimètres par mètre.

Les parties d'un plan représentant l'épaisseur des murs et cloisons se teintent ordinairement d'une légère couleur de carmin et chaque meuble, chaque siège de sa couleur particulière.

On complétera un plan comme dessin et comme teinte de tout ce qui pourra le faire comprendre à première vue, sans oublier d'en indiquer l'échelle.

# CHAPITRE IV

## PLANS ET PROJECTIONS, ÉLÉVATIONS, CHANGEMENT DE PROPORTIONS.

### PLANCHES 4 et 5.

OMME nous l'avons dit au chapitre premier, les objets sont représentés par les projections.

Les lignes de projection sont les diverses lignes de construction dont on se sert pour déterminer les projections ; elles sont parallèles entre elles, et abaissées de chacun des points du corps perpendiculairement sur les deux plans de projection.

On appelle traces d'un plan l'intersection de ce plan avec les plans de projection. Les deux traces d'un plan doivent couper la ligne de terre au même point ou lui être parrallèles.

La projection d'un point sur un plan est le pied de la perpendiculaire abaissée de ce point sur le plan.

Soit fig. 2, pl. 4 : Si du point A dans l'espace on abaisse une perpendiculaire sur la ligne de terre TT, la rencontre de cette perpendiculaire sur la ligne de terre donnera en A la projection horizontale. Si du même point A dans l'espace, on mène une horizontale vers la verticale RT, on aura le point B, projection verticale du point donné.

Comme en dessinant on opère sur une feuille de papier les plans de projection sont représentés sur le prolongement l'un de l'autre ; pour cela on suppose que le plan horizontal TTOP, fig. 3, a été rabattu sur le plan du prolongement vertical MNTT, en tournant autour de la ligne de terre comme charnière. Les projections B, D, B, D, d'un même point jouissent alors de la propriété remarquable de se trouver sur les mêmes lignes BD, BD, perpendiculaires à la ligne de terre. En effet, si l'on mène sur la ligne de terre les perpendiculaires BC, AC, fig. 2, elles concourent au même point C, puisqu'elles ne sont autres que les intersections des deux plans de projection, par un même point vertical mené suivant AB, AA, fig. 2. Or, dans le mouvement de rotation, la ligne AC, fig. 2, continue d'être perpendiculaire à la ligne de terre, et doit se placer sur le prolongement de BC au point D, fig. 2, en sorte que BD est une ligne droite : donc, les lignes BD, BD, fig. 3, sont des lignes droites.

Rien de plus simple alors, un point étant donné ou une suite de points représentant les lignes ou contours d'un objet, que d'obtenir la place exacte de ces divers points à un endroit déterminé.

On comprendra facilement l'application de ces principes par l'explication du tracé des différentes projections du fauteuil, fig. 4, 5, 6, pl. 4.

La fig. 4 donne l'élévation géométrale de ce fauteuil, le plan fig. 5 placé dessous correspond à toutes les lignes de cette élévation ; le dévers du dossier est indiqué dans ce plan par les lignes KL, EF. Pour en avoir le profil on tracerait une perpendiculaire DC à la ligne de terre AB. Sur cette ligne DC on mènera des horizontales des points K, E, M, G, I du plan, aux points correspondants K, C, N, G, C. Du point K sur DC on prolongerait la parallèle à la ligne de terre KL ou extérieur du dossier jusqu'au point N.

Sur cette parallèle L K K N et du point K, sur la perpendiculaire DC, comme centre on porterait les points C, N, G, C, aux points Q, P, O, N : de ces points on élèverait des verticales passant sur la ligne de terre. Des divers points de l'élévation géométrale du fauteuil on tracerait des horizontales à la rencontre de ces verticales, on aura les points nécessaires pour dessiner le fauteuil en profil comme fig. 6.

On pourra donc au moyen des projections se rendre compte des mesures d'un meuble, d'un siège, d'un lit, et les dessiner exactement en grandeur d'exécution.

Les fig. 7, 8, 9, représentent le plan, l'élévation géométrale et le profil d'un lit Louis XIV.

On commencera toujours un dessin de lit par le plan de terre, on indiquera comme ici le rectangle formant le coucher, puis le baldaquin ; de ce plan on projetera sur la ligne de terre des verticales qui donneront les grandeurs respectives du lit et du baldaquin. Une fois l'élévation de ce lit dessinée, on en tracera le profil en prenant les mesures de longueur sur le plan, ou en les reportant par des quarts de cercle, comme il a été fait pour la figure précédente.

Cette disposition de dessin est très utile pour se rendre compte de l'emploi des rideaux et du lambrequin ; pour dessiner le lambrequin en grandeur d'exécution, il est nécessaire d'en avoir tracé ainsi les projections.

Nous avons placé le lit Louis XV (fig. 12), dans une position avantageuse au point de vue du dessin : ce dessin est une élévation géométrale, mais placée obliquement.

C'est un moyen assez simple, sans perspective, de présenter un lit ; on l'emploie encore assez souvent, car il en fait valoir l'ensemble.

On place le plan du lit et du baldaquin dans la position choisie, puis on projette sur la ligne de terre les divers points de ce plan, que l'on conduit jusqu'à la hauteur du bois de lit et du baldaquin. Mais il faudra toujours refaire une élévation et une coupe géométrale de ce lit pour l'exécution.

La chaise Louis XIV (fig. 13) et le fauteuil Louis XVI (fig. 14) sont dessinés de la même façon.

Ce genre de dessin géométral offre l'avantage de pouvoir se faire vivement et de donner l'apparence, en somme très exacte, d'un ensemble de lit ou d'un meuble quelconque.

La table (fig. 11) est dessinée de la même manière, mais nous en avons montré un peu le dessus et diminué les pieds du fond, pour lui donner l'apparence perspective. C'est un moyen, de placer cette table, tout de convention ; si elle était réellement mise en perspective les pieds du côté gauche devraient être plus écartés.

Voilà donc plusieurs modes de représenter les objets avec leur apparence réelle. On pourra facilement se rendre compte, par ces exemples, des différentes manières que nous avons employées pour dessiner les fenêtres, les lits et les divers meubles qui composent cet ouvrage.

Le dessin ci-dessous est donné comme élévation géométrale d'une décoration de deux fenêtres pour salon ou cabinet de travail.

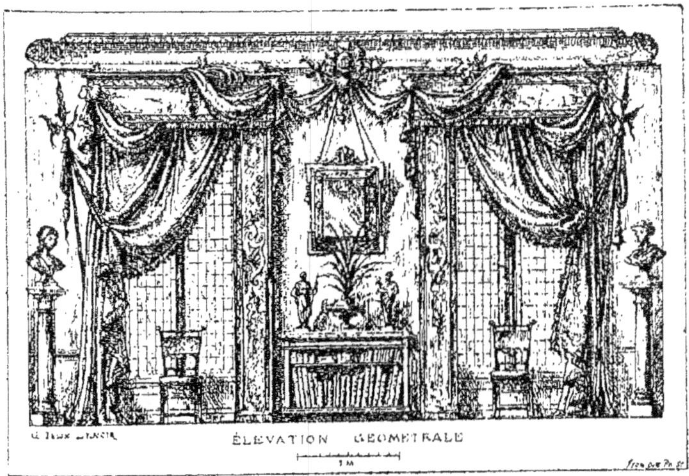


## CHANGEMENTS DE PROPORTIONS.

### PLANCHE 5.

Lorsque l'on voudra réduire ou augmenter un dessin géométral à une mesure donnée, on le fera toujours au moyen d'une échelle proportionnelle, mais au moyen de l'angle de proportion on en trouvera de suite les principales dimensions.

Supposons que l'on veuille réduire la fenêtre (fig. 2, pl. 5) à la grandeur de la fig. 1 : on établira comme fig. 10 l'angle de proportion ; la ligne verticale AB hauteur AB de la fenêtre (fig. 2) étant tracée, du point B comme centre et toute cette ligne comme rayon, on décrira l'arc indéfini ADK ; d'une ouverture de compas égale à la hauteur AD de la fenêtre (fig. 1) et du point A (fig. 10) on indiquera le point D sur cet arc ADK. On joindra ce point D au point B, l'angle de proportion sera tracé, et l'on trouvera entre ces lignes AB et DB toutes les mesures nécessaires.

Pour trouver la largeur de la fenêtre (fig. 1), on portera du point B (fig. 10) une ouverture de compas égale à la largeur totale de la fenêtre (fig. 2), on aura le point C; on décrira un arc indéfini qui interceptera la ligne D B au point E; la grandeur comprise entre ces deux points C, E sera la largeur cherchée.

On trouvera la hauteur de terre au lambrequin en portant la mesure donnée par la fig. 2 du point B (fig. 10) au point F; on décrira l'arc, on aura le point G, la ligne entre G et F sera la mesure de terre au lambrequin de la fig. 1. Si l'on porte de B en H la hauteur du soubassement de la fenêtre (fig. 2), on aura en décrivant l'arc le point I; H I sera donc la hauteur du soubassement de la fenêtre (fig. 1).

On pourra multiplier les mesures à prendre ainsi pour établir les contours du lambrequin de la fig. 1, soit dans la hauteur, soit dans la largeur.

Si au contraire on voulait augmenter un dessin et lui donner la hauteur comprise entre A K (fig. 10), on joindrait le point K au point B, et l'on conduirait jusqu'à cette ligne les arcs indiquant sur D B les différentes mesures; on aura donc la mesure C L pour la largeur de la nouvelle fenêtre, la mesure F M pour la hauteur de terre au lambrequin, et la mesure H N pour la hauteur du soubassement.

On pourrait également changer les proportions d'un lambrequin ou d'une fenêtre par le moyen suivant :

Si l'on avait la hauteur et la largeur indiquées par la fig. 3, pl. 5, et que l'on veuille refaire le dessin d'un lambrequin sur les données de la fig. 2, on diviserait le lambrequin (fig. 2) par des lignes en un nombre quelconque de parties; on diviserait la hauteur et la largeur données de la fig. 3 en même nombre de parties; il sera très facile de trouver la place que doivent occuper les contours et les ornements du lambrequin dans les rectangles correspondants.

On emploie la mise au carré pour donner à un dessin ou à un lambrequin la même proportion en plus grand ou en plus petit.

Les fig. 4 et 5, pl. 5, quoique de dimensions différentes, présentent dans leurs contours des proportions équivalentes. On divise le dessin en carrés bien réguliers, et dans la largeur et la hauteur données pour réduire ou augmenter ce dessin on trace le même nombre de carrés. On placera les contours du lambrequin, ainsi que les ornements sur les lignes et entre les lignes des carrés correspondants des deux figures.

Ces différents cas se présentent très souvent dans la tapisserie et les moyens que nous indiquons ci-dessus sont facilement applicables; seulement on remarquera que pour dessiner le lambrequin fig. 3 l'opération n'est qu'approximative, parce que la division des fig. 2 et 3 en rectangle n'est pas exactement proportionnelle, et que dans les fig. 4 et 5 l'opération est régulière parce que la division en carrés donne des dessins proportionnels.

On peut encore réduire ou augmenter en quelques lignes l'ensemble d'un dessin.

Soit le rectangle A B C D fig. 9 (pl. 5) : pour avoir des réductions proportionnelles de ce rectangle on tracera la diagonale BC. Si des points E, G, on traçait des horizontales à la rencontre de cette diagonale, on aurait les points F, H d'où l'on abaisserait des verticales ; on aura ainsi des rectangles proportionnés à celui dans lequel ils sont inscrits.

Si au contraire le plus petit rectangle C G H seul était donné et que l'on désirât en avoir de plus grands, sur le côté C G prolongé verticalement et la diagonale continuée dans sa même direction on trouverait tous les rectangles voulus qui seront toujours proportionnels à celui-ci.

Si l'on n'avait pas de compas ni de mètre pour diviser une droite en parties égales on emploierait ce moyen : du point B pied de la verticale B A (fig. 8) à diviser en sept parties on tracerait une ligne oblique indéfinie formant un angle quelconque avec cette ligne verticale. On porterait sur cette oblique B C une mesure arbitraire répétée autant de fois que l'on veut avoir de divisions sur la verticale B A ; on joindrait le point C au point A et avec le té et l'équerre des points de divisions de cette oblique BC, on tracerait des parallèles obliques à C A ; la verticale B A sera divisée en parties égales.

# CHAPITRE V

## PERSPECTIVE

### PLANCHES 6, 7, 8, 9, 10.

LE but de la PERSPECTIVE est de représenter les objets tels qu'on les voit d'un seul coup d'œil, connaissant leurs positions relatives et leurs dimensions.

De cette manière, les dimensions sous lesquelles s'offrent à nous les différentes faces des corps dépendent souvent plus de la place d'où nous les regardons que de leur véritable grandeur.

Pour connaître et tracer les apparences d'une figure ou sa perspective, on doit s'appuyer sur ses véritables dimensions, c'est-à-dire sur sa projection horizontale ou plan et sur sa projection verticale ou élévation.

Le *plan perspectif* est le plan géométral mis en perspective.

L'*élévation perspective* est la représentation de l'objet ou de plusieurs objets, avec l'apparence de leurs reliefs ou épaisseurs.

Connaissant le plan et l'élévation d'un objet, pour le dessiner en perspective, il faut savoir à quelle distance on est placé de cet objet, ce qui déterminera les points de distance. Il faut ensuite tracer la ligne de terre, la hauteur de l'horizon et la direction du point de vue, c'est-à-dire le point où l'œil du dessinateur s'arrête sur la ligne d'horizon.

Nous allons successivement donner l'explication de cette théorie :

Le *tableau en perspective* est le plan transparent à travers lequel on regarde les objets et sur lequel on dessine la perspective.

Pour bien comprendre cette définition, supposez un cadre avec une vitre ordinaire; ce que vous voyez derrière cette vitre est le tableau perspectif et ce qui sera à représenter sur une feuille de papier, qui se nommera également le tableau, puisque ce sera la représentation exacte de ce que vous voyez à travers cette vitre.

Le dessin ci-dessous a pour but de faire encore mieux comprendre ce qui vient d'être dit.

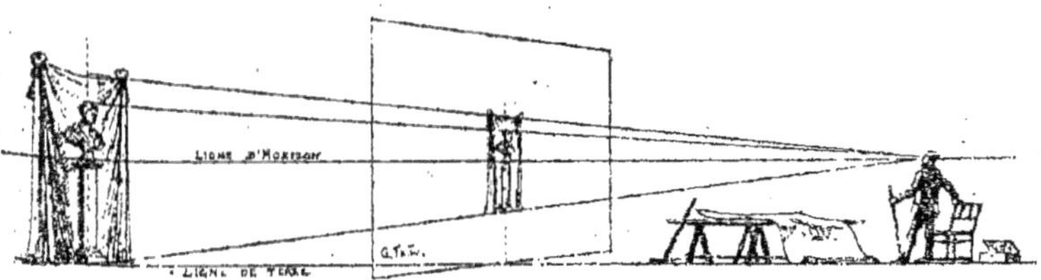


**PLANCHE 6.**

## LIGNE DE TERRE.

Le tableau ABCD (fig. 1, pl. 6) étant une surface plane placée verticalement devant le dessinateur, l'endroit où pose ce tableau sur le terrain, c'est-à-dire où commence le dessin, est la *ligne de terre*, CD.

Pour dessiner séparément en perspective un meuble, un siège, on place généralement la ligne de terre au pied même de ce meuble, de ce siège, pour faciliter l'opération, comme on le verra dans les exemples qui suivront.

## TERRAIN PERSPECTIF.

Le *terrain perspectif* est l'espace compris entre la ligne de terre, ou commencement du dessin, et la ligne d'horizon, CEVED (fig. 1, pl. 6).

## LIGNE D'HORIZON.

La *ligne d'horizon* est toujours à la hauteur de l'œil du spectateur ou dessinateur (XEVEX, fig. 1); qu'il soit assis ou debout, l'horizon s'abaisse ou s'élève avec lui.

Il ne faut pas mettre la ligne d'horizon trop élevée ; les objets représentés ainsi ont une inclinaison montante trop rapide.

Plus l'horizon est élevé, plus le terrain perspectif est développé ; plus il est abaissé, plus il laisse d'air au ciel ou au plafond, si c'est un intérieur qui est représenté.

La distance de la ligne d'horizon à la ligne de terre doit toujours être bien appropriée à l'importance du meuble, de l'objet ou de l'intérieur que l'on représente.

On pourra étudier et se rendre bien compte de la façon de placer ces deux lignes dans les exemples qui suivent et dans les dessins mis en perspective de cet ouvrage.

## LE POINT DE VUE.

Le *point de vue* ou *point principal* V (fig. 1, pl. 6), est le point qui se trouve précisément en face de l'œil du dessinateur sur la ligne d'horizon.

Le point de vue suit l'œil du dessinateur sur la ligne d'horizon, qu'il se place plus à droite ou plus à gauche du tableau

Les fig. 12, 13, 14, au bas de la planche 6, montrent le point de vue placé à différents endroits sur la ligne d'horizon

## DES DIFFÉRENTES MANIÈRES DE PLACER LE POINT DE VUE SUR LA LIGNE D'HORIZON.

Les figures 12, 13, 14 (pl. 6) nous montrent le point de vue placé en face du spectateur au milieu du tableau ou plus à droite ou plus à gauche. On peut ainsi, dans la représentation d'une pièce ou d'un meuble, avantager tel ou tel côté.

Les dessins expliqués des planches 7, 8, 9, 10, démontreront la manière de placer le point de vue, suivant le meuble ou l'intérieur qu'il s'agit de représenter.

## DE LA DISTANCE.

La *distance* que le dessinateur doit adopter pour embrasser d'un seul coup d'œil son sujet, doit être au moins deux fois égale à la grandeur réelle de l'objet ou de l'ensemble que l'on veut représenter.

On prend souvent une distance plus grande que deux fois l'importance de l'objet, c'est comme mesure minimum que nous l'indiquons ici.

Il est très important de bien sé rendre compte de la distance nécessaire à ce que l'on représente ; une distance trop rapprochée forcerait le dessinateur à tourner la tête en tous sens, il faut que l'on puisse bien voir, ou être sensé embrasser d'un seul coup d'œil son sujet. Une distance bien comprise contribue beaucoup à l'harmonie d'une composition.

## DES POINTS DE DISTANCE.

Les *points de distance* représentent la distance qui sépare réellement le spectateur du tableau ou de l'objet à dessiner. On les place de chaque côté du point de vue soit **XX** (fig. 1, pl. 6).

Le spectateur au point **X** a la distance double de la largeur du tableau **ABCD** et cette distance reportée en **XX**, de chaque côté du point de vue **V**, sur la ligne d'horizon.

Si l'on représente un meuble, un intérieur, un siège séparé, le principe est toujours le même.

Comme on ne peut toujours sur la planche à dessin placer les points de distance à cause de leur éloignement du point de vue, on réduit cette distance de la moitié, du quart, du tiers et même plus pour pouvoir exécuter facilement son dessin.

Nous expliquerons plus loin cette manière de procéder.

## DIFFÉRENTES MANIÈRES DE PLACER LES OBJETS EN PERSPECTIVE.

Il s'agit donc de dessiner sur le papier un objet qui se trouve devant nous dans telle ou telle position, à une distance exacte ; ou bien les différentes mesures d'un objet nous étant données par le plan et l'élévation, il nous faut le dessiner en perspective, à une distance déterminée.

On peut représenter les objets de différentes manières en perspective : en perspective de face, en perspective de front, en perspective d'angle, en perspective oblique ou accidentelle.

## PERSPECTIVE DE FACE.

La perspective est *de face* lorsque le point de vue est placé juste au milieu de la pièce ou de l'objet que l'on veut représenter et que la base de cette pièce ou de cet objet est parallèle à l'horizon. Exemple : (fig. 1, 3, 7, 8, 13, pl. 6)

## PERSPECTIVE DE FRONT.

La perspective est *de front* lorsque la base de la pièce ou de l'objet à représenter est parallèle à l'horizon, et que le point de vue est porté plus d'un côté que de l'autre, ce qui donne un plus grand développement à un des côtés de cet objet ou de cette pièce. Ex. (fig. 5, 9, 10, 11, 12, 14, pl. 6).

Dans ces deux cas toutes les ligne de fuite vont au point de vue comme on le voit dans ces figures.

N'oublions pas de dire ici que toute ligne qui n'est pas parallèle au tableau, c'est-à-dire dont une des extrémités est plus éloignée que l'autre du tableau, s'appelle fuyante.

Les lignes verticales et celles qui se trouvent parallèles à l'horizon ne sont jamais fuyantes.

## PERSPECTIVE D'ANGLE.

Un intérieur ou un objet est vu *d'angle* lorsque les deux plans de cet objet ou de cet intérieur formant angle droit, la base de cet angle droit reste parallèle à la ligne d'horizon.

Si l'on mettait le carré vu d'angle ABCD (fig. 6, pl. 3), en perspective, la ligne CA resterait parallèle à l'horizon ; la ligne BD deviendrait une fuyante à angle droit, et se dirigerait au point de vue ; dans ce cas, les côtés du carré deviennent des obliques à 45 degrés et se dirigent aux points de distance.

Le carré d'angle peut être placé sur l'un ou l'autre côté du point de vue.

On reconnaît toujours que le carré est d'angle lorsqu'une des diagonales reste parallèle à la ligne d'horizon.

La perspective d'angle se trace absolument de la même manière que la perspective oblique dont nous allons parler, et qui sera démontrée par des exemples.

## PERSPECTIVE OBLIQUE OU ACCIDENTELLE.

La perspective est *oblique* lorsqu'un plan ou un objet étant placé arbitrairement aucun de ses côtés n'est parallèle à la ligne d'horizon.

Les lignes de fuite de ce plan ou de cet objet ne se dirigent ni au point de vue ni aux points de distance, mais à des points dits *points accidentels*. Ex. (fig. 4, pl. 6).

Les démonstrations et les exemples qui vont suivre feront comprendre les différentes manières de tracer cette perspective.

*Remarque.* — Le point de vue est toujours indiqué par V.; les points de distance par XX, la ligne de terre par TT.

### DU POINT.

Du moment que l'on peut mettre un *point* en perspective, on peut y mettre toutes sortes de figures, puisque les contours d'une figure ne sont qu'une suite non interrompue de points.

Pour placer le point A (fig. 2, pl. 6) en perspective, la ligne de terre TT étant tracée, la ligne d'horizon également donnée en XVX.

Le point de vue placé en V sur cette ligne d'horizon, les points de distance marqués en XX de chaque côté du point de vue.

Du point A, élever une perpendiculaire à la ligne de terre pour obtenir le point B; joindre le point B au point de vue V. Avec BA comme rayon et B comme centre, décrire un arc de cercle AC; joindre le point C au point de distance X à gauche pour avoir, à l'intersection des deux fuyantes BV et CX, le point O qui représente le point A en perspective.

Le point E, joint au point de distance X placé à droite, donnera le même résultat.

Ce problème repose sur ce principe que les droites perpendiculaires à la ligne de terre vont au point de vue, et les diagonales aux points de distance. Comme on le verra encore plus clairement par la démonstration du carré perspectif.

Ici, nous ferons cette observation que le plus grand angle sous lequel l'œil embrasse les objets est de 90 degrés.

L'ensemble ou l'objet qu'on se propose d'imaginer ou de copier doit se trouver compris dans le cône visuel, il ne peut pas dépasser les points de distance ; il doit donc être inscrit au moins dans le cercle, base du cône.

## DE LA DROITE.

Soit la droite AB (fig. 10, pl. 6) parallèle à la ligne de terre TT à mettre en perspective.

Le point de vue en V, le point de distance en X sur la ligne d'horizon.

La distance qui existe ici entre cette ligne AB et la ligne de terre TT est la distance à laquelle on veut placer cette ligne en perspective de l'autre côté de la ligne de terre.

On aurait pu placer cette ligne pour la tracer en perspective tout aussi bien au-dessus de la ligne de terre ; elle est placée ainsi pour ne pas confondre les lignes d'opération.

Du point A et du point B, élever des perpendiculaires à la ligne de terre ; joindre les points E et F au point de vue V ; avec FB comme rayon et F comme centre, décrire un arc de cercle pour obtenir le point G, qu'il faut joindre au point de distance X.

L'intersection de la fuyante GX avec la fuyante FV donnera le point b, qui représente B en perspective.

La même opération sur l'autre point A donnera le point a, mais comme les parallèles à la ligne de terre dans le plan horizontal demeurent parallèles en perspective, le point b étant trouvé, il suffira, pour obtenir le point a, de mener par b une parallèle à la ligne de terre.

C'est la même opération que la précédente ; celle du point donné dans le plan horizontal à mettre en perspective.

## DU CARRÉ.

Le *carré* est la base fondamentale de la perspective, puisque la plupart des objets, même ceux qui sont à plan circulaire, se construisent à l'aide du carré.

La démonstration de la mise en perspective du carré amènera à bien comprendre la manière de placer un intérieur ou un meuble de face ou de front.

Soit le carré ABCD (fig. 3, pl. 6) à mettre en perspective, la ligne de terre étant AB, base du carré, la ligne d'horizon en XVX, le point de vue en V au milieu du carré, les points de distance en XX. Les côtés du carré (lignes fuyantes à angle droit) se dirigeront au point de vue V, et la diagonale fuyante AX viendra couper BV au point *d*, ce qui déterminera la grandeur perspective du côté du carré BD ; conduire l'horizontale *de* qui termine le carré dans sa profondeur.

Si l'on conduit l'autre diagonale fuyante BX, on verra qu'elle coupe également AV en *e*, point déjà donné par l'horizontale *d e*, et qu'elle ne sert qu'à justifier l'exactitude de la première opération.

L'intersection des diagonales donne le centre du carré.

Les profondeurs *e, d* sont donc déterminées par les points de distance.

## DES DIAGONALES.

L'emploi des diagonales du carré permet d'en trouver facilement le centre, comme on vient de le voir, et les divisions successives, comme dans la figure suivante :

## DIVISION DU CARRÉ.

Le carré ABCD (fig. 8, pl. 6), étant placé en perspective par la même opération que le carré précédent.

Pour diviser en six parties égales ce carré, après avoir marqué ses divisions sur sa base ou ligne de terre AB, conduisez de ces points *a,b,c,d,e*, des fuyantes au point de vue V, la diagonale BX donnera sur ces fuyantes des points d'intersection, d'où vous mènerez des lignes horizontales qui diviseront le carré, comme dans la moitié de cette figure.

De ces mêmes points *a, b, c, d, e,* si vous menez des fuyantes au point de distance X, les points d'intersection de ces fuyantes sur le côté AC de ce carré correspondront avec ces mêmes lignes horizontales, ce qui vous démontrera la justesse de cette opération.

Il est facile de comprendre que si les divisions de la base de ce carré sont de 1 mètre chacune, les divisions correspondantes sur les autres côtés du carré seront chacune de 1 mètre, mais diminuées par la perspective.

C'est le principe du damier mis en perspective, qui peut servir à mettre en place des meubles, des objets dans un plan donné.

Les carrés précédents (fig. 3 et fig. 8), sont en perspective de face, le point de vue étant au centre .

Le carré ABCD (fig. 9, pl. 6) est vu de front, le point de vue étant placé à gauche de ce carré ; les diagonales vont toujours aux points de distance.

Après avoir tracé les premiers carrés de face, on s'exercera à en tracer comme ce dernier, de front, ce qui sera facile, puisque c'est la même opération qui sert à tracer les uns et les autres.

## DU CUBE.

Du carré, nous passons au *cube,* puisque l'un dérive de l'autre.

Pour tracer le cube, il faut d'abord établir le carré perspectif. Élever le carré géométral ABCD (fig. 5, pl. 6) ; AB, base du carré étant prise pour ligne de terre ; de ces points A et B, mener des fuyantes au point de vue V, déterminer la profondeur du carré, en menant du point A une ligne fuyante au point de distance qui est à 15 centimètres du point de vue, point qui se trouve en dehors de la planche.

Cette fuyante, qui est la diagonale du carré, comme il a été déjà dit plus haut, coupe la fuyante au point de vue BV au point F et détermine la profondeur du carré perspectif.

Tracer de ce point F, une ligne horizontale qui viendra couper au point E la fuyante AV.

De ces points E et F, élever des lignes verticales ; des points C et D, mener des fuyantes au point de vue qui rencontreront les verticales que l'on vient d'élever aux points G et H, le cube sera tracé.

On remarquera que le plan perspectif du carré qui forme la base de ce cube, est moins développé que le plan élevé de ce même cube; cela tient à ce que la ligne d'horizon est plus rapprochée de la ligne de terre.

Si la ligne d'horizon avait été placée au milieu du carré géométral ABCD, l'aspect perspectif de ces carrés serait le même.

Pour les côtés de ce cube, le côté AEGC est moins développé que le côté BFHD, puisqu'il se trouve plus près du point de vue

Ce cube, placé ainsi, constitue une vue de front.

Nous conseillons comme étude, de tracer en perspective des cubes, avec des points de vue et des points de distance différents de celui-ci.

Le carré et le cube étant le point de départ de la perspective, on ne saurait y attacher trop d'importance.

## DU CERCLE.

Le *cercle* est, après le carré, le sujet le plus important de la perspective linéaire.

Pour tracer le cercle facilement, on l'inscrit dans un carré.

Soit le carré géométral ABCD (fig. 7, pl. 6) dans lequel nous avons tracé un cercle tangent à ses côtés; tracer les diagonales de ce carré qui donneront le centre du cercle et qui rencontreront la circonférence aux points PPPP, tracer les lignes verticales EG, FH qui passeront par ces points; placer ensuite le carré en perspective comme il a été dit plus haut.

Les diagonales de ce carré ou fuyantes aux points de distance donneront le centre du cercle. Des points G et H mener des fuyantes au point de vue, ces fuyantes rencontreront comme sur le plan les diagonales du carré, et ces points de rencontre indiqueront les points où passera la courbe formant le cercle en perspective; ce cercle est vu de face dans un carré vu de face.

Pour inscrire un cercle dans un carré vu de front (fig. 9), l'opération est toujours la même; seulement, pour trouver les points P, P, P, P sur les diagonales, en admettant que l'on ne trace pas le plan géométral comme dans la figure 7, on diviserait la base AB de ce carré en quatre parties; du point A faire l'angle droit AEF, prendre la grandeur EF, la reporter de chaque côté du point I en G et H; de ces points GH, mener des fuyantes au point de vue, qui donneront les points P,P,P,P sur les diagonales. On fera passer la courbe du cercle par ces points, il sera alors bien en perspective.

Pour tracer un cercle sur un plan vertical, comme dans la figure 11, l'opération est absolument la même. Du moment que l'on aura placé un carré sous un aspect perspectif quelconque, on pourra par ces principes y inscrire un cercle.

## LIGNE OBLIQUE A METTRE EN PERSPECTIVE.

Pour mettre une ligne oblique en perspective, le moyen est le même que pour une ligne droite, puisque deux points, mis en perspective à des distances données, peuvent se joindre par une ligne droite.

Soit (fig. 4, pl. 6), la ligne AB placée obliquement au-dessus de la ligne de terre, dont nous voulons avoir l'aspect perspectif; la ligne de terre tracée en TT, la ligne d'horizon en XV, le point de vue en V, le point de distance en X. Dans ce cas, on remarquera que la ligne AB à mettre en perspective est placée au-dessus de la ligne de terre, distance de laquelle elle doit être en perspective, et véritable position qu'elle doit garder sur le plan perspectif.

Des points A,B, abaisser sur la ligne de terre les verticales Ae, B*f*, de ces points *e*, *f*, mener des fuyantes au point de vue V, du point *e* avec eA comme rayon, décrire l'arc Ag, de ce point *g* mener une fuyante au point de distance, cette fuyante *g*X rencontrera eV au point *a*, qui sera le point perspectif A de la ligne oblique. Du point *f*, porter la grandeur *f*B de *f* en *h*; de ce point *h*, mener une fuyante au point de distance X, cette fuyante *h*X rencontrera la fuyante *f*V au point *b*, point perspectif B de la ligne oblique. Joindre ces deux points *a*, *b*, et l'on aura l'apparence perspective de la ligne oblique A B.

C'est le même principe que pour mettre une ligne horizontale en perspective, basé sur la mise en perspective du point.

La perspective oblique ne peut se tracer qu'à l'aide du plan de l'objet ou de la pièce que l'on veut représenter, tandis que la perspective de face et de front peut se tracer sans aucun plan, il suffit d'avoir les dimensions nécessaires.

## DE LA DISTANCE TRANSPOSÉE.

Nous avons dit, au commencement de ce chapitre, que ne pouvant pas toujours trouver à placer sur la planche à dessin les points de distance souvent éloignés du point de vue, on pouvait opérer en réduisant la distance.

Voici la manière facilement applicable que nous employons journellement : le carré géométral ABCD (fig. 3, pl. 6) a été mis en perspective, comme nous l'avons expliqué plus haut, au moyen des points de distance X,X. Nous supposons que ce carré ait besoin d'être mis en perspective dans une très grande dimension et qu'on ne puisse atteindre les points de distance sur la planche à dessin. Connaissant la ligne de terre et la ligne d'horizon, nous prenons la moitié de la distance que nous marquons sur la ligne d'horizon et que nous indiquons par X 1/2. Sur la ligne de terre, nous prenons la moitié de la base du carré, et nous menons une ligne fuyante de ce point marqué 1/2 au point X 1/2 (point de distance) sur la ligne d'horizon. Cette ligne coupe AV, fuyante du carré perspectif, au point e, point d'intersection déjà donné par la fuyante BX, qui est la fuyante au point de distance entière.

Si l'on avait encore moins de place sur le côté du dessin pour atteindre les points de distance, on pourrait réduire cette distance au 1/3, au 1/4, comme il est tracé sur le côté droit de cette même figure ; on réduit à la même proportion la mesure à porter en perspective.

Cette figure est assez claire, croyons-nous, pour faire bien comprendre cette manière d'opérer qui s'applique à toute sorte de perspective.

Dans les figures qui suivront nous indiquerons, chaque fois qu'il y aura lieu, les différentes réductions que nous avons fait subir aux points de distance, pour exécuter facilement les dessins.

## ÉCHELLE PERSPECTIVE.
## PERSPECTIVE DE FACE ET DE FRONT.
### PLANCHE 7.

On appelle échelle perspective ou échelle fuyante, une grandeur prise à volonté au premier plan du tableau, verticalement AB (fig. 1), ou horizontalement AC, et prolongée à l'horizon par deux parallèles fuyantes partant des extrémités de la ligne donnée, et se rejoignant en un point quelconque V de l'horizon.

L'espace compris entre ces parallèles est le même, quelque réduit qu'il paraisse dans l'éloignement. Cet espace perspectif compris entre ces lignes sert donc à retrouver la hauteur et la largeur des différents objets à placer dans le tableau, à quelque plan que se trouvent ces objets. On comprendra facilement cette définition par les exemples qui suivent :

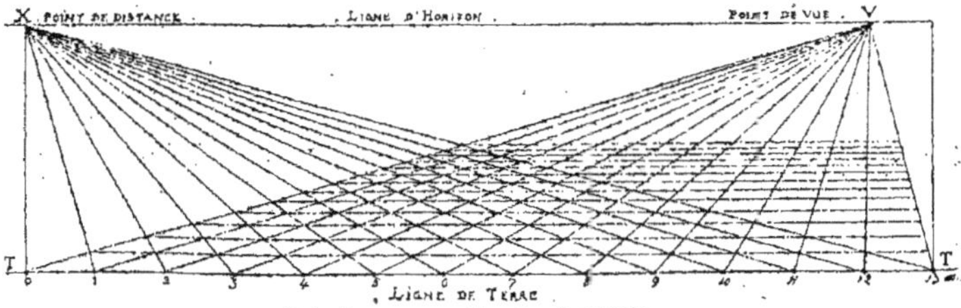


Echelle perspective horizontale.

1° La ligne de terre TT de la figure ci-dessus est divisée en 13 mètres ; si de ces points de division l'on mène des fuyantes, au point de vue V et au point de distance X, et que l'on fasse passer par l'intersection de ces fuyantes des lignes horizontales, on aura une échelle perspective indiquant des mètres carrés perspectifs.

2° Diviser la ligne verticale AB (fig. 1, pl. 7) par mètre et par 50 centimètres, soit en 3 mètres ; de ces points de division, mener des lignes fuyantes au point V ; diviser la ligne de terre AC en 4 mètres, et de ces points de division mener des fuyantes au point V.

Si le point de distance se trouve être en X, et que l'on veuille avoir un point à 3 mètres, par exemple sur la ligne AV, base de l'échelle et ligne du terrain perspectif : de ce point marqué 3 mètres sur la ligne de terre AC, il faut mener une fuyante au point de distance X, qui coupera la ligne de terre fuyante AV au point D ; ce point sera le point perspectif cherché. De ce point, élever une verticale qui se trouvera divisée en autant de mètres qu'il y en a sur la ligne verticale AB, échelle en hauteur.

On trouvera ainsi tous les points dont on aura besoin.

## DIVISION DES PLANS OBLIQUES.

On a vu, dans les démonstrations de la planche précédente, que les diagonales du carré en donnent le milieu, et que pour le tracé du cercle elles étaient d'une grande utilité. Leur emploi est aussi nécessaire dans les plans obliques.

Soit le plan vertical oblique LMNO dans la fig. 3, pl. 7, les diagonales donneront le milieu ; si, par la jonction de ces diagonales, on fait passer une ligne verticale, elle divisera ce plan en deux parties, mais perspectivement.

Pour porter des grandeurs équivalentes mais perspectives sur un plan oblique, on opérerait ainsi :

Soit le plan perspectif ABMO (fig. 3) dont les points A et B se dirigent au point P sur la ligne d'horizon ; diviser la verticale AB par le milieu, ce qui donnera le point E ; mener une fuyante au point P, ce plan sera divisé en deux parties égales ; tracer la verticale CD, la distance comprise entre les points CA,DB sera la distance à trouver en perspective et à répéter plusieurs fois dans le plan ABMO. Du point B conduire une diagonale qui, passant par le point F, milieu du plan et milieu de la verticale CD, tombera sur la ligne AP au point G ; de ce point G, élever une verticale GH, qui déterminera le premier intervalle cherché dans ce plan ; du point D conduire encore une diagonale qui, passant par le point I, tombera en K, point sur lequel on élèvera une verticale : on aura ainsi la seconde division cherchée et on opérera de même pour trouver les autres.

On voit combien les diagonales sont utiles dans tous les plans et quels services elles peuvent rendre, puisque l'on peut par leur emploi trouver toutes les divisions proportionnelles que l'on désire.

## DIVISION D'UNE LIGNE OBLIQUE EN PARTIES ÉGALES.

Soit la ligne oblique AB (fig. 2) à diviser en sept parties. Du point A, extrémité de cette ligne oblique, tracer l'horizontale AC, que l'on divise en sept parties ; du point C, extrémité de ces divisions, conduire une ligne par le point B, autre extrémité de la ligne oblique à diviser ; conduire cette ligne jusqu'à la rencontre de la ligne d'horizon, ce qui donnera le point O. Joindre le point A au point O, et, de chaque division de la ligne AC, mener des lignes au point O. Ces lignes passeront sur la ligne oblique AB et la diviseront en parties égales mais perspectives.

## INTÉRIEUR VU DE FACE.

Nous nous proposons de placer en perspective une pièce ayant 5 m. 10 cent. de largeur, 3 m. 50 cent. de hauteur sous corniche, 3 m. 80 cent. sous plafond et 6 mètres de profondeur (fig. 4, pl. 7). Les dimensions des ouvertures seront données au fur et à mesure de leur construction.

Tracer la ligne horizontale AB, ligne de terre, qui représente 5 m. 10 cent., largeur de la pièce ; sur ces points A,B élever des verticales, ce qui donnera les points C,D ; joindre C,D par une horizontale qui fermera le dessin par le haut. Élever sur le milieu de la ligne de terre AB une verticale qui divisera le dessin er deux parties égales.

Établir sur la verticale AC l'échelle en hauteur du dessin, c'est-à-dire diviser cette verticale en mètres et en fractions de 50 cent., subdiviser les premiers 50 cent. par décimètres, de sorte que l'on pourra prendre sur cette échelle les différentes mesures nécessaires à la construction de la pièce.

Tracer la ligne d'horizon à 1 m. 30 cent. de la ligne de terre AB. On placera le point de vue au point V au milieu de la pièce, ce qui constituera une vue de face.

Comme la distance nécessaire pour bien représenter cet intérieur est assez grande et que l'on ne peut la trouver sur la planche, on prendra la moitié de cette distance et on la portera de chaque côté du point de vue aux points marqués 1/2 X.

Puisque l'on connaît le point de vue, des points A,B,C,D, on mènera des fuyantes à ce point de vue V, qui seront coupées par les différentes mesures de la pièce. On établira d'abord le *côté gauche*, sur lequel sont placées les deux fenêtres.

La profondeur totale de la pièce étant de 6 mètres, prendre sur l'échelle la moitié, soit 3 mètres, puisque la distance est réduite de moitié ; du point A, porter sur la ligne de terre cette mesure, ce qui donnera le point P ; de ce point, mener une fuyante au point de distance 1/2 X à gauche ; cette fuyante coupera AV au point *e* et déterminera la profondeur totale de la pièce ; de ce point *e*, tracer une horizontale qui coupera la fuyante BV au point *f* : le plan perspectif de la pièce, suivant la profondeur convenue de 6 mètres, sera tracé.

Sur les points *e,f*, élever des verticales qui couperont les fuyantes CV et DV aux points *g* et *h*; joindre par une horizontale ces deux points, on aura tracé les lignes principales de la pièce en perspective.

Nous allons maintenant tracer la corniche : nous avons dit que cette pièce avait 3 m. 80 cent. sous plafond ; porter 30 cent. au-dessus des verticales AC,BD. De ces points marqués E,F, mener des fuyantes au point de vue, ces fuyantes rencontreront les verticales *eg*, *fh*, lignes indiquant le fond de la corniche aux points *i,k*, qu'il faut joindre par une horizontale. Nous donnons également 30 cent. de saillie à la corniche. En haut du dessin, porter de E en G 30 cent. toujours d'après l'échelle et la même mesure de F en H. De ces points H,G, tracer des lignes fuyantes au point de vue, lignes qui seront le trait de la corniche sur le plafond. Il s'agit de déterminer la ligne de la corniche sur le plafond au fond de la pièce : pour cela, du point A sur la ligne de terre, porter 30 cent. de A en K, largeur de la corniche; de ce point K, mener une fuyante au point de vue qui rencontrera la ligne P 1/2 X au point *j*. Cette ligne P 1/2 X étant la fuyante au point de distance qui a servi à tracer le fond de la pièce, et comme toute fuyante au point de distance étant dans les vues de face et de front fuyante à 45 degrés, cette ligne se trouve être bissectrice de l'angle de la pièce. Le point $j$ sur cette ligne déterminera le point extérieur de la corniche, que l'on reportera en hauteur par une verticale sur sa vraie ligne GV au point $n$. De ce point $n$, tracer une horizontale qui viendra couper HV, autre ligne de la corniche au point $o$; la ligne de corniche sur le plafond sera entièrement tracée.

On pourrait opérer encore de la manière suivante pour trouver les points de jonction de la corniche sur le plafond : du point B, au bas et à droite du dessin, ou devant de la pièce, porter la largeur de 30 cent. de la corniche à gauche de ce point B en M. De ce point M, mener une ligne fuyante au point de vue. Pour avoir le point d'angle de la corniche par terre afin de le reporter au plafond, il faut prendre la moitié des 30 cent. puisque l'on diminue la distance de la moitié, ce qui donnera le point L entre BM; de ce point L, mener une ligne au point de distance 1/2 X, à la droite, puisque l'on opère cette fois de ce côté pour ne pas compliquer le dessin. Cette ligne partant de L coupera BV, côté droit de la pièce au point $r$ : ce point sera la grandeur cherchée ; de ce point, tracer une horizontale qui passera sur MV au point $s$. Élever une verticale à la rencontre de la ligne de la corniche HV, ce qui donnera le point $m$; de ce point, tracer une horizontale à la rencontre à gauche de l'autre ligne de la corniche GV, ce qui donnera le point $l$. La corniche sur le plafond sera trouvée.

Nous avons indiqué sur ce dessin la bissectrice de l'angle de ce côté de la pièce, et, sur sa rencontre avec la ligne MV, la verticale qui va trouver le point correspondant de l'angle de la corniche sur le plafond. Ces tracés confirment bien l'opération faite sur la gauche du dessin.

On voit par ce qui précède comme il est facile, en établissant le plan, de tracer toutes sortes de lignes à différentes distances sur le plafond.

Pour tracer des poutres sur le plafond à la place de la corniche, on placerait sur la ligne EF, point extrême du plafond, les largeurs de ces poutres, leurs épaisseurs, leurs intervalles, et on mènerait de ces points des lignes au point de vue.

Nous avons encadré notre dessin entre les points A,B,C,D, car on ne peut voir réellement les points *l,m*, de la ligne de corniche sur cette face de la pièce, mais nous avons tenu à la faire trouver pour bien compléter l'étude du tracé du plafond.

Les diagonales partant des points E,F,*i,k*, donneront le milieu du plafond. On peut le trouver encore de la manière suivante : du point N sur la ligne de terre AB et qui représente 3 mètres ou moitié de la profondeur de la pièce, mener une ligne au point de distance 1/2 X à gauche, cette ligne coupera la fuyante au point de vue AV au point *z;* de ce point, élever une verticale à la rencontre de E,*i*,V, ligne extrême du plafond, et, de là, tracer une horizontale qui viendra couper la ligne du milieu du dessin et indiquera le centre de la pièce et la place de la rosace.

Cette pièce serait un carré régulier dont les diagonales du plafond donneraient exactement les points *l,m,n,o*. Dans ce dessin en traçant les diagonales on verrait qu'elles donnent presque ces points; en effet le dessin étant à une petite échelle, les distances se perdent un peu, mais on aurait très exactement les points *l,m,n,o*, en suivant l'opération que nous avons indiquée plus haut.

Traçons maintenant l'emplacement de nos fenêtres.

La première fenêtre est à un mètre du point A, angle de la pièce ; réduire cette mesure de moitié et la porter sur la ligne AB comme il est indiqué. Porter successivement à droite de cette première mesure la largeur de la fenêtre, soit 1 m. 50 cent., l'entre-deux des fenêtres, soit 1 mètre, la largeur de l'autre fenêtre égale à la première, soit 1 m. 50 cent. Toutes ces mesures diminuées de moitié puisque nous avons diminué notre distance ; elles sont du reste indiquées en chiffres sur la ligne AB.

De ces points mener des fuyantes au point de distance 1/2 X à gauche. Ces fuyantes rencontrent la ligne AV à différents points qui sont les mesures perspectives correspondantes à celles portées sur la ligne de terre. De ces points élever des verticales indéfinies ; tracer des petites horizontales des points de rencontre du tracé de ces fenêtres pour figurer l'épaisseur du mur que l'on arrêtera après.

La hauteur des ouvertures des fenêtres est donnée à 3 mètres de terre. Du point marqué 3 m. sur la verticale AE, tracer une fuyante au point de vue. Cette fuyante rencontrera les lignes verticales formant l'ouverture de ces fenêtres; de ces points de rencontre tracer des horizontales qui indiqueront à cette hauteur l'épaisseur des murs que l'on va déterminer.

Pour tracer l'épaisseur du mur, porter la mesure de cette épaisseur de A en *a*; de ce point mener une ligne au point de vue qui rencontrera les petites horizontales du bas des fenêtres et en déterminera les embrasures; élever du point *a* une verticale à la rencontre de la mesure de 3 m. hauteur de ces fenêtres, mener une ligne au point de vue, qui coupera les horizontales indiquant la hauteur des embrasures. Ainsi la place des fenêtres sera bien indiquée.

Pour la baie placée à droite, on opérera de la même manière que pour les fenêtres. On pourra en suivant les traits indiqués sur le dessin refaire cette construction.

Pour la porte du fond, il faut placer la mesure que l'on veut lui donner ainsi que celle de ses chambranles sur la ligne de terre. De ces mesures mener des fuyantes au point de vue, qui rencontreront la ligne de terre du fond de la pièce. Sur ces points de rencontre élever des verticales.

Pour déterminer la hauteur de cette porte dont l'ouverture intérieure est à 2 m. 90 cent. il faut prendre sur l'échelle la hauteur de 2 m. 90 cent., de ce point mener une fuyante au point de vue, cette fuyante rencontrera *e g*, ligne d'angle du fond de la pièce; de ce point d'intersection mener une horizontale qui rencontrera les lignes verticales donnant l'intérieur de la porte.

La largeur du chambranle de 10 cent. prise sur l'échelle sera juste à 3 mètres hauteur des fenêtres, cette mesure de 3 mètres indiquée par une fuyante au point de vue coupera la ligne *e g*, ligne d'angle de la pièce et de ce point mener une horizontale qui donnera la ligne du chambranle. Il est vrai que l'on aurait pu ne pas répéter cette opération pour la largeur du chambranle au haut de la porte, puisqu'ayant déjà cette largeur indiquée par les verticales, elle sera également la même tout autour de cette porte. Mais nous avons tenu à l'exécuter pour bien faire comprendre ce principe.

Pour indiquer maintenant l'épaisseur de la baie de la porte:

Supposons que cette épaisseur soit la même que celle de l'embrasure des fenêtres; il faut remarquer que la ligne $a$ V qui a donné cette mesure pour les fenêtres coupe la fuyante au point de distance P 1/2 X au point $u$, et comme cette ligne est une fuyante à 45 degrés et se trouve être bissectrice de l'angle de la pièce, elle donnera la grandeur perspective que l'on cherche; de ce point $u$, mener une horizontale qui viendra couper la base de la porte aux points $y,y$, et de ces points on élèvera des verticales.

Pour trouver l'épaisseur apparente de la porte : à la hauteur des angles des chambranles, il faut abaisser des fuyantes au point de vue, qui rencontreront les verticales que l'on vient de tracer aux points $z,z$, et les joindre par une horizontale. Ainsi toute l'épaisseur de la porte sera tracée.

## INTÉRIEUR VU DE FACE PLACÉ AU MOYEN
## DES CARRÉS.

On peut se servir quelquefois de la mise en carrés ou damier pour mettre une pièce en perspective (figures ci-dessous et suivante).

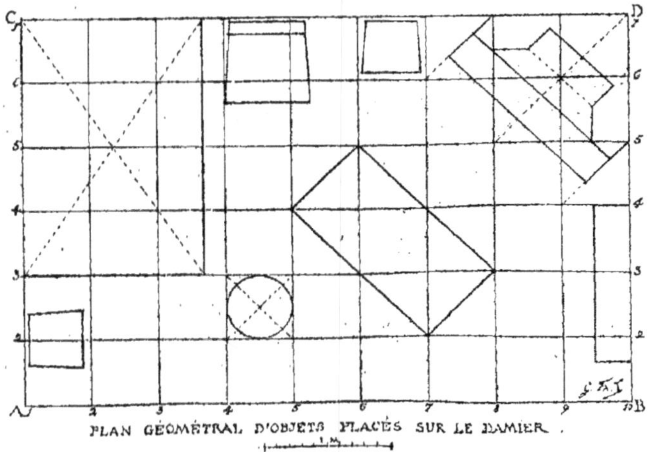



PLAN GÉOMÉTRAL D'OBJETS PLACÉS SUR LE DAMIER.

Diviser le plan de la pièce donnée en un certain nombre de carrés bien réguliers, placer les meubles dans la position que l'on veut leur donner en perspective, puis numéroter ce plan pour retrouver plus facilement sur le plan perspectif la place occupée par les objets.

Pour mettre ce plan en perspective : les lignes de terre et d'horizon tracées, placer le point de vue et le point de distance. Élever sur l'extrémité A de la ligne de terre une verticale sur laquelle on portera la hauteur de la pièce divisée par mètres, ainsi que les mesures des différents meubles.

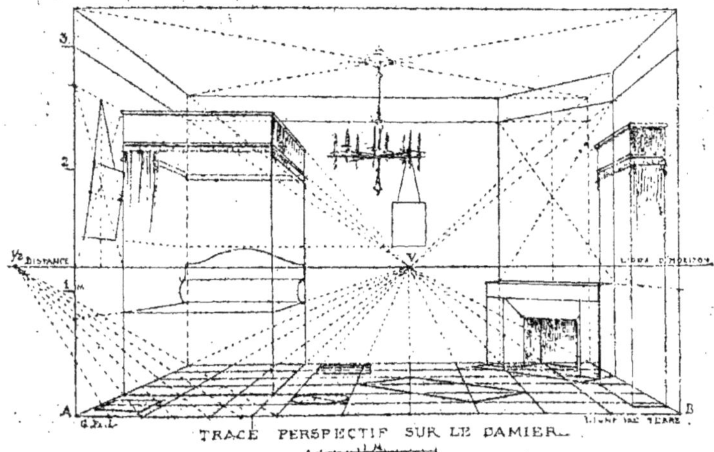


TRACÉ PERSPECTIF SUR LE DAMIER.

Indiquer d'abord sur la ligne de terre les divisions des carrés, puis mener de ces points des fuyantes au point de vue. Pour trouver la profondeur de la pièce comprise dans six carrés, la distance étant ici réduite de moitié, ne prendre sur la ligne de terre que la grandeur de trois carrés et les diviser par la moitié. Mener de ces divisions des lignes au point de distance, on aura sur la ligne 1 allant au point de vue, la place des carrés, tracer de ces points des horizontales, tout le plan sera divisé en carrés perspectifs.

Il sera facile d'élever sur ce plan perspectif les côtés de la pièce ainsi que la cheminée sur le pan coupé. On placera ensuite les meubles à leur place perspective, et on en trouvera les différentes hauteurs au moyen de l'échelle placée sur la verticale A.

# LIT VU DE FRONT.

## APPLICATION DE L'ÉCHELLE ET DES DIAGONALES.

Nous donnons ce lit (fig. 5. pl. 7.) comme exercice afin de faire comprendre l'application de l'échelle ; la largeur du lit est donnée en AB sur la ligne de terre.

Nous avons indiqué l'échelle de ce lit sur le côté gauche du dessin. La ligne d'horizon est à environ 1 m. 25 cent. de la ligne de terre ; le point de distance X à gauche sur la ligne d'horizon ; le point de vue est placé ici à 39 cent. 1/2 de ce point de distance sur la ligne d'horizon (il n'a pu tenir sur la planche). La distance ici est entière.

Commencer par tracer le pied du lit avec ses 7 divisions qui sont indiquées également sur la ligne de terre.

Pour trouver la profondeur perspective de ce lit : des points A et B mener des fuyantes au point de vue ; du point A porter sur la ligne de terre la profondeur totale du lit soit 2 m. d'après l'échelle au point E ; de ce point mener une fuyante au point de distance X, cette ligne coupera la ligne A qui se dirige au point de vue au point D ; de ce point D mener une horizontale qui viendra au point C couper la ligne B fuyante au point de vue. On aura ainsi le rectangle en perspective de ce lit.

Des points D, C, élever des verticales indéfinies. A la hauteur de 1 m. 10 cent. prise sur l'échelle, et qui sera la hauteur du grand dossier, tracer une horizontale qui passera sur les verticales élevées sur les points A et B pieds du lit, ce qui donnera les points F et G ; de ces points mener des fuyantes au point de vue. Ces fuyantes couperont les verticales élevées sur les points D,C aux points H et I, la hauteur du grand dossier sera trouvée.

Pour diviser le grand dossier en parties égales à celles du petit dossier : Des divisions marquées sur la ligne de terre entre A et B mener des fuyantes au point de vue, ces fuyantes rencontreront la ligne DC ; sur ces points de rencontre élever des verticales et le grand dossier sera divisé en un même nombre de parties que le petit.

Pour tracer le côté du lit et les ornements qui le composent : Des points K,L,M mener des lignes fuyantes au point de vue, qui donneront sur le côté CI du grand dossier, les points N,O,P.

On trouvera d'abord le centre du rectangle formé par les points K,M,N,P, par les diagonales, puis l'on divisera encore les deux parties de ce rectangle par d'autres diagonales. La fig. 6, moitié géométrale du côté du lit, tracée à une échelle plus petite et divisée par les diagonales, aidera à placer en perspective les ornements dans les deux rectangles perspectifs qui composent tout le côté de ce lit.

### PLANCHES 8 et 10.

## PERSPECTIVE DE FRONT.

Nous donnons les exemples qui suivent afin de bien faire comprendre la perspective de front.

Lorsque l'on aura reproduit ces exemples en suivant le texte, il sera facile de placer toute espèce de meuble en perspective, ou tout au moins selon les règles de la perspective.

## POUF A PLACER EN PERSPECTIVE.

Soit le pouf (fig. 1, pl. 8). Le plan est donné par la fig. 2.

Porter sur la ligne de terre la largeur de ce pouf de A en B, de ces points mener des lignes au point de vue V ; du point B, porter au point C la mesure de la profondeur qui est ici égale à sa largeur, puisque c'est un carré ; de ce point C mener une fuyante au point de distance X, qui coupera la fuyante B V au point D, ce qui déterminera la profondeur perspective de ce pouf.

Mener une horizontale de ce point D qui passera sur AV au point E, le plan perspectif du carré sera tracé ; sur les points A,B, élever des verticales de la hauteur de ce pouf, ce qui donnera les points F,G ; de ces points mener des fuyantes au point de vue qui rencontreront les verticales que l'on élèvera sur D et E, ce qui donnera les points H,I, que l'on joindra par une horizontale ; le tracé extérieur du pouf sera complet.

Porter sur le côté A B G F les lignes K, L, M, N, du plan et les arrêter sur la ligne FG ; de ces points de rencontre mener des lignes au point de vue. Tracer les diagonales sur le dessus de ce pouf, les points de rencontre de ces diagonales avec les fuyantes que l'on vient de tracer indiqueront les points par lesquels passera la courbe des cercles.

C'est la répétition du tracé du cercle dans un carré.

Les lignes parallèles ou lignes de fuite allant au point de vue, il est facile avec un peu d'habitude de tracer à main levée des dessins équivalents à celui-ci.

## TABLE VUE DE FRONT.

L'élévation ou projection verticale de cette table est donnée par le dessin géométral (fig. 4, pl. 8) à l'échelle de 10 cent. par mètre. En dessous de la ligne de terre, nous avons placé la moitié de sa projection horizontale ou plan (fig. 5).

La ligne d'horizon est placée à 1 m. 20 cent. de la ligne de terre, la distance réduite de moitié se trouve placée au-dessus de la table, sur la ligne d'horizon, le point de vue est à 22 cent. à gauche de ce point de distance en dehors de la planche.

On pourra retracer cette table dans le même aspect avec la distance réelle ; pour cela ayant tracé la ligne d'horizon, la ligne de terre, et le plan par terre, marquer sur la ligne d'horizon le point 1/2 X comme il est placé un peu à gauche du milieu du plan ; de ce point marquer sur la ligne d'horizon 22 cent. à gauche et 22 cent. à droite ; on porterait alors les mesures entières au lieu de les diminuer de moitié.

Le plan étant établi sous la ligne de terre, porter sur cette ligne par des verticales les dimensions extérieures de la table. Le plateau de cette table étant plus grand que l'espace compris entre les pieds, établir d'abord le rectangle donné par ce plateau. Des points A et B mener des fuyantes au point de vue. Du point A, porter en E la moitié de la profondeur de la table, puisque la distance est réduite de moitié ; mener de ce point E une fuyante au point de distance 1/2 X, qui coupera la fuyante A allant au point de vue au point F ; de ce point, mener une horizontale qui coupera l'autre fuyante B au point G. Le rectangle de la table en plan perspectif sera tracé.

Élever des verticales sur les points A, B, F, G, porter de A en D la hauteur totale de la table ; des points D, C, mener des fuyantes au point de vue, qui couperont les verticales élevées sur les points F, G aux points H, I ; le plateau de la table sera tracé perspectivement. Porter sous les points D et C l'épaisseur du plateau en a et b ; du point a, mener une fuyante au point de vue qui déterminera au point c sur F H l'épaisseur du plateau en perspective.

Pour tracer les pieds de cette table : Du plan de ces pieds, mener des petites verticales sur la ligne de terre, ce qui donnera les points p.p.p.p, et de ces points mener des lignes au point de vue. Prendre la moitié de la distance sur le plan entre le pied et la saillie du plateau, la porter à gauche du point p, le plus à gauche sur la ligne de terre, et de là mener une fuyante au point de distance 1/2 X ; porter encore à gauche, mais réduite de moitié, la largeur du pied, et mener encore une fuyante au point de distance. Ces fuyantes couperont la fuyante au point de vue p en deux points qui seront la largeur en perspective du pied ; sur ces points élever des verticales jusqu'à la rencontre des lignes formant le plateau. Du pied de ces verticales, c'est-à-dire aux points qui viennent d'être trouvés, tracer des horizontales vers la droite qui iront rencontrer les fuyantes partant des points pp et indiqueront la place du pied de ce côté ; sur ces points, élever des verticales jusqu'à la rencontre du plateau.

Les deux pieds de devant de la table tracés, on remarquera que le pied du côté droit présente dans son côté perspectif un plus grand développement que celui du côté gauche, par la raison qu'il est le plus éloigné du point de vue.

Il faut tracer maintenant les pieds de derrière. Toujours du point p, le premier à gauche sur la ligne de terre, porter à gauche en R la grandeur qui existe de l'angle du pied sur le plan à la moitié de ce plan ; cette mesure représentera la profondeur totale de l'espace compris entre les pieds, puisque notre distance est réduite de moitié ; de ce point R, mener une fuyante au point de distance 1/2 X ; porter à gauche de ce point R la moitié de la largeur du pied et mener encore une fuyante au point de distance, ces deux fuyantes rencontreront la fuyante au point de distance *p*; comme précédemment pour le premier pied, élever des verticales sur ces points de rencontre jusqu'au plateau. Tracer encore de ces points vers la droite des horizontales qui iront croiser les lignes *pp* de droite, élever des verticales de ces points et les quatre pieds seront tracés.

Il s'agit maintenant de tracer la frise de la table sous le plateau, et la tablette du milieu de cette table ; sur le premier point *p* à droite, élever la verticale L, sur laquelle on portera les divisions correspondantes au plan d'élévation.

Cette ligne verticale L, qui sert d'échelle, représente l'angle du pied de la table, mais sur la ligne de terre, puisque pour porter une mesure quelconque sur un plan donné, il faut toujours partir de la ligne de terre.

On tracera du dessin géométral de la table sur cette verticale L, la largeur de la tablette intérieure, et la hauteur de la frise ; de ces points donnés, mener des fuyantes au point de vue, qui seront interceptées par l'angle du pied de la table, mais on continuera le tracé de la ligne du dessus de la tablette; on en aura le trait entre les pieds à droite.

De l'indication de la tablette sur ce premier pied, on tracera des horizontales vers le pied à gauche, la tablette sur le devant sera trouvée ; de l'angle de ce pied gauche, on mènera des fuyantes au point de vue, on en aura le tracé sur le côté gauche, puis de la rencontre d'une de ces fuyantes, sur le pied du fond à gauche, on tracera une horizontale sur la droite, qui viendra terminer l'apparence de cette tablette entre les pieds de la table.

Cette tablette suit les contours des pieds de la table; il sera donc facile d'en tracer les détails d'après le dessin, puisque c'est la répétition en plus petit de ce qui vient d'être fait. Pour indiquer la frise de cette table, l'opération est la même que la précédente.

Comme on le voit, pour tracer un meuble quelconque en perspective de front, c'est toujours la même suite d'opérations.

Si, au lieu de pieds carrés, pieds que nous avons tracés ici pour faire bien comprendre la manière de procéder, on avait à mettre des pieds avec des carrés, des bagues ou des parties arrêtées, on les obtiendrait toujours par les mêmes moyens.

5

Il suffit généralement, dans un dessin perspectif, de chercher les lignes principales et de tracer ensuite les détails entre ces lignes, suivant les lignes fuyantes au point de vue, comme dans ces exemples; soit suivant les lignes fuyantes à des points accidentels, comme on le verra pour les exemples de perspective oblique qui seront démontrés plus loin.

Si l'on avait des pieds ornés à mettre à cette table comme fig. 7, on tracerait d'abord l'extérieur des pieds, comme il a été fait plus haut, on en indiquerait toutes les divisions sur la ligne L et de là on mènerait des fuyantes au point de vue qui donneraient sur l'angle du pied à droite les divisions correspondant à l'élévation, comme on l'a fait pour la tablette et la frise de la table.

La face du pied avec ces détails tracés, on mènerait des fuyantes au point de vue. Les lignes fuyantes du bas sont plus accentuées que celles qui sont plus élevées, ce dont il faut savoir se rendre compte; c'est, du reste, ce qui constitue la bonne mise en perspective de ces détails. On s'habituera, par la pratique, à les bien placer, rien qu'au coup d'œil.

Si l'on a des bagues et détails à dessiner comme dans les parties de pieds tournés (fig. 8 et 9), on tracera d'abord le carré extérieur principal du pied, puis on en trouvera l'axe par les diagonales ou par le plan général; on pourra alors tracer facilement les parties rondes dans leur mouvement perspectif. Le milieu des gorges des parties rondes du pied dans toute sa longueur sera toujours indiqué par l'axe principal; les parties carrées se développant plus ou moins, selon la place du point de vue, indiqueront bien la place pour y tracer les cercles formant les bagues et moulures.

## CHAISE VUE DE FRONT.

L'élévation géométrale, le profil et le plan de cette chaise sont donnés par les fig. 10, 11, 12 (pl. 8), à l'échelle de 10 centimètres par mètre.

La ligne d'horizon est placée à 92 centimètres de la ligne de terre, le point de vue en V à droite près du cadre de la planche, le point de distance à 27 centimètres 1/2 à gauche du point de vue, en dehors de la planche.

A l'extrémité de la ligne T T (fig. 13), élever une verticale sur laquelle on portera les principales mesures de cette chaise : la hauteur totale du dossier et de la partie garnie de ce dossier, la hauteur du siége et son épaisseur, ce qui en constituera l'échelle.

On remarquera sur le plan (fig. 12), que la chaise est plus large sur le devant que de fond, et sur le profil de cette chaise fig. 11, que le dossier étant incliné, l'aplomb du haut du dossier avec le plan de la chaise forme un carré. Pour placer cette chaise en perspective, on commencera donc par mettre ce carré en perspective.

Porter la ligne *a b*, du plan (fig. 12) devant de la chaise en A,B, sur la ligne de terre fig. 13 ; de ces points A,B mener des fuyantes au point de vue ; du point B porter en C la grandeur *b c* du plan dans laquelle on doit trouver la chaise : de ce point C mener une fuyante au point de distance que rencontrera B V au point D ; de ce point D tracer une horizontale qui coupera A V au point E ; le carré perspectif sera tracé. Elever sur ces points A,B,D,E, des verticales jusqu'à la hauteur totale de l'échelle marquée à gauche : de cette hauteur tracer une horizontale qui coupera en F,G les verticales élevées sur A,B ; de ces points F,G mener des fuyantes au point de vue qui couperont les verticales élevées sur D,E, aux points H,I ; le rectangle dans lequel la chaise doit être dessinée sera tracé. On remarquera que le carré perspectif F G H I est très raccourci, parce qu'il est très près de la ligne d'horizon.

Pour trouver la place occupée par les pieds de derrière de la chaise : prendre sur le plan les petites mesures *b c*, *f a* qui représentent le rétrécissement de la chaise dans le carré *a b c d* ; porter ces mesures à gauche de B et à droite de A sur la ligne de terre aux points L,L, de là mener des fuyantes au point de vue. Pour trouver les points *o,o* du plan et les déterminer exactement sur les fuyantes que l'on vient de mener au point de vue : porter de B en K la mesure *b n* du plan et de K mener une fuyante au point de distance qui coupera B D V au point J ; de ce point mener une horizontale qui rencontrera aux points M,M, les fuyantes tracées des points L,L, sur ces points de rencontre élever des verticales.

On placera maintenant la hauteur du siége : à la hauteur marquée sur l'échelle, on tracera une horizontale qui donnera le devant du siège en N,P, sur les verticales AF,BG. Sur le point J élever une verticale. Du point P mener une fuyante au point de vue qui rencontrera au point R la verticale élevée sur J ; de ce point R tracer une horizontale. Sur les points M,M, points qui indiquent les pieds de derrière de la chaise en plan par terre, élever des verticales jusqu'à la rencontre de la ligne horizontale que l'on vient de tracer ; on aura les points S,S que l'on joindra pour former la ligne extérieure des pieds de derrière jusqu'au commencement de l'inclinaison du dossier; joindre les points N S,P S, on aura le plan du siège en perspective avec le rétrécissement du fond bien indiqué.

On trouvera facilement les points extérieurs du dossier sur la ligne I H, puisque les fuyantes au point de vue L,L, ont coupé, l'horizontale ED extérieur du carré dans lequel tient la chaise, aux points $x$, $y$, points correspondants aux mêmes points du plan. Sur ces points on élèvera des verticales qui donneront les points $v$, $u$, sur I H: on joindra ces points aux points S,S, l'extérieur du dossier sera tracé.

On aura ainsi trouvé les lignes principales qui faciliteront le tracé des détails de cette chaise, puisque ce sont toutes les lignes extérieures qui viennent d'être placées. Les pieds, l'épaisseur du siège, la partie garnie du dossier se trouveront facilement, les mêmes opérations étant à refaire pour en avoir l'emplacement exact.


### LIT VU DE FRONT.

Nous allons terminer la démonstration de la perspective de front par l'explication des figures 1, 2, 3, 4, de la pl. 10.

Pour tracer un lit de front en perspective avec un baldaquin carré (fig. 1, pl. 10) : sur la ligne de terre AB et au point A, élever une verticale sur laquelle on portera 3 mètres d'après l'échelle mise au bas de ce lit ; on divisera le premier mètre par fraction de 10 cent. ; on aura ainsi tracé l'échelle qui servira à établir le lit et le baldaquin en perspective.

La ligne d'horizon est à environ 1 m. 20 cent. de la ligne de terre, le point de vue est placé tout à droite de cette planche en V, la distance réduite de moitié indiquée en 1/2 X comme on le voit dans le dessin.

Nous avons été forcé d'établir la plupart de ces dessins avec des distances réduites pour les faire tenir dans notre cadre. Il sera facile en copiant ces exemples de prendre la distance entière ; on doublerait la distance qui est donnée ici, et au lieu de prendre la moitié des mesures à porter en perspective comme on va le faire, on emploierait ces mesures entières.

La grandeur AB sur la ligne de terre est de 1 m. 50 cent., pied du lit ; de ces points A,B mener des fuyantes au point de vue V ; prendre 1 mètre sur l'échelle mesure qui représente 2 mètres puisque la distance est réduite de moitié, porter cette mesure de B en C, mener une fuyante au point de distance, qui coupera BV au point D ; de ce point D tracer une horizontale qui coupera en E la fuyante AV et déterminera le plan perspectif du lit.

Sur les points A,B,D,E, élever des verticales indéfinies. A la hauteur de 3 m. 15 cent. de l'échelle comme il est indiqué sur le dessin au point F tracer une horizontale qui coupera la verticale élevée sur B au point G ; de ces points F,G, mener des fuyantes au point de vue qui intercepteront les verticales élevées sur D,E aux points H,I ; l'emplacement dans lequel sera compris tout le lit sera mis en perspective, et les lignes fuyantes haut et bas indiqueront les côtés du lit et du baldaquin.

Tracer le petit dossier à la hauteur de 80 cent. par une horizontale partant de l'échelle à la rencontre de la verticale BG. Pour tracer le grand dossier dont la ligne mouvementée commence à 1 m. 30 cent.: de ce point sur l'échelle mener une fuyante au point de vue qui donnera le point J sur la verticale EI du fond du lit ; de ce point J tracer une horizontale qui sera la base de la courbe du dossier. De la mesure 1 m. 60 cent., sur l'échelle, hauteur totale du dossier, mener au point de vue une ligne qui donnera le point K sur EI ; de ce point K tracer une horizontale qui indiquera cette hauteur. On tracera la courbe de ce dossier.

Comme ce lit est placé de front il n'y a pas de déformation, sensible dans la courbe ; on pourra tracer par les mêmes procédés la hauteur du coucher, les bateaux et les moulures du lit selon le dessin adopté.

Tracé du baldaquin :

Nous supposons que le baldaquin a la largeur totale du lit, soit 1 m. 50 cent. et qu'il a également 1 m. 50 cent. de saillie.

Du point B sur la ligne de terre et à droite de ce point en L porter la mesure de 50 cent. mais diminuée de moitié ; de ce point L mener une fuyante au point de distance, ce qui donnera le point M sur BD côté perspectif du lit. Sur ce point M élever une verticale à la rencontre de GH côté fuyant du baldaquin, on aura ainsi le point N, saillie de ce baldaquin ; de ce point N tracer une horizontale qui coupera en O la fuyante F I autre côté du baldaquin ; abaisser de ce point O une verticale. Pour tracer le bandeau, la hauteur étant indiquée sous le point F, de l'échelle, à 40 cent. ; de cette mesure mener une fuyante au point de vue qui rencontrera au point R la verticale abaissée du point O et en S la verticale IE du fond de lit et extrémité du baldaquin. Du point R tracer une horizontale qui donnera en T sur la verticale NM la façade du bandeau ; de ce point T mener une fuyante au point de vue qui donnera le point U, sur la verticale H D fond du lit et du baldaquin ; joindre par une horizontale S,U et le bandeau sera tracé.

On voit combien est simple la manière de tracer un lit de front. Les lignes principales étant trouvées, on placera facilement tous les détails d'ornementation du lit et du baldaquin, en tenant compte que l'on vient seulement de tracer les mesures extérieures et que les saillies des moulures, l'épaisseur des garnitures doivent se trouver représentées d'après leurs positions perspectives.

## TRACÉ D'UN BALDAQUIN DONT LA FAÇADE EST FORMÉE PAR UNE DEMI-CIRCONFÉRENCE.

La mise en perspective de ce baldaquin dont la forme est Louis XVI peut paraître compliquée, mais la manière de le tracer n'est que la répétition des opérations précédentes.

Soit fig. 4, (pl. 10), le plan du lit et du baldaquin : c'est l'application du cercle dans un carré.

Les lignes tracées dans le plan sont les lignes à trouver en perspective d'abord en plan par terre, ensuite à la hauteur du baldaquin. Pour faciliter l'opération, le plan touche la ligne de terre.

On commencera par établir, comme pour le lit précédent, les rectangles formant les côtés de l'emplacement dans lesquels on dessinerait le lit et le baldaquin. La ligne d'horizon est placée à 1 m. 65 cent. de la ligne de terre et elle se trouve placée au milieu de la fig. 5, car elle sert également à cette figure; le point de vue est placé à gauche du cadre de la planche; en prolongeant la ligne d'horizon de ce côté, on le trouvera facilement. Le point de distance est placé en 1/2 X dans la fig. 5; cette distance est réduite de moitié.

Etablir d'abord le rectangle perspectif du lit : des points A,B, mener des fuyantes au point de vue V. Porter de A en C 1 mètre, moitié de la profondeur du lit (puisque la distance est réduite de moitié); de ce point C, mener une fuyante au point de distance qui donnera le point D sur A V, tracer une horizontale du point D qui coupera en E la fuyante B V, le rectangle perspectif du plan par terre sera trouvé.

Sur les points A,B,D,E, élever des verticales; sur la verticale B prise comme échelle et divisée en 3 mètres, marquer le point F qui indiquera 3 m. 25 cent., hauteur où sera placé le baldaquin; tracer de ce point F une horizontale qui coupera en G la verticale élevée sur A ; de ces points F,G, mener des fuyantes au point de vue, qui couperont en H,I, les verticales élevées sur D,E ; on aura ainsi le fond du baldaquin et les rectangles perspectifs dans lesquels on pourra placer le lit.

Comme nous l'avons dit plus haut, pour tracer ce baldaquin il faut placer toutes les lignes indiquées dans le plan, en perspective d'abord sur le plan de terre et les reporter ensuite à la hauteur donnée.

Des points marqués 1,2,3,4,5 indiqués sur la ligne de terre, mener des fuyantes au point de vue; sur ces mêmes points élever des verticales jusqu'à la rencontre de l'horizontale GF, hauteur où sera placé le baldaquin. De ces points 1,2,3,4,5 sur GF mener des fuyantes au point de vue.

Trouver maintenant la saillie totale du baldaquin et les divisions intérieures marquées sur le plan.

Prendre sur ce plan (fig. 4) la moitié de la mesure entre le point 7 et l'extrémité du rectangle représentant le lit; porter cette mesure de A sur la ligne de terre en J; de ce point mener une fuyante au point de distance qui viendra couper au point 7 la fuyante AD; ce point 7 correspond à celui du plan et indique la saillie du baldaquin; de ce point 7 tracer une horizontale jusqu'à la rencontre de BE, côté fuyant du rectangle. Prendre la moitié de la mesure entre 7 et 8 du plan, la porter de J en K sur la ligne de terre, de ce point K mener une fuyante au point de distance qui donnera le point 8 sur AD; prendre encore la moitié de la mesure entre 8 et 9 du plan, la porter de K en L et mener une fuyante au point de distance, on aura le point 9 sur la fuyante AD; tracer de ces points 8,9, des horizontales jusqu'à la rencontre de BE. Sur ces points 7,8,9, élever des verticales jusqu'à la rencontre de la fuyante GH, on aura ainsi les points correspondants à ceux du plan; de ces points tracer des horizontales jusqu'à la rencontre de FI.

Toutes les lignes du plan du baldaquin seront tracées en perspective dans le plan par terre et dans le plan en élévation.

Le point de centre de la demi-circonférence du baldaquin est donné par la rencontre de l'horizontale 8 avec la fuyante au point de vue 3 qui indique le milieu du baldaquin. Nous avons élevé sur ce centre une verticale pour bien l'indiquer.

Il ne reste plus qu'à tracer les diagonales pour avoir les points de rencontre de la circonférence sur les lignes 2, comme dans le plan

Du point O, centre de la demi-circonférence, tracer sur les plans perspectifs de terre et d'élévation du baldaquin les diagonales qui arrivent aux points X, points d'intersection des fuyantes au point de vue 4 et 5 avec les horizontales 7  On fera donc passer les lignes courbes formant le baldaquin par les points d'intersection donnés par ces diagonales et par le croisement des lignes de ces divers plans.

La partie oblique de ce baldaquin entre les points 9 et A sera facilement placée entre les points 9 D et 9 H.

Nous aurions pu ne pas tracer le plan perspectif du baldaquin par terre et le porter de suite à son plan d'élévation, mais c'est pour bien faire comprendre la manière de procéder que nous l'expliquons ainsi.

On pourra tracer, par ce moyen, toute espèce de forme de baldaquin.

Il resterait maintenant à trouver la largeur, soit de la moulure,
soit du bandeau ou de la draperie que l'on ajusterait à ce baldaquin.
Sous le point F, extrémité de l'échelle verticale, on porterait la
mesure cherchée, soit ici une mesure de 25 centimètres qui se trouve
donnée par le point marqué 3 mètres ; de ce point mener une fuyante
au point de vue. La ligne 7 indiquant l'extérieur du baldaquin, abaisser à son extrémité au point R, sur la fuyante FI, une verticale ; cette
verticale coupera en S la ligne de la mesure que l'on vient de mener
au point de vue, de ce point S tracer une horizontale ; du milieu du
baldaquin, sur la ligne 3, abaisser une verticale à la rencontre de
cette horizontale et on aura sur la façade la mesure du bandeau ou
des draperies, mais réduite par la perspective.

On pourrait trouver sous tous les points du baldaquin la hauteur
cherchée pour placer plus exactement la décoration ; on répéterait
ce qui a été fait pour trouver le tracé de ce baldaquin, puisqu'on
peut, à n'importe quelle hauteur, en placer le plan et, par le fait, les
contours perspectifs.


## PERSPECTIVE OBLIQUE OU ACCIDENTELLE.

### PLANCHES 9 et 10.

Un objet ou un intérieur est placé en perspective oblique ou accidentelle lorsqu'aucun de ses côtés n'est parallèle à la ligne d'horizon.


### CARRÉ PLACÉ ARBITRAIREMENT.

Pour placer un objet en perspective oblique il faut que le plan de
cet objet soit tracé au-dessous ou au-dessus de la ligne de terre.

Nous allons expliquer la manière d'opérer dans les deux cas
d'après les fig. 4 et 5 (pl. 9).

Soit le carré ABCD (fig. 4), placé obliquement. Tracer sous ce
carré une ligne marquée OO et qui sera ligne de terre provisoire ; le

carré sera représenté perspectivement à la distance déterminée par les points C et 3.

Placer au-dessus du carré la vraie ligne de terre en T,T, la ligne d'horizon à 27 millimètres au-dessus, le point de vue sur la droite en V et le point de distance en X à gauche. Tracer des verticales passant par les points A,B,C,D, joignant la ligne de terre et la ligne OO; ces verticales donnent les points 1,2,3,4 sur la ligne de terre, mener de là des fuyantes au point de vue. Du point 1 sur la ligne OO, avec une ouverture de compas égale à 1A, tracer un quart de cercle à la rencontre de la ligne O, ou bien porter cette ouverture de compas au point 5; avec des ouvertures de compas égales à 2B, à 3C et à 4D, porter par un quart de cercle ces mesures aux points 7,6,8; de ces points 5,6,7,8, élever des verticales jusqu'à la ligne de terre TT, ce qui donnera les points correspondants 5,6,7,8; de ces points mener des fuyantes au point de distance X, qui viendront couper, aux points *a,b,c,d*, les fuyantes au point de vue, partant des points 1,2,3,4; joindre ces points *a,b,c,d* par des lignes droites, le carré perspectif sera tracé dans le sens indiqué sur le plan.

Nous allons maintenant tracer en perspective ce même carré, mais placé de suite au-dessus de la ligne de terre.

Soit (fig. 5) la ligne de terre en T,T, les points de vue et de distance donnés sur la ligne d'horizon en V et en X, à la même distance l'un de l'autre, comme pour le carré précédent. Des points A,B,C,D, (fig. 5) abaisser des verticales sur la ligne de terre, qui donneront les points marqués 1,2,3,4, et de là mener des fuyantes au point de vue.

Porter les mesures 1A, 2B, 3C, 4D, par un quart de cercle sur la ligne de terre, on aura les points 5,6,7,8; de ces points mener des fuyantes au point de distance X qui couperont aux points *a,b,c,d*, les fuyantes du point de vue partant des points 1,2,3,4. Joindre les points *a,b,c,d,;* le carré perspectif sera tracé.

Les deux opérations des fig. 4 et 5 pour placer ce carré en perspective donnent donc le même résultat. Si l'on place le carré sous la ligne de terre, l'opération est un peu plus compliquée; si le carré est placé de suite sur cette ligne, elle est plus simple; c'est pour ne

pas embrouiller le dessin que l'on emploie la première manière. On
abrégera le travail en plaçant de suite le plan au-dessus de la ligne
de terre.

## PARAVENT A PLACER EN PERSPECTIVE
## ET APPLICATION DE L'ÉCHELLE PERSPECTIVE.

Soit (fig. 1, pl. 9) un paravent composé de quatre feuilles indiqué
par le plan par terre ABCDE. Le point C touche la ligne de terre.
La ligne d'horizon est placée à peu près au milieu du paravent ; le
point de vue en V, le point de distance à gauche de la planche en X.

Pour trouver l'apparence perspective des feuilles de ce paravent
on opérerait ainsi : des points A, B, D, E, abaissez des verticales sur
la ligne de terre, qui donneront les points 1,2,3,4; de ces points,
mener des fuyantes au point de vue. Porter les mesures 1 A, 2 B,
3 D, 4 E, par un quart de cercle aux points 5,6,7,8 ; de ces points,
mener des fuyantes au point de distance ; ces fuyantes couperont les
fuyantes au point de vue 1,2,3,4, aux points F, H, I, L ; joindre ces
points entre eux, le tracé en plan perspectif des feuilles du paravent
sera trouvé.

On cherchera maintenant l'élévation des feuilles de ce paravent.

La hauteur des feuilles est donnée par la verticale CM, placée
sur la ligne de terre. Reporter cette hauteur en dehors du dessin,
sur la gauche, en *cm*, verticale sur la ligne de terre. Marquer à
volonté sur la ligne d'horizon le point O ; de ce point, tracer des
lignes rejoignant les points *c* et *m ;* on trouvera sur ces lignes obliques les hauteurs des feuilles à leurs places perspectives : l'échelle
perspective sera tracée.

Sur le point F, extrémité du paravent, élever une verticale indéfinie et conduire de ce point une horizontale vers l'échelle au point
*r* sur la ligne *c* O, base de l'échelle ; sur ce point *r* élever une verticale à la rencontre de *m* O, ce qui donnera le point *s ;* de ce point,
conduire une horizontale vers la droite à la rencontre de la verticale
élevée sur F extrémité du paravent : cette horizontale sera la hauteur cherchée de la première feuille et coupera au point N la verticale élevée sur le point H côté droit de cette même feuille. On joindra

le point N au point M ; la seconde feuille sera tracée. Du point I, conduire une horizontale à la rencontre de l'échelle, ce qui donnera le point *t* ; sur ce point, élever une verticale qui donnera le point *u* sur *m* O ; de ce point *u*, conduire une horizontale à droite à la rencontre de la verticale élevée sur le point I, on aura ainsi le point P, que l'on joindra au point M ; la troisième feuille sera tracée.

Du point L conduire encore une horizontale à la rencontre de l'échelle, on aura le point *v*, sur lequel on élèvera une verticale à la rencontre de *m* O, on aura le point *x* d'où l'on conduira une horizontale à la rencontre de la verticale élevée sur le point L ; on aura le point R, dernier point cherché. On joindra ce point R au point P, toutes les feuilles du paravent seront trouvées et placées perspectivement.

Pour terminer le dessin de ce paravent, il faudrait indiquer l'épaisseur des feuilles qui serait apparente sur les lignes CM et LR, comme l'indique la petite figure au-dessus du paravent.

Si l'on voulait avoir une division dans la hauteur des feuilles de ce paravent, comme il est indiqué dans cette figure, l'opération serait la même que celle qui vient d'être faite pour obtenir la hauteur de chaque feuille ; les indications en sont tracées, sur l'échelle.

Pour avoir le milieu des feuilles et toutes les divisions possibles, les diagonales seraient ici très utiles comme la figure l'indique.

On pourrait également tracer des feuilles de paravent au moyen du quart de cercle inscrit dans un carré.

Soit fig. 2 (pl. 9), la ligne AB, ligne de terre et base d'un carré perspectif dont les côtés vont au point de vue et dont la profondeur a été trouvée par la distance réduite au tiers. Pour avoir le quart de cercle dans ce carré, diviser sa base AB en deux parties ce qui donne le point D ; du point A abaisser une verticale de la grandeur A D on aura le point C, joindre ce point au point D et porter cette grandeur CD du point B en E ; de ce point E mener une fuyante au point de vue ; tracer la diagonale de ce carré, on pourra mettre en place le quart de cercle. C'est la mise en perspective du cercle dans un carré, opération déjà démontrée dans la planche 6. Si d'un point quelconque de ce quart de cercle on trace une ligne au point de

centre O, cette ligne sera la base d'une feuille de paravent sur les
extrémités de laquelle on trouverait les hauteurs au moyen de
l'échelle perspective, comme pour la fig. 1 de cette planche.

Pour avoir d'autres feuilles, on mènerait du point O, centre du
quart de cercle, une horizontale vers la droite, qui sera la base d'un
nouveau carré, que l'on établira ainsi en perspective : du point B
sur la ligne de terre, porter la grandeur B A en G, de ce point mener
une fuyante au point de vue qui sera l'autre côté du carré et déterminera en L la grandeur O L base de ce carré. Pour avoir la profondeur : diviser la ligne O L en trois parties puisque la distance est
réduite au tiers, on aura le point H, de ce point mener une fuyante
au point de distance 1/3 X placé à droite, on aura en M la profondeur du carré ; tracer de ce point une horizontale à la rencontre de
B V, le carré perspectif sera placé. Mener la diagonale O M, et
pour trouver le point où passera le quart de cercle sur cette diagonale diviser la base O L en deux parties. Porter une de ces divisions
en P S et P R (fig. 3); joindre le point R au point S, et reporter cette
mesure R S de O en N (fig. 2); de ce point mener une fuyante au point
de vue, cette ligne coupera la diagonale du carré, on pourra donc
tracer le quart de cercle et placer la feuille du paravent.

Pour placer une autre feuille : partant du point $y$, point où s'arrête
la feuille précédente sur le quart de cercle, on tracerait une horizontale vers la droite pour établir un nouveau carré. De ce point $y$,
mener une fuyante au point de vue que l'on abaisserait sur la ligne
de terre en $vv$, d'où l'on porterait à droite la grandeur du premier
carré, on mènerait une fuyante au point de vue qui serait l'autre
côté du carré cherché et déterminerait en $z$ sur la ligne ponctuée la
base de ce carré. On recommencerait les opérations précédentes
pour bien déterminer la place de cette feuille.

## RECTANGLE MIS EN PERSPECTIVE ET APPLICATION
## DE L'ÉCHELLE PERSPECTIVE.

Soit le rectangle A B C D (fig. 5, pl. 10) : le point D touche la ligne de
terre, son point de départ perspectif restera donc sur cette ligne. Le
point de vue en V, le point de distance en 1/2 X. La distance est ré-

duite de moitié. Des points A, B, C, abaisser des verticales sur la ligne de terre, mener des fuyantes au point de vue, prendre la moitié des mesures de ces verticales, la porter à droite de ces points sur la ligne de terre et conduire des fuyantes au point de distance 1/2 X. Les points d'intersection des lignes menées au point de distance avec celles menées au point de vue donneront les points $a$, $b$, $c$ : joindre ces points entre eux, le rectangle perspectif sera tracé.

Si l'on veut trouver à une hauteur déterminée ce rectangle en perspective, par exemple à la hauteur $e$ ; élever des verticales sur les points D, $a$, $b$, $c$ : la hauteur D$e$ sera la hauteur de l'échelle perspective que l'on reportera en dehors du dessin sur une verticale $d e$. De ces points mener au point O sur la ligne d'horizon des lignes obliques sur lesquelles on trouvera toutes les hauteurs cherchées. Ce point O pris à volonté peut être plus ou moins éloigné de la verticale $d e$, mais il faut toujours qu'il soit sur la ligne d'horizon.

Des points $a$, $b$, $c$, tracer des horizontales à la rencontre de $d$O, base de l'échelle, ce qui donnera les points correspondants $a$, $c$, $b$, sur lesquels on élèvera des verticales à la rencontre de $e$O, hauteur de l'échelle, on aura les points $g$, $h$, $f$ ; de ces points, mener des horizontales à droite qui rencontreront les verticales élevées sur les points $a$, $b$, $c$, angles du rectangle perspectif ; on aura les points correspondants $f$, $g$, $h$ ; on joindra ces points entre eux, le rectangle perspectif sera tracé à la hauteur donnée.

Si l'on voulait avoir une hauteur quelconque sur les verticales de ce rectangle, on porterait la hauteur à trouver sur la verticale de l'échelle $d e$ : soit le point R donné ici, on tracerait de ce point une oblique au point O, et on trouverait de suite les points cherchés, puisque cette ligne RO coupe les verticales élevées déjà sur $d$O ; de ces points d'intersection, on tracerait des horizontales à la rencontre des verticales élevées sur le plan.


## LIT AVEC BALDAQUIN VU OBLIQUEMENT.

Le plan de ce lit (fig. 6, pl. 10) est donné en A, B, C, D, et le plan du baldaquin en A, B, E, F ; le point D du pied du lit sur la ligne de terre. La ligne d'horizon placée à 1 m. 30 cent., le point de vue sur la droite en V, le point de distance en 1/2 X sur la gauche : la distance est réduite de moitié.

Des points A, B, C, abaisser des verticales sur la ligne de terre ; de ces points, mener des fuyantes au point de vue ; prendre la moitié de ces verticales, porter ces mesures à droite de ces verticales sur la ligne de terre, et mener des fuyantes au point de distance : on aura les points $a$, $b$, $c$, que l'on joindra ; le rectangle du plan du lit sera tracé.

Pour indiquer le plan du baldaquin sur la ligne D $a$ côté du lit ; du point E sur le plan, abaisser une verticale sur la ligne de terre au point G, conduire une fuyante au point de vue, l'intersection donnée par cette fuyante sur D $a$ sera le point cherché $g$. Pour trouver le point F sur $cb$, abaisser de ce point F une verticale sur la ligne de terre, on aura le point H, d'où l'on mènera une fuyante au point de vue. Cette fuyante donnera sur $cb$ le point $h$, qui sera le point cherché. On reliera par une ligne ce point au point $g$, le tracé du devant du baldaquin sera trouvé.

Élever des verticales sur les points $a$, D, $c$, $b$, sur lesquelles on trouvera la hauteur du baldaquin et la largeur de son bandeau ; sur la verticale élevée au point D sur la ligne de terre, marquer la hauteur où sera placé le baldaquin, soit 3 mètres, indiqués ici en L, puis marquer en dessous la largeur du bandeau en M.

Du point D mener au point O, pris à volonté sur la ligne d'horizon, une ligne oblique qui sera la base de l'échelle ; joindre les points L, M à ce point O ; on trouvera sur ces obliques L O, M O, les hauteurs correspondantes au plan perspectif, comme il a été expliqué (fig. 5). L'échelle perspective est placée au milieu du dessin, faute de place, mais il vaut mieux la mettre en dehors, comme fig. 5. On trouvera facilement les points correspondants de ces hauteurs, puisqu'ils sont marqués par les mêmes lettres et par les mêmes chiffres pour la largeur du bandeau.

Ces hauteurs trouvées et les points joints entre eux, on aura donc établi les rectangles perspectifs $a$, $b$, $c$, L, et 1, 3, 2, M. Ces rectangles perspectifs représentent donc le plan par terre perspectif $a$, $b$, $c$, D, placé à deux hauteurs différentes et formant baldaquin complet autour de ce plan.

On cherchera maintenant la saillie du baldaquin entre ces rectangles : du point *g*, saillie du baldaquin sur le plan perspectif par terre, élever une verticale à la rencontre de la ligne L *a*, on aura d'abord le point P sur M, 1, et le point R sur L *a*, ce qui donnera la saillie du baldaquin de ce côté ; élever une autre verticale au point *h*, saillie du baldaquin sur *cb* du plan par terre, on aura les points T et S, on les joindra aux points R et P, le baldaquin sera tracé.

Pour dessiner le lit, on porterait la hauteur du petit dossier, puis celle du grand dossier, sur la verticale D L, qui sert d'échelle ; on tracerait de ces mesures des obliques au point O ; on aurait sur ces lignes les hauteurs du petit et du grand dossier correspondant aux points D, *c*, *b*, *a*.

On pourra alors dessiner le lit et le baldaquin, en tenant compte des épaisseurs du bois de lit, comme la petite figure au coin de cette planche.

Toute espèce de plan de baldaquins se tracera par les mêmes moyens, la mise en perspective consistant à placer à une distance déterminée et à une hauteur donnée, un point ou une série de points qui, reliés les uns aux autres, donnent la place exacte de l'objet à représenter.

## FAUTEUIL A DESSINER EN PERSPECTIVE OBLIQUE.

Soit le fauteuil (fig. 6, pl. 9) représenté en géométral à 10 centimètres pour mètre, à dessiner suivant l'aspect de la fig. 7.

Le plan est donné, dans la fig. 8, en A,B,C,D ; le dévers du dossier sur ce plan, par E,F. Le point D est sur la ligne de terre ; la ligne d'horizon placée à 83 centimètres ; le point de vue en V, à droite ; le point de distance, en X, indiqué par un gros point dans la petite fig. 7 ; la distance est entière.

Établir d'abord le plan perspectif comme il a été fait pour les dessins précédents.

Des points A,B,E,F,C, abaisser des verticales sur la ligne de terre, on aura les points 1, 2, 3, 4, 5 ; de ces points mener des fuyantes au point de vue. Porter les mesures 1 A, 2 B, 3 E, 4 C, 5 F, à droite de ces points sur la ligne de terre et de là mener des fuyantes au point de distance. Les points d'intersection de ces fuyantes donneront les points *a*, *b*, *c*, pour le plan du fauteuil, et les points *e*, *f*, pour le dévers. On joindra ces points et le tracé perspectif sera trouvé.

Pour dessiner le fauteuil, on opérerait ainsi : à l'extrémité de la ligne de terre, au point G, élever une verticale sur laquelle on porterait toutes les hauteurs à trouver en perspective. Le dessin géométral du fauteuil, fig. 6, étant sur la ligne de terre, on tracerait de ce dessin, avec le Té, des horizontales, indiquant sur la verticale élevée en G, les hauteurs de la garniture, du siège, des bras, du dossier, et le départ du mouvement de ce dossier. De ces différentes mesures on tracerait des obliques au point O pris à volonté sur la ligne d'horizon, l'échelle sera établie et l'on trouvera, suivant la perspective du plan, la hauteur du siège, des bras et du dossier.

Sur les points *z*, *b*, *e*, *f*, *c*, D du plan, élever des verticales sur lesquelles on trouvera les mesures de hauteur. De ces même points mener des horizontales sur G O, base de l'échelle, on aura les points correspondants *a*, *b*, *e*, *f*, *c* ; élever des points *a*, *b*, *c*, toujours sur cette ligne G O, base de l'échelle, des verticales jusqu'à la rencontre de la hauteur des bras du fauteuil ; ces verticales donneront également la hauteur de la garniture. Nous avons indiqué sur l'échelle les points donnés par les verticales sur ces deux mesures par les lettres *g*, *h*, *i*, *k* ; de ces points tracer des horizontales prolongées jusqu'aux verticales élevées sur le plan ; on aura les hauteurs cherchées, indiquées également par les mêmes lettres.

Des points *e*, *f*, sur la base de l'échelle GO, élever des verticales à la rencontre de la hauteur totale du dossier et du cintre, on aura les points *m*, *l* ; mener de ces points des horizontales à la rencontre des verticales élevées sur les points *e*, *f* du plan ; la hauteur du dossier sera trouvée ; on joindra ces points de rencontre aux points *i*, K. Le dossier avec son dévers sera tracé.

On trouvera encore, au moyen de l'échelle, l'épaisseur de la garniture, la traverse du devant du siège, les côtés de l'entrejambe et au moyen du plan, la largeur des pieds, des accotoirs et la place de la traverse du milieu de l'entrejambe. On dessinera le siège en tenant bien compte de ses diverses épaisseurs.

Les lignes obtenues dans la fig. 8 donnent la place et la direction perspectives des différentes parties du siège ; il faut que toutes les lignes parallèles, qui forment les contours du siège, les détails des pieds, soient bien parallèles entre elles, mais diminuées par la perspective. Par exemple, pour obtenir des parallèles aux lignes $h$, $i$, (fig. 8) de l'accotoir de gauche, bien en perspective, on prolongerait ces lignes jusqu'à la ligne d'horizon, ce qui donnerait à leur rencontre un point dit accidentel. Toutes les lignes parallèles à celles-ci, pour bien dessiner l'accotoir, comme la fig. 9, par exemple, iraient au même point accidentel ; point où convergent également les obliques $g$ K, $g$ $k$, $h$ $i$, $a$ $b$ $e$, D $c$ $f$, parce qu'elles sont toutes parallèles entre elles, mais fuyantes en perspective. Les autres lignes obliques de cette figure, $k$ $i$, K $i$, $g$ $h$, $f$ $e$, $c$ $b$, D $a$, iront à gauche sur la ligne d'horizon à un autre point accidentel.

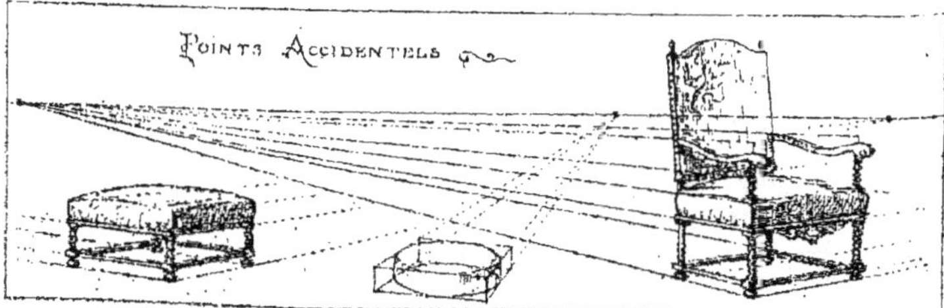


Une fois que l'on a trouvé le point accidentel sur la ligne d'horizon, il est donc bien facile de placer perspectivement les lignes parallèles du même côté d'un objet, puisque ces lignes convergent toutes au même point. Les figures ci-dessus complètent cette définition.

Les principes fondamentaux de la perspective que nous venons d'expliquer sont indispensables à toute personne qui dessine ; lorsqu'on les aura bien compris, on pourra placer convenablement en perspective avec quelques coups de crayon un meuble ou un intérieur.

# CHAPITRE VI

---

## INSTRUMENTS ET OUTILS

### PLANCHE 11.

### OUTILS ET INSTALLATIONS NÉCESSAIRES POUR UN COUPEUR.

'ÉTABLI doit être en bois non poreux, pour éviter les échardes : le peuplier, bois blanc, très plein, convient bien à cet usage; il doit avoir au moins 3 mètres 05 cent. de long sur 1 m. 40 cent. de large; il est même préférable qu'il ait plus de longueur; pour la largeur, la mesure donnée suffit. Cet établi doit être posé sur de solides tréteaux à crémaillères, afin que l'on puisse le monter ou le baisser suivant les besoins du travail. Il est aussi très utile que la longueur de l'établi soit divisée par mètres et centimètres; on peut y adapter quelques tiroirs pour ranger tous les accessoires. On fait également des établis sur un corps plein garni de tiroirs, lesquels peuvent recevoir le travail en train ; dans ce cas, le plateau doit dépasser de 25 à 30 cent. la partie qui le supporte, afin que l'on puisse s'asseoir commodément autour.

2° Le tableau noir de 2 m. 50 cent. de largeur sur 2 mètres de hauteur au minimum, pour tracer en grandeur d'exécution les décors de draperies, de lambrequins, etc. Un moyen économique d'avoir un tableau noir, est de faire préparer le mur par le peintre avec un enduit recouvert de plusieurs couches de peinture au vernis.

3° On installera au-dessus du tableau noir, ou dans tout autre endroit de l'atelier, mais à une hauteur de 3 mètres au moins, un mécanisme dans le genre de celui dessiné dans cette pl. 11 ; il servira pour la présentation et l'étude des maquettes, draperies, rideaux, lambrequins, et le montage définitif des décors avant la pose.

Ce mécanisme, que nous avons établi de la plus grande simplicité, est peu coûteux. Il se compose : d'une barre transversale (1) en bois de hêtre ou de sapin, de 2 m. 70 cent. de longueur, de 12 cent. de largeur sur 3 cent. d'épaisseur. Cette barre monte et descend au moyen d'une poulie simple et de deux poulies doubles à platine, sur deux tringles posées verticalement. Les tringles, de 16 millimètres au moins, ont une longueur de 1 m. 80 cent. ; elles sont fixées au plafond et sont supportées à 1 m. 50 cent. de terre par de fortes ferrures (7) arrondies et percées pour recevoir l'extrémité des tringles, terminées par un pas de vis et un écrou. Ces ferrures peuvent se faire à platine pour être posées à vis sur des parties de bois. Les ferrures (4) de face et de profil servent à supporter la barre et se placent comme il est indiqué (1 et 2); elles ont 15 cent. de hauteur sur 3 cent. de largeur. Les pitons à platine (3) se fixent par deux, derrière la barre, comme il est indiqué (2), 15 cent. avant son extrémité ; ces pitons servent à bien maintenir la barre d'aplomb et à la diriger sur les tringles. Les poulies à platine (5,6) peuvent se remplacer suivant la nature du mur où elles doivent être placées par de fortes poulies à tiges ordinaires, dont les galets doivent être assez forts pour laisser circuler librement le septain qui supporte l'appareil. Les tringles doivent être posées à 10 ou 15 cent. du mur, de façon à laisser la place nécessaire pour abaisser et relever facilement la barre chargée de draperies ou de rideaux. De toute manière, soit que l'on emploie des poulies à platine ou à tige, il faut que ces poulies soient à l'aplomb des ferrures vissées derrière la barre, pour que celle-ci puisse se relever verticalement. Les tringles doivent être posées au fil à plomb, et la barre au niveau d'eau.

Sur ce mécanisme, on pourra fixer et enlever une galerie ou un baldaquin garni de sa décoration; toutefois, le baldaquin devra être retenu sur le devant par un septain passant dans une poulie fixée au plafond.

Les différentes ferrures de ce mécanisme peuvent être exécutées par n'importe quel serrurier; le tapissier en indiquera les proportions suivant l'importance qu'il voudra donner à l'appareil.

4° Le livre d'emploi, qui doit être scrupuleusement tenu. Un compte détaillé par articles doit être ouvert à chaque client; le reçu et le rendu de la marchandise des fabricants doit y figurer, ainsi que les passementeries, fournitures diverses et façons.

5° Une boîte de compas, une planche à dessin avec son Té, plusieurs équerres, etc. Des cartons à dessin de différentes grandeurs, pour ranger suivant leur genre les plans, dessins et tous les documents à conserver.

6° Deux plombs carrés, longs, de 10 cent. sur 15 cent. et de 6 cent. d'épaisseur, avec un grand anneau au centre. Ces plombs servent à maintenir l'étoffe lorsqu'on la coupe; on les garnit de peau ou de velours pour éviter le contact direct du métal avec le tissu.

7° Une équerre, dont la partie verticale aura 1 m. 30 cent. de hauteur et la partie horizontale 0 m. 80 cent. On indiquera sur les côtés de cette équerre les divisions du mètre, ce qui aidera à la coupe des rideaux, volants ou bougran de têtes.

8° Un grand compas en bois avec porte-mine, pour le tracé des archivoltes et des parties cintrées.

9° Un porte-crayon très fort, pour la craie ou le crayon.

10° Une paire de ciseaux, d'une assez grande dimension, pour assurer la franchise de la coupe.

11° Une petite sébille, à deux compartiments, pour les épingles et les pointes à damas.

12° Un mètre pliant par branches de 20 cent. et à ressort; un mètre et un double mètre droit.

13° Le décamètre, ou mètre à ruban de 10 mètres, pour mesurer les contours, les emplois de passementerie et les parties d'un siège capitonné. Pour la levée des plans, le décamètre est indispensable.

14° Le marteau, petit ramponneau d'établi, pour fixer les appoints.

## OUTILS DE GARNITURE.

1° L'ouvrier garnisseur doit avoir une boîte en chêne de 37 cent. de long, sur 21 cent. de large et 18 cent. de profondeur. Cette boîte, munie d'une poignée et d'une serrure, aura un compartiment pour ranger selon leur service les outils dont nous allons parler. Dans l'intérieur du couvercle, on établira une pelote peu bombée pour recevoir les carrelets droits et courbes (19).

2° Deux sacs de toile très solides, comprenant chacun quatre poches : l'un contiendra les semences 4 onces, 6 onces, 12 onces et les pointes à damas ; l'autre les pointes à créter noires et blanches ; les finettes et les pointes à taquets ; toutes ces pointes étant nécessaires pour la confection d'un siège.

Chaque compartiment de ces sacs sera étiqueté suivant ce qu'il contiendra.

3° La tenaille à sangler (8).

4° Le couteau coupe-étoffe (9), très utile pour la terminaison d'un siège.

5° Les marteaux (10), au nombre de trois : le ramponneau, qui est le plus gros, pour toute espèce de bois recouvert ; le moyen, pour les sièges à bois apparent, et le fin pour clouer dans les feuillures de dossier sans détériorer le bois.

6° Une petite lime tiers-point (11), pour couper le gros fil de fer qui se place au bas des bosses.

7° La râpe (12), pour enlever les arêtes vives des parties où l'on doit rabattre les bourrelets en embourrure, qui composent la garniture.

8° Deux poinçons (13, 14), un gros et un fin, assez courts de pointes, servant à faire des avant-trous pour la pose des clous de style.

9° Le ciseau à dégarnir, avec manche en corne ou en bois (15).

10° Une paire de ciseaux de grandeur moyenne (16), pour couper les sangles, toiles, etc.

11° Un chasse-clous en bois évidé (17), pour enfoncer les clous de style fondus ou estampés.

12° Une petite vrille (18), pour faire les avant-trous dans les taquets avant de les clouer, car il arrive souvent, si l'on n'a pris cette précaution, de les casser en les clouant directement.

13° Un tire-crin (20), espèce de grand poinçon avec manche en bois, dont on se sert pour amener le crin dans une partie plus faible de la garniture.

14° Le tire-crin à capitons, plus petit que celui ci-dessus (21). Cet outil, tout en fer, est muni d'une partie plate formant palette, très utile pour faire les plis des capitons.

15° Deux carrelets à deux pointes (22), l'un de 35 à 40 cent. de long, l'autre de 20 à 25 cent., pour faire les points de fond, le capitonnage, etc.

16° Une série de carrelets droits de 8 à 30 cent. pour toute espèce de travail.

17° Une série de carrelets courbes pour piquer les garnitures de sièges et dossiers.

18° Une règle plate en buis (23), de 35 à 40 cent., très flexible ; les premiers 10 cent. divisés par millimètres. Cette petite règle est d'une très grande utilité pour le tracé des capitons.

19° Un étui renfermant les housseaux (24), grandes épingles de 10 à 12 cent. qui servent à appointer les toiles et les étoffes dans les capitons. Il s'en fait dont la tête forme bouton, ce qui les empêche de passer à travers l'étoffe. On en fait également dont la tête est en forme de piton.

20° Un ou deux compas à pointes recourbées (25) pour mesurer les capitons.

21° L'émerillon (26), qui sert à dévriller le crin en corde et à le préparer pour le carder ou l'ouvrir à la main.


## OUTILS DE VILLE.


Les travaux de ville exigent un outillage assez complet, que nous allons énumérer :

1° L'échelle double en bois léger, avec les chevalets qui s'y adaptent (60).

2° Le sac de ville, fait en toile très forte doublé de peau (36) : on lui donne ordinairement 40 cent. sur 25 cent.

3° Les marteaux : le marteau de ville (27), pour les grosses ferrures, et le ramponneau (28) pour les travaux plus délicats.

4° Le vilebrequin ordinaire (59) avec la collection de mèches mèche à bois (41, 42) ; mèche à cuillère ou à pierre (43) ; mèche à fraiser (44), pour faire l'emplacement d'une tête de vis ; mèche à pointe carrée (45), pour ouvrir des trous dans le fer ou dans le bois ; mèche tourne-vis (46), qui se fixe également au vilebrequin.

5° Le vilebrequin à engrenage et à manivelle (52), pour percer des trous, verticalement ou horizontalement ; toutes les mèches ci-dessus s'adaptent à ce vilebrequin.

6° Une série de vrilles (38, 39), pour préparer les trous avant d'employer le vilebrequin.

7° Le ciseau chasse-patte pour enfoncer les pattes à glaces et autres (30). La longueur de cet outil en fer carré plat doit être de 15 à 20 cent. ; le bout formant palette doit avoir de 3 à 4 cent.

8° Le ciseau à froid (29), d'une dimension plus grande que celui ci-dessus, sert à couper les clous et au besoin à faire des pesées.

9° Le chasse-broche ou chasse-support, évidé à l'intérieur, pour pouvoir enfoncer les broches et les supports sans abîmer les filets des vis (32).

10° Le tourne-vis (35).

11° Une paire de ciseaux de moyenne grandeur (55).

12° Un compas en fer (57), pour les mesures à reporter.

13° La scie à main (53) pour couper le bois.

14° Le casse-pierre (54) pour faire les avant-trous dans toute espèce de pierre ou de brique, avant de poser les ferrures et poulies

15° Le tourne-à-gauche (31), qui sert à arracher les ferrures sans les abîmer ; on l'emploie aussi pour maintenir droites les poulies en les enfonçant avec le marteau.

16° La tenaille (48) pour arracher les clous, etc.

17° L'étau à main (58) pour serrer les objets que l'on veut limer.

18° La pointe carrée (34), pointe assez longue, en acier bien trempé, pour faire les avant-trous dans la pierre ou dans le bois, avant de se servir des vrilles ou des mèches.

19° La râpe (12) pour les bâtons, galeries ou autres ornements de bois.

20° La lime (33) pour le fer.

21° Le ciseau à bois (47) pour entailler le bois et les tourillons des ornements.

22° La pince coupante (51) pour le fil de fer, petits clous, etc.

23° La pince plate (62) pour tourner les fils de fer, laitons, etc.

24° Un étui avec housseaux comme celui du garnisseur.

25° La boîte à graisse (49) pour les mèches, vrilles, etc.

26° La tournette (50) pour le montage des lits, armoires.

27° Le double-mètre, pliant à ressort, pour les mesures de hauteur et la roulette décamètre (61) pour mesurer les plans.

28° Le niveau d'eau et son étui (37) pour la pose des galeries, tableaux, meubles, etc.

29° Le fil à plomb (56) pour la pose des galeries, lambrequins, poulies et de tout ce qui doit être posé verticalement.

30° On emportera dans le sac de ville les clous, pointes, vis nécessaires à la pose, ainsi que des tampons de bois pour remplir les trous faits par le casse-pierre.

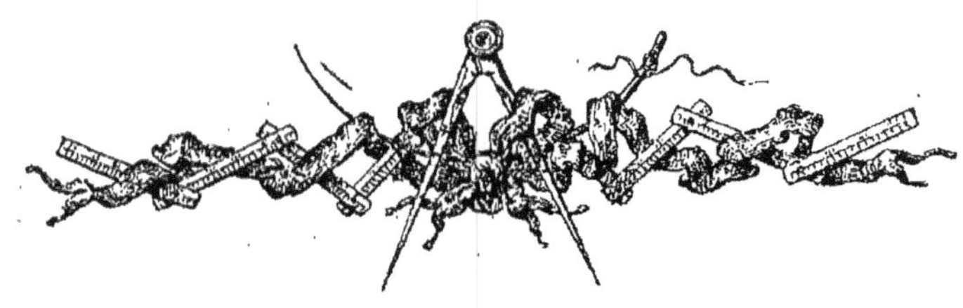

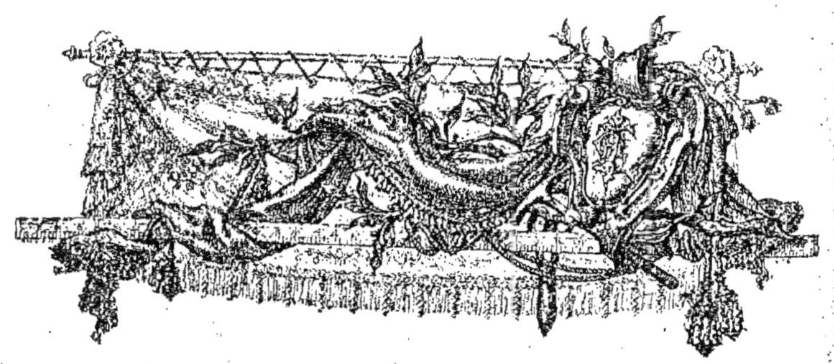

# CHAPITRE VII

---

## DE LA DÉCORATION DES PIÈCES D'UN APPARTEMENT.

Pour décorer un appartement, le tapissier doit apporter toute l'autorité de son expérience et de ses connaissances, et, tout en se conformant au désir de son client, il doit éviter de céder à des exigences quelquefois par trop fantaisistes, qui pourraient nuire au bon goût de l'ensemble des travaux.

Certes, le tapissier cherchera dans chaque affaire à composer de nouveaux arrangements ; c'est par là qu'il fera preuve de son savoir, mais il s'efforcera toujours, même dans un décor de fantaisie, à arriver à cette exécution irréprochable, qui dénote de suite une maison sérieuse.

Toutes les connaissances sur les styles et sur l'ensemble de la décoration doivent lui être familières, car dans bien des cas, il faut qu'il donne son avis sur la distribution et l'arrangement des pièces d'un appartement, et qu'il puisse, au besoin, faire exécuter des travaux de peinture ou d'ornementation. Il faut, en un mot, que le tapissier, en soumettant des projets à son client, puisse en raisonner savamment et le convaincre, afin d'arriver à déterminer l'affaire.

Chaque pièce d'un appartement comporte une décoration spéciale appropriée à sa destination et à sa grandeur.

Aujourd'hui, les pièces d'un appartement sont généralement décorées dans un style différent : les antichambres, salles à manger, cabinets de travail en Renaissance ou Louis XIII ; les salons en Louis XIV, Louis XV ou Louis XVI ; les chambres à coucher en Louis XV ou Louis XVI ; on décore quelquefois des salons ou des chambres à coucher en Renaissance ou en Louis XIII. On emploie également pour quelques pièces d'un appartement riche les styles anciens, gothiques, japonais, mauresques, etc.

Le style d'un décor de tapisserie est donné dans les appartements importants par la décoration architecturale de la pièce ; le style de la cheminée, des cadres de glace, des panneaux, corniches, etc. ; le tapissier doit donc se conformer à ce principe général ; mais il est bien des cas où il doit conseiller d'adopter tel ou tel style pour l'ensemble de ses travaux.

Il serait à désirer que le tapissier fût appelé plus souvent à donner son avis sur la décoration générale d'un appartement ou d'un hôtel, et que, d'accord avec l'architecte, il puisse s'occuper de la distribution et de l'arrangement des ouvertures des portes et fenêtres. Il arrive, en effet, quelquefois, qu'obligé de mettre des lambrequins ou des draperies à des fenêtres ou à des portières, on est forcé, pour pouvoir les ouvrir, d'employer des mécanismes compliqués qui fonctionnent ordinairement très mal. Si ces décorations avaient été prévues, on aurait pu disposer les fenêtres et les portes pour les recevoir. Quand l'embrasure d'une fenêtre ou d'une porte est assez profonde, on obtient avec les retours des galeries, la place suffisante pour l'ouvrir ; mais chaque fois que l'on pourra, on disposera la hauteur des draperies ou des lambrequins, de façon à laisser l'ouverture de la fenêtre ; on évitera ainsi l'emploi des ferrures. Nous parlons, du reste, à la fin de cet ouvrage, de ces mécanismes pour portes et fenêtres.

Nous allons passer en revue les principales pièces d'un appartement moderne, et donner un aperçu du genre de décoration et d'ameublement qu'elles comportent.

## ANTICHAMBRE

L'antichambre de style Renaissance ou Louis XIII peut être, suivant l'importance de l'appartement, ou tendue d'étoffe simple ou décorée d'un papier de couleur plus ou moins sombre, suivant la clarté de la pièce. La tenture en étoffe peut être en gros lainage, velours, jute, velours de lin ou granité imprimé avec dessins héraldiques ; les rideaux, en même étoffe que la tenture, peuvent se faire à tête flamande ou de diverses façons, mais toujours simplement (fig. 8, 10, 11, pl. 22). Un lambrequin ou un bandeau droit est ce qui convient le mieux (fig. des pl. 13, 53, 55) ; on pourra l'ornementer de galons, de bandes de velours ou de tapisserie, suivant la richesse de l'appartement. Les meubles : table, banquette, sièges garnis sans élastiques peuvent être en noyer ou en chêne foncé.

On fait maintenant pour les antichambres des meubles porte-manteaux, porte-chapeaux dont la partie du bas est disposée pour recevoir les cannes et parapluies. Ce genre de meuble doit être établi sur un dessin bien étudié, afin de le rendre aussi pratique que possible. Quand ces meubles sont bien compris, ils peuvent être d'un bon effet ; il faut, pour cela, qu'ils soient bien appropriés à leur destination et à la place qu'ils occuperont.

Dans une antichambre simple, on pourra fixer sur des bandes de chêne des porte-chapeaux en cuivre d'un bon modèle. On n'oubliera pas le miroir indispensable à toute visiteuse ; les meubles dont il est parlé plus haut en sont quelquefois pourvus.

Les boiseries de cette pièce seront toujours en rapport avec les meubles ; on pourra décorer les murs de quelques armes, tableaux, etc., suivant le caractère de l'appartement. On peut couvrir entièrement le parquet d'un tapis, ou ne mettre qu'une carpette ou même un chemin.

## SALLE A MANGER

Autrefois, les salles à manger étaient en acajou ; mais aujourd'hui la mode est au chêne et au noyer ; les meubles en noyer avec filets noirs sont à peu près abandonnés ; quant au bois noir, on y a renoncé presque entièrement pour ces pièces, et avec juste raison, les tons chauds du chêne ou du noyer étant d'un effet bien plus décoratif.

L'ensemble d'une salle à manger, sans être trop sévère, doit toujours être d'un genre assez sérieux, du reste, généralement bien compris aujourd'hui.

Les styles Moyen-Age, Renaissance ou Louis XIII sont préférés pour faire des décorations plus ou moins riches. Les lambris, les portes et les corniches seront toujours assortis de bois et de teintes aux meubles.

Les plafonds des salles à manger sont peints d'une teinte différente de celle des autres pièces de l'appartement ; on peut les faire décorer plus ou moins richement, avec des encadrements ou ornements de diverses teintes ; on fait également les plafonds de ces pièces avec des poutres apparentes ou divisés par caissons. Pour un plafond simple, la teinte terre cuite s'accorde toujours bien avec les bois et les tentures.

Règle générale, nous voudrions voir abandonner pour l'ensemble d'un appartement, quelque modeste qu'il soit, les teintes blanches si crues que l'on emploie pour les plafonds ; rien n'est plus décoratif que l'effet des teintes légèrement colorées, soit en bleu, soit en gris rose ; un plafond peint dans ces tons s'harmonisera toujours bien avec les tentures et meubles d'une pièce.

On peut employer pour les tentures d'une salle à manger bien des genres d'étoffes ; les tapisseries ou imitations de tapisseries de toutes sortes ; les imitations de cuirs, les draps avec encadrements de galons, les granités, les velours de lin, jutes, etc. Dans une donnée plus simple, on peut employer pour la tenture les papiers genre cuir ou imitation de tapisserie, les papiers unis genre drap ou étoffe, dont la variété est si grande.

Les fenêtres se décorent de lambrequins de préférence à des draperies ; on peut toutefois mettre des lambrequins à plis ou drapés (fig. des pl. 53, 54, 55).

Pour décorer deux fenêtres assez rapprochées, on peut faire des dispositions de lambrequins reliés entre eux, pour lesquels on emploie toutes sortes d'étoffes ; sur les étoffes unies, on peut faire aussi des applications de draps ou de velours serties de soutaches ; ce genre de décor est généralement d'un bon effet.

Disposition Louis XIII pour salle à manger.

Les applications d'une salle à manger peuvent représenter des ornements, des fruits, des fleurs, des enlacements de feuillages, des chiffres ou autres attributs ; les tons de ces divers ornements doivent toujours être bien appropriés à la couleur de l'étoffe sur laquelle ils s'appliquent. Les applications, par leur grande variété, se prêtent à la décoration de toutes les pièces d'un appartement, mais elles doivent être composées différemment, suivant le genre de la pièce.

Pour les portières, s'il est nécessaire d'en mettre, elles seront toujours assorties comme étoffe aux tentures et aux rideaux de enêtres. Si la pièce est grande, on peut mettre des lambrequins, mais moins importants que ceux des fenêtres, et toujours dans le même genre de décoration. On peut placer des portières sur des bâtons ou des galeries recouvertes et les relever à l'italienne, ou les draper suivant les indications de cet ouvrage. Ces portières doivent être relevées assez haut sur les portes de service pour que la circulation soit facile (pl. 26).

Les meubles d'une salle à manger se composent : d'une table à plusieurs rallonges, d'un buffet dressoir, d'une ou plusieurs tables servantes et de chaises en nombre suffisant pour bien meubler la pièce. Ces meubles se font aujourd'hui dans toutes sortes de conditions, suivant l'importance de l'ameublement. On emploie beaucoup le buffet dressoir, composé de parties ouvertes et de parties à jour, que l'on garnit d'objets divers, argenterie, vases, etc.

Nous signalerons l'emploi déplacé que l'on fait quelquefois des vitraux dans ces meubles. Les vitraux n'ont de raison d'être que lorsqu'ils laissent passer le jour d'une fenêtre ou d'une porte. Le buffet dressoir, garni des diverses pièces d'un service, n'est pas d'un vilain effet dans une salle à manger.

On met aujourd'hui beaucoup de vitraux dans les appartements, et c'est un heureux genre de décoration, mais faut-il que les couleurs de ces vitraux aillent avec les étoffes et les différents tons de la pièce, et que la disposition des plombs formant le dessin soit proportionnée à la grandeur de la fenêtre ou de la porte.

Les chaises sont généralement garnies et recouvertes de drap ou d'étoffe assortis aux tentures, avec des encadrements de galons et quelques applications, si le reste de l'ameublement le comporte. La dimension de ces sièges ne sera pas trop grande, et la hauteur des dossiers en sera peu élevée, de façon à ne pas gêner le service.

On décore aujourd'hui les salles à manger de poêles ou cheminées en faïence de couleur ; c'est une heureuse innovation, car nous avons été souvent obligé, pour cacher d'affreux poêles blancs, de composer des cache-poêles en bois qui reviennent assez chers, mais qui au moins complétaient l'ensemble de la pièce.

On pourra décorer les murs d'un cartel, de tableaux, de plats ou d'assiettes, de différents bibelots; mais le tapissier disposera ces accessoires avec goût et évitera la profusion, afin que la pièce n'ait pas l'air d'un intérieur de bric-à-brac.

On ne couvre généralement pas entièrement d'un tapis le parquet d'une salle à manger; on met sous la table une carpette d'une certaine dimension que l'on fixe au sol par des fiches ou clous à tapis, de façon à pouvoir la retirer facilement.

## BILLARD, FUMOIR.

La salle de billard est souvent à côté de la salle à manger, et peut recevoir une décoration à peu près équivalente à celle de cette pièce. Cependant, pour cette salle, on peut employer des étoffes et des dispositions de draperies de fantaisie. Si la pièce est assez grande, on y place des tables à jeu, différents meubles et plusieurs sièges en plus de la banquette traditionnelle, pour en faire une sorte de salon.

Généralement, on met un chemin en moquette tout autour du billard.

Dans un fumoir, on peut faire la décoration de la fenêtre en style de fantaisie, turc, mauresque ou chinois, en prenant comme point de départ une galerie en bois sculpté et décorée dans le même style. Les draperies ou lambrequins peuvent se faire en étoffe assez voyante avec passementerie et glands en rapport.

Il serait toujours bon qu'il y eût dans cette pièce un meuble et un divan dans le genre de la fenêtre, pour constituer l'ensemble du style adopté; on pourra y placer des meubles, des sièges de diverses provenances et toutes sortes de bibelots et d'objets de fantaisie, mais on évitera autant que possible de mettre des étoffes sur les murs, l'odeur du tabac s'imprégnant dans les tissus.

## ATELIER D'ARTISTE, CABINET DE TRAVAIL

La baie vitrée d'un atelier d'artiste se prête à une belle décoration, quand on peut faire quelque dépense; un lambrequin plus ou moins drapé peut en entourer les contours, et de grands rideaux bien relevés compléteront un bel ensemble.

Dans nos ouvrages *Décors de tous styles* et *Décoration des appartements*, nous donnons des exemples de ces décorations.

Des stores plissés ou lisses et se relevant par parties séparées sont nécessaires sur les vitres pour tempérer et augmenter le jour à volonté. On peut employer bien des genres différents d'étoffe transparente pour les stores ou rideaux nécessaires, depuis les taffetas, les foulards, les marcelines, suivant la richesse de l'ameublement.

On peut faire des stores ou rideaux transparents avec des percales, des toiles de coton ou des toiles à voile que l'on agrémentera d'applications de galons ou de draps, plus ou moins largement dessinés, et qui seront toujours à leur place et d'un bel effet décoratif dans cette pièce.

Dans quelques intérieurs d'artistes, l'atelier forme salon et l'on y place toutes sortes de meubles, de sièges, de bibelots, d'étoffes, de tentures de différents genres. La profusion et la diversité des objets sont ici admises, puisque l'artiste doit s'entourer de tout ce qui peut lui être nécessaire pour ses compositions.

Les murs d'un atelier, à moins qu'ils ne soient tendus d'étoffes riches ou de tapisseries anciennes, ce dont tout le monde n'a pas les moyens, peuvent se peindre à l'huile ou à la colle de diverses teintes. La teinte rouge brique est celle que l'on emploie généralement, car elle fait bien valoir les plâtres, les cadres dorés et tous les accessoires qui ornent les murs.

En général, si l'on veut orner les murs d'une pièce de tableaux ou d'objets d'art, il faut que la tenture, étoffe ou papier, soit unie ou à dessins ton sur ton, afin de laisser toute leur valeur à ces objets, dont on appréciera mieux le mérite si la tenture qui les environne n'attire pas trop le regard.

L'ameublement d'un cabinet de travail doit être assez sévère ; les meubles, bureau, bibliothèque, fauteuil, canapé en bois noir ou palissandre ; les sièges garnis sont recouverts de cuirs ou de draps assortis aux tentures ; la cheminée en marbre foncé ou en bois, suivant la richesse de la pièce.

7

Les murs peuvent être tendus d'étoffe ou de papier de couleur foncée : olive, vert, havane, rouge, bleu, etc.

On peut décorer les fenêtres de lambrequins unis ou à plis avec grands rideaux, ou de cantonnières genre Louis XIII (pl. 55); si les fenêtres sont de bonnes dimensions, on pourra mettre des draperies à l'antique ou de grandes draperies relevées simplement (fig. 3, pl. 13). Les portières peuvent être d'étoffe différente de celle des fenêtres, mais sans être pourtant de couleur trop opposée.

Quelques tableaux ou gravures, des bronzes pourront orner cette pièce, mais pas en trop grand nombre, car il est de bon goût qu'un bureau soit d'un aspect sérieux.

## SALON.

Le salon est la pièce la plus importante d'un appartement et le style Louis XIV est celui qui convient le mieux à sa décoration, surtout si la pièce est d'une certaine dimension.

Beaucoup de salons sont décorés et se meublent en style Louis XV ou Louis XVI et sont aussi d'un bel effet.

Il est juste de dire que l'on peut faire, et que l'on fait des ameublements de salon dans tous les styles et dans tous les genres ; c'est la bonne exécution qui en fera valoir le caractère ou l'originalité.

De nos jours on place quelquefois, dans un salon, des meubles de différents styles : bahuts Renaissance, meubles Louis XIII, tables Louis XVI, consoles Louis XV, sièges de toutes sortes ; si ces meubles sont anciens et de valeur, ils pourront donner un certain cachet à l'ensemble de la pièce, mais il serait de très mauvais goût de composer un salon avec des meubles modernes de divers styles.

Un salon sérieux doit se composer : d'un canapé de deux ou quatre fauteuils, de plusieurs chaises meublantes et chaises légères, d'une table de milieu, d'une console ou meuble d'appui, d'une table à jeu, le tout du même style et du même bois. On pourra compléter l'ensemble de cette pièce par une borne, des sièges et petits meubles de fantaisie, paravents, glaces, etc.

Il est bien entendu que la décoration des fenêtres et portières devra être du même style que les meubles principaux.

La décoration des fenêtres d'un salon donne lieu à une infinité de combinaisons, qui toutes peuvent être d'un bon effet, si elles sont bien étudiées et de même bien exécutées.

Depuis les cantonnières, les lambrequins en Aubusson ou en velours de Gênes, en lampas, en brocatelles, en velours frappés, de toutes nuances et de toutes qualités, jusqu'aux draperies les plus compliquées en satin, en velours, en peluche et en toutes sortes d'étoffes.

Pour le style Louis XIV et Louis XV, on emploie de préférence les lambrequins plats ou drapés ; des cantonnières ou des demi-cantonnières sur lesquelles on peut disposer et faire passer quelques draperies jetées ou écharpes. (Pl. 61, 62, 63, 68, 69, 70, etc.)

Pour le style Louis XVI on emploie quelquefois des cantonnières ou des lambrequins en Aubusson, qui sont toujours plus légers que ceux de style Louis XIV. On peut faire aussi des dispositions de lambrequins, encadrés de draperies. (Pl. 39, 44.)

Les draperies qui sont le type caractéristique du style Louis XVI se font régulières entre elles, cependant on peut les varier par des dimensions différentes et par le mélange des étoffes. (Pl. 41, 43, 44.) Avec la grande diversité d'étoffes d'ameublement que l'on a créée de nos jours, on peut multiplier les compositions et faire des combinaisons de nuances qui offriront des ressources précieuses pour le décor des fenêtres.

La vogue des peluches et soieries a fait supprimer, dans bien des salons, les galeries en bois doré, que l'on remplace souvent par des galeries recouvertes d'étoffe. Dans un salon cependant, le bois doré est toujours à sa place, et tout en sacrifiant au goût du jour, comme genre de draperies, on peut très bien employer encore des galeries de bois apparent doré, de moindre importance qu'autrefois, et qui pourront très bien motiver toutes sortes de décorations. Nous donnons beaucoup d'exemples de ces dispositions dans le cours de cet ouvrage.

On peut faire de très beaux décors de fenêtres avec des galeries de bois quelconque, ou sur bois recouvert d'étoffe, leur réussite dépendra de l'habileté du décorateur.

Nous ne saurions trop blâmer le mauvais dessin et la mauvaise coupe de certaines draperies d'aujourd'hui ; combien voit-on de paquets d'étoffes qui ont la prétention de représenter des draperies ; celles-ci ne doivent se composer que de quelques beaux plis, et non d'un amas de plis réguliers placés les uns au-dessous des autres.

Dans tout décor, le tapissier doit se rendre compte de l'effet des étoffes à employer, pour les draper suivant leur genre et leur consistance ; il cherchera à donner à l'ensemble de la fenêtre la proportion exacte que comporte sa dimension et que comporte également ment l'importance de la pièce.

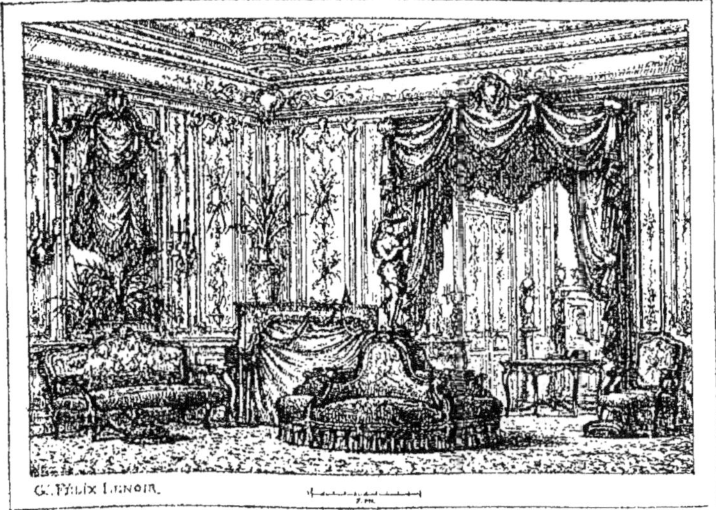


Salon style Louis XIV.

Dans un salon riche, les murs sont divisés en panneaux avec décoration, en bois et en carton pâte, peinte de différents tons ; ces tons doivent toujours être en rapport avec les étoffes employées, de façon à faire un tout harmonieux.

D'autres salons sont divisés par panneaux pour recevoir des tentures de tapisseries ou d'étoffes de soie plus ou moins riches, ou bien les murs sont entièrement tendus de ces mêmes étoffes.

Cette tenture, quelle qu'elle soit, doit toujours être en rapport avec l'étoffe employée pour la décoration des fenêtres, ou de même étoffe que les lambrequins ou draperies principales. Si l'on met des portières, elles seront en même étoffe que la tenture, et devront être plus légères d'ensemble que le décor des fenêtres.

Lorsque l'on tend de papier les murs d'un salon simple, il faut que ce papier ne soit pas trop voyant. On emploie généralement des papiers ton sur ton mélangés de quelques reflets d'or; si l'on mettait un papier avec quelques coloris, il faudrait toujours que ces nuances s'accordassent avec celles des rideaux de fenêtres.

Si dans un salon que l'on a à meubler le papier est posé, on cherchera toujours à choisir l'étoffe des rideaux de la nuance allant le mieux avec ce papier, ou tout au moins d'une teinte qui lui sera complémentaire : si le papier de tenture est d'une teinte jaunâtre ou orangée, on pourra mettre des rideaux bleus plus ou moins foncés ; si le vert dominait, on pourrait mettre des rideaux rouges ou bruns ; si les teintes de ce papier étaient violacées, tous les tons de jaunes s'accorderaient bien avec.

Dans tout mélange d'étoffe du reste, et dans toutes sortes d'effets décoratifs, on doit rechercher l'harmonie des couleurs.

Les sièges d'un salon doivent être très confortables, la garniture en sera ferme, mais avec élastiques bien entendu. Les sièges en bois doré se recouvrent généralement de tapisserie d'Aubusson, de velours de Gênes ou autres étoffes très riches ; ceux en bois laqué, en bois noir ou en palissandre peuvent se recouvrir de toutes sortes d'étoffes qui seront également en rapport avec celle de l'ameublement.

Comme nous l'avons dit, on complète les sièges de fond d'un salon par des sièges de fantaisie, poufs, chaises légères, etc.; dans une grande pièce on pourra faire des installations avec quelques-uns de ces sièges, un paravent, une petite table, mais de façon à ne pas gêner la circulation principale.

La mode de placer les pianos droits dans l'angle d'un salon, le dos en dehors, a nécessité leur ornementation : on peut faire ce décor avec de vieilles étoffes à fleurs ou des peluches, mais il faut qu'il ne soit pas trop lourd, un grand drapé avec broderies et applications retenu par des câblés sera d'un bel effet.

La cheminée d'un grand salon se garnit rarement d'un lambrequin ou de draperies, le marbre en étant généralement assez beau, mais si l'on était obligé de la décorer, il faudrait le faire dans le style de l'ameublement et aussi habilement que possible.

Les murs se garnissent de tableaux, de gravures, de bras de lumière, etc. ; au milieu du salon, on met généralement un lustre. Le parquet se recouvre entièrement de tapis, soit de tapis faits pour la pièce, en Aubusson, en genre Savonnerie ou en moquette à dessin assemblée par lés. On peut mettre aussi un tapis tout uni par toute la pièce, sur lequel on placera une ou plusieurs belles carpettes

## PETIT SALON, BOUDOIR.

Les petits salons sont placés habituellement à côté du grand salon et communiquent avec celui-ci par une grande baie ou deux portes séparées.

De quelque style que soit cette pièce, il faut toujours que les tentures et rideaux s'harmonisent de ton avec la décoration du grand salon. Si celui-ci est rouge, il sera d'un bel effet de la faire dans les tons verts plus ou moins foncés. Si le grand salon est en vieil or, on pourra employer les tons bleus.

L'ensemble de la décoration du petit salon peut être moins sérieux que celle du grand salon, et l'on peut faire un décor de fantaisie dans bien des cas. Les sièges de cette pièce sont un peu plus simples que ceux du grand salon, tout en étant aussi confortables.

On pourra mettre dans cette pièce divers meubles : chiffonnier, petit bureau, table, sièges de fantaisie, ainsi que des bronzes et torchères. Si la place le permet, on mettra une gaine supportant une statuette ou un tableau sur chevalet drapé.

L'ensemble d'un boudoir sera plus ou moins fantaisiste, suivant le goût et le caractère de la personne à laquelle il est destiné.

Cette pièce est ordinairement tendue d'étoffe, et la fenêtre décorée de draperies de diverses nuances ou de lambrequins découpés avec des écharpes entrelacées. La cheminée peut être garnie de draperies ou d'un léger lambrequin avec des petits rideaux de soie.

Dans quelques boudoirs élégants, on fait un arrangement de tentures drapées au-dessus d'une grande chaise-longue; cette décoration demande à être très étudiée et ne doit pas être trop lourde, elle se fait généralement en peluche ou en satin broché. La chaise-longue d'un beau modèle peut être également recouverte et drapée d'étoffe riche agrémentée de passementeries assorties. On complétera par des coussins, des tapis ou peaux de bêtes.

Décor de boudoir style Louis XV.

Comme dans le petit salon, on pourra mettre divers meubles de fantaisie suivant la grandeur de la pièce.

## CHAMBRE A COUCHER,

On décore aujourd'hui avec un certain luxe les chambres à coucher; elles se font de tous les styles: la tenture, la décoration du lit et des fenêtres devront constituer avec les meubles un bon ensemble de décoration. Une chambre à coucher, même simple, peut avoir un très joli caractère si l'on sait bien en étudier les diverses parties.

Le lit, l'armoire à glace, la table de milieu, le chiffonnier-secrétaire, la table à ouvrage étant du même bois, il serait d'un bel effet de faire décorer les portes, les lambris et la corniche de cette pièce du même ton que celui des meubles ; ces boiseries devront être cirées, ce qui leur donnera l'aspect mat des meubles. Nous trouvons toujours choquant le contraste qui existe entre ceux-ci et les boiseries d'un appartement ; puisque l'on admet des meubles de couleur très foncée, pourquoi les portes et les lambris ne seraient-ils pas du même ton?

Si ce principe n'était pas adopté, on pourrait faire peindre les boiseries dans des teintes assorties aux étoffes de l'ameublement. Le plafond d'une chambre à coucher se peint généralement dans les tons bleus.

Quand la grandeur de la chambre le permet, on place le lit de pied, c'est-à-dire au milieu de la pièce, la tête au mur. Dans quelques cas, on le monte sur une marche ou estrade dont nous donnons l'explication au chapitre suivant.

Les lits se placent soit de milieu, un des côtes au mur, soit de coin, suivant la dimension de la chambre et l'habitude des personnes qui l'occupent.

Nous donnons des exemples dans les planches de cet ouvrage des diverses décorations de tous styles, plus ou moins riches, que l'on peut adopter pour les chambres à coucher.

On place dans quelques chambres deux lits jumeaux, que l'on réunit par un même baldaquin ; ces lits se mettent aussi de coin sur un même côté de la pièce, et on les relie par une décoration. Quelques chambres sont disposées avec des alcôves et se prêtent à un beau décor ; on fait aussi des dispositions d'alcôve avec des tentures et lambrequins qui garnissent tout le fond de la pièce.

Comme nous l'avons déjà dit, ce qu'il faut chercher dans toute composition d'ensemble, c'est l'harmonie générale.

Si l'étoffe adoptée pour les rideaux est unie, il est préférable de mettre la tenture pareille, et, si l'on veut rester dans une donnée simple, on fera exécuter le papier de tenture assorti à l'étoffe, ce qui est très facile et peu coûteux.

Si pour la décoration du baldaquin et des fenêtres on adoptait des lambrequins, on ferait les champs de ces lambrequins en velours de la nuance des rideaux et le fond d'une nuance plus claire. On pourra sur ce fond placer quelques applications de couleur en velours ou satin. Si l'on adoptait une décoration avec des draperies et que l'étoffe soit à dessins nuancés, on mettrait la tenture de même étoffe ou d'étoffe unie, mais d'une nuance allant bien avec les rideaux.

Une tenture unie quelconque, ou tout au moins ton sur ton, fera toujours valoir le décor des fenêtres et du lit.

Dans les appartements de location les papiers sont généralement posés à l'avance, et l'on est quelquefois bien embarrassé pour adopter tel ou tel genre d'étoffe ; il sera préférable d'employer des tissus unis si la tenture est d'un dessin assez marqué ou assez riche.

Mais, en décoration, c'est tout le contraire qui doit avoir lieu : l'étoffe des rideaux, draperies, lambrequins doit toujours être d'aspect beaucoup plus riche que la tenture, et c'est cette étoffe qui doit être plutôt à dessin.

Les portes d'une chambre à coucher sont garnies de portières assorties aux autres tentures.

L'armoire à glace sera placée, autant que possible, du côté de la fenêtre, ou entre les deux fenêtres si la pièce est grande, afin que la personne qui se regarde reçoive sur elle directement la lumière.

Nous avons fait souvent des installations de chambres à coucher, en supprimant l'armoire à glace et en la remplaçant par une grande glace fixée au mur, entourée d'un cadre en bois pareil à celui des meubles, ou garni de velours ou de peluche. On pourra combiner au-dessus de cette glace quelques draperies bien jetées. L'emploi de cette glace descendant jusqu'à terre, outre son utilité, a l'avantage de tenir peu de place et d'être d'un très bel effet décoratif avec ses bras de lumière. On pourrait mettre tout aussi bien une psyché entourée de draperies. Dans ce cas, on placera une commode du côté opposé à la glace. Nous n'insisterons pas sur le côté pratique de ce meuble, qui, au siècle dernier, a été si bien compris, et dont nous avons encore de très beaux spécimens.

Au-dessus de la commode, on pourra placer un beau miroir qui se reflétera dans la glace, lui faisant vis-à-vis.

Dispositions de glaces.

La cheminée se décore souvent de lambrequins ou draperies en rapport avec l'ameublement. On peut, dans ce cas, combiner tout un arrangement avec un cadre dans lequel on placera soit un portrait, une tapisserie ou un panneau décoratif, la glace n'étant plus nécessaire sur la cheminée s'il y en a d'autres dans la pièce.

Dans certaines chambres à coucher, on place une toilette à coiffer garnie de mousseline et de dentelles et supportant un joli miroir.

Les sièges se composent d'une chaise longue, de fauteuils confortables et de plusieurs chaises légères. On met souvent un tapis sur tout le parquet de la chambre, mais il est tout aussi bien de placer une grande carpette entre le lit et la cheminée et de mettre de beaux tapis de pieds de chaque côté du lit

## CHAMBRES DIVERSES.

Une chambre de jeune fille se fait en cretonne, soieries ou lampas à petits dessins sur un fond clair, auxquels on assortira le papier de tenture. Depuis plusieurs années déjà, on trouve des papiers assortis aux cretonnes et pouvant décorer toutes sortes de pièces.

Les meubles de cette chambre se font en style Louis XV ou Louis XVI, en bois laqué avec filets de couleur, ou en bois naturel, sapin, pitch-pin, etc.

Cette chambre devra être assez simple ; le baldaquin et les galeries de fenêtres pourront être décorés de draperies légères ; si la décoration est en cretonne, les sièges seront recouverts de même étoffe.

Une chambre de jeune homme devra être dans une note plus sérieuse ; le baldaquin sera à bandeau droit ou à lambrequin découpé ; les meubles, siège, lit, bibliothèque, table, peuvent être en bois naturel, en chêne peu teinté par exemple. La tenture se fait en papier simple, car elle est souvent destinée à recevoir des études, plâtres, armes et objets de fantaisie. Une carpette est suffisante pour cette pièce.

EXTRAIT DU « *Mobilier d'art, 4ᵉ série, Sièges* ». (Dessin réduit.)

Voir pages 7, 110, 157, 300 et 301.

# CHAPITRE VIII

## TAPIS, COUPE ET POSE DES TAPIS.

### PLANCHE 12.

N emploie trois sortes de tapis pour les appartements : les tapis d'une seule partie, fabriqués spécialement suivant les dimensions d'une pièce ; les carpettes de toute provenance et de toute grandeur, tapis de pied, descentes de lit, etc. ; puis les tapis par lés qui se prêtent à toutes sortes de dispositions.

Les mesures à prendre pour les tapis en général sont indiquées dans le chapitre 3, elles font partie de la levée des plans d'appartements.

Les plus beaux tapis d'une seule partie proviennent de la manufacture des Gobelins, et sont appelés Savonnerie, nom d'une ancienne fabrique de Chaillot, dont cette manufacture a adopté la fabrication. Ces tapis d'un grand prix et d'une grande rareté ne se trouvent pas dans le commerce, la manufacture des Gobelins ne travaillant, depuis sa fondation par Louis XIV, que pour les châteaux ou édifices de l'État. Quelques-uns de ces produits ont été donnés à certaines familles en remerciements de services rendus à l'État, et à la suite de diverses pérégrinations on en trouve quelquefois dans les ventes.

La manufacture de Beauvais fabrique également des *tapisseries* de toutes sortes, mais aussi pour le compte du gouvernement.

C'est dans les manufactures d'Aubusson et de quelques autres villes de France, que l'on peut se procurer tous les genres de tapis, d'après un dessin composé spécialement. La renommée des produits de ces manufactures est universelle ; car les tapisseries de toutes sortes qu'elles livrent au commerce sont d'un grand goût et d'une excellente fabrication.

Pour faire exécuter un tapis d'une seule partie, on donne le plan exact de la pièce avec les embrasures des fenêtres, des portes, le plan de la cheminée et du marbre du foyer, afin que le fabricant dispose convenablement le dessin de ce tapis. Il sera toujours entouré d'un champ de couleur foncée et unie de 50 à 60 cent., sur lequel les meubles se placent autour de la pièce ; les embrasures des fenêtres et des portes sont aussi de couleur unie.

On peut placer dans un appartement bien des sortes de tapis, suivant le goût de son client, et surtout suivant le prix qu'il veut y consacrer. La fabrication des tapis en France a pris un très grand développement depuis quelques années, et il est facile, aujourd'hui, de s'en procurer de toutes qualités et de toutes dimensions.

L'importation considérable des tapis de Turquie, de Perse et de l'Inde a forcé nos fabricants à rivaliser avec les produits de ces pays, et on est arrivé à en faire d'assez belles imitations. Les tapis de ces diverses contrées sont très recherchés, surtout les plus anciens ; car la disposition de leur dessin et de leur coloris, ainsi que le moelleux de leur laine, en font des productions aussi artistiques que confortables. Il arrive malheureusement quelquefois que ces tapis, surtout ceux de fabrication moderne, se prennent aux vers, parce qu'ils sont souvent faits avec des laines mal nettoyées ; il est alors bien difficile de les réparer.

Il est nécessaire pour ces tapis, et du reste pour toute sorte de tapis en général, de les déposer tous les ans, pour les faire battre et nettoyer commodément.

Tous les genres de tapis peuvent s'encadrer de bistre ou de jaspé de couleur unie, pour arriver à couvrir entièrement le parquet d'un salon ou d'une chambre ; dans ce cas, on disposera le tapis pour qu'il se place exactement au milieu de la pièce.

Quand on garnit une pièce d'un tapis, il faut toujours placer dessous une thibaude, on en met quelquefois deux, si le tapis n'est pas très épais.

Pour poser un tapis, on commencera par étaler la thibaude sur deux côtés; par le côté du foyer d'abord, puis par celui des fenêtres. On fixera le fil à plomb à la rosace du plafond, et on le laissera tomber à dix centimètres du parquet, on placera le centre du tapis sous ce plomb, puis l'on commencera à appointer le tapis autour du foyer, puis sur le côté des fenêtres. Ces deux côtés placés, on relevera le tapis pour tendre la thibaude, afin de ne pas laisser de bourrelets; puis on tendra le tapis au pied ou à la main, sur ses deux sens, et on le clouera définitivement. Certains tapissiers ont l'habitude de se servir de griffes pour tendre les tapis, c'est un mauvais système, car le tapis étant trop tendu s'use plus vite, et on arrive difficilement à le reposer.

On peut fixer tous les tapis au moyen de fiches ou clous à tapis avec ou sans vis. Ces clous s'emploient beaucoup pour des tapis qui ne couvrent pas toute une pièce, comme des carpettes que l'on veut ménager, des chemins de moquette autour d'un billard, etc.; on peut ainsi les retirer facilement, sans endommager les parquets.

Les tapis par lés se font en moquette veloutée, et offrent l'avantage de changer facilement de destination, en diminuant ou en augmentant le nombre des lés, suivant la grandeur de la pièce.

Il se fabrique des moquettes unies ou à dessins, et de toutes sortes de qualités; on en fait qui se raccordent par deux ou trois lés. Il faut toujours que le genre de dessin de ces tapis soit approprié à la décoration de la pièce qu'ils doivent garnir, et le tapissier doit bien observer la disposition des lés en les coupant, pour que les raccords donnent le moins de perte possible.

Il est à observer pour la coupe et la pose de ces tapis, que la moquette a toujours un sens donné par le velouté et par la direction des dessins; les lés doivent se disposer en partant du mur opposé aux fenêtres (fig. 1, n° 1, pl. 3), de sorte que le haut du dessin de la moquette soit placé du côté de ces fenêtres; les regards se portant toujours du côté de la lumière, on doit en entrant dans une pièce voir les dessins du tapis dans leur vrai sens. Il peut y avoir quelques exceptions pour les pièces de forme irrégulière, octogone ou circulaire; mais il vaut toujours mieux placer les lés et le dessin comme nous venons de le dire.

Une fois les lés assemblés, à points lacés, on fait la pose comme il est expliqué plus haut, avec thibaude, en tendant d'abord dans le sens des coutures.

Les escaliers se garnissent de chemins en moquette, en jaspé, en sparterie, en feutres unis ou imprimés, suivant l'importance de l'escalier; il s'en fait de plusieurs largeurs et d'une grande variété. Les chemins de moquette s'ajustent sur une thibaude qui doit avoir 5 centimètres de moins de large que le tapis.

La pose d'un tapis dans un escalier droit est facile, il se place en même temps que les tringles au fur et à mesure en descendant les marches. Les tringles doivent avoir 10 centimètres de plus que le tapis; les pitons se posent à 2 centimètres 1/2 en dehors du tapis. Cette pose, quoique simple, doit être faite par un ouvrier habitué à ce genre de travail, pour placer à coup sur les pitons, afin de ne pas dégrader l'escalier. Dans un escalier en pierre, les trous seront faits à la mèche et tamponnés de bois pour recevoir les pitons. Si l'escalier est en bois et que les tringles ne serrent pas assez le tapis on peut mettre quelque semences qui seront cachées par ces tringles. Si le tapis a un raccord il devra toujours se trouver dans l'angle d'une contre-marche. Si l'on ne voulait pas mettre de tringles à tapis, au lieu de clouer le tapis dans l'angle de la contre-marche on emploierait le moyen suivant: au fur et à mesure de la pose du tapis on fait coudre un galon ou une bande de toile forte comme bol-duc à l'envers du tapis, sur la ligne donnée par l'angle de la contre-marche, puis l'on pose sur ce galon une tringle plate en fer très mince, que l'on visse en maintenant bien le tapis dans l'angle de la contre-marche. Ce moyen augmente les frais de pose, mais donne un travail très soigné.

La pose dans un escalier tournant offre un peu plus de difficultés; comme pour l'escalier droit, on pose le tapis au milieu et on commence par le haut; on descend le tapis du côté du plus grand développement des marches, et l'on fait un rempli, sur la contre-marche, de la moquette en trop, pour retrouver la place du tapis au milieu de la marche suivante. Quand on place le piton du côté de ce rempli, il faut tenir compte de l'épaisseur du tapis, afin de pouvoir faire entrer la tringle dans le piton.

Les pitons et les tringles d'escaliers se font en cuivre poli ou verni, ou nickelé, on fait même des tringles en fer forgé suivant le caractère de l'escalier. On a inventé plusieurs sortes de pitons et de tringles d'un genre particulier, qui se trouvent facilement dans le commerce.

## COUPE SUR DES MARCHES CARRÉES
## OU ARRONDIES

### PLANCHE 12.

On recouvre rarement tout un escalier de tapis, mais on peut avoir à garnir plusieurs marches, soit d'une estrade, soit d'une entrée quelconque.

Pour les marches cintrées qu'il faudrait couvrir entièrement, on peut faire la coupe du tapis sur place en appointant et préparant le plus exactement possible le travail, que l'on terminerait à l'atelier, ou bien l'on prendrait le calibre exact en papier fort, de ces marches et contre-marches, et l'on ferait le travail à l'atelier, puis on fixerait le tout sur place.

On peut avoir à garnir de tapis une estrade de plusieurs marches.

La fig. 2 (pl. 12) est l'élévation par moitié, et la fig. 3, le plan également par moitié d'une estrade de trois marches, que nous supposons à angles vifs ou bien à coins arrondis. La fig. 4 représente le développement complet du tapis qui recouvrirait les marches carrées.

On placera toujours un lé au milieu d'une estrade ou de parties de marches quelconques. La ligne du milieu de l'estrade est donnée en $a\,d$ (fig. 4), ligne correspondante à celle A D du plan (fig. 3). Nous avons indiqué en $a\,x$ la moitié du lé du milieu, puis l'autre lé en entier indiqué par les lignes ponctuées $x\,x$, $h\,i\,x$. La hauteur des contre-marches de la façade se trouve naturellement comprise dans ce développement. Comme il faut toujours, dans le cas que nous expliquons, faire une couture à onglet, 1 C. (fig. 3), sur les marches et contre-marches, on aura à ajouter pour compléter le devant de l'estrade, une partie de lé comprenant les marches et contre-marches indiquées dans cette fig. 4 par les points $i$, $f$, $c$, $x$, points correspondants aux points I, F, C, X du plan (fig. 3). On assemblera les lés et on coupera à onglet le dessus des marches, on coupera verticalement les contre-marches en laissant la moquette nécessaire pour faire aisément la couture.

Pour le côté de l'estrade, on placera la moquette dans le même sens que celle de la façade, puis on assemblera les lés ou parties de lés suivant le développement nécessaire; mais il faut éviter, autant que possible, de placer une couture au milieu d'une marche; il faut la placer soit dans la contre-marche ou dans son angle, soit sur l'angle extérieur d'une marche, comme nous l'avons indiqué en $y$ $z$. On taillera la moquette comme on a fait pour l'autre partie. Puis on poserait tout le tapis en le clouant le plus soigneusement possible dans les angles des contre-marches.

Si le dessus des marches dépassait les contre-marches, il faudrait tenir compte de la saillie pour le développement général du tapis, qui se poserait de même façon et que l'on fixerait s'il était nécessaire sous le nez des marches comme la fig. 16 l'indique.

Si le tapis était à rayures, on taillerait séparément le dessus des marches et des contre-marches des côtés de l'estrade, afin que les rayures viennent bien se raccorder sur l'onglet 1 C. fig. 3, à celles de devant, puisque ces rayures doivent être la continuation de celles de la façade.

La fig. 5 donne le développement du tapis coupé suivant les coins arrondis indiqués dans le plan (fig. 3). Pour répéter ce développement, il faut le tracer par terre ou sur l'établi.

On peut disposer de trois façons différentes la coupe du tapis garnissant ces marches :

1° En faisant la couture à onglet, et en prenant, dans les lés placés comme pour la figure précédente, toutes les parties des quarts de cercle que l'on pourra y trouver, et en les taillant suivant la place qu'ils doivent occuper, puis en les complétant; les contre-marches de ces coins doivent toujours être rapportées.

2° En plaçant également la couture à onglet, mais en rapportant les quarts de cercle du dessus des marches de chaque côté de cette couture, comme il est indiqué fig. 5 par les lignes 2 *m*, 2 *p*, lignes correspondantes à celles K M, N P du plan (fig. 3).

3° En rapportant les quarts de cercle d'un seul morceau de tapis, ce qui supprime la couture à onglet, et ne laisse que les deux coutures 2 *m*, 2 *p* (fig. 5).

Pour tracer le développement du tapis avec les demi-quarts de cercle comme dans les deux premiers cas ci-dessus, on opérera ainsi :

Après avoir établi le plan *a x h* 2 2 *j* (fig. 5), dessus de la plate-forme et correspondant au plan A X H K N J (fig. 3), et avoir tracé le coin arrondi de ce plan avec le point de centre 1, on tracera de ce point une horizontale 1 *m*, et une verticale 1 *p*. On portera sur ces lignes la largeur des marches et des contre-marches que l'on indiquera par des parallèles. Les lignes extérieures des marches sont marquées dans cette fig. 5 par des lettres minuscules, correspondant aux lettres majuscules du plan (fig. 3).

Le développement des marches et contre-marches ainsi tracé, il faut trouver sur les lignes 1 *m*, 1 *p*, le centre des arcs des demi-quarts de cercle terminant la moitié du tapis de chaque côté de l'onglet. Pour trouver le centre des arcs de la première marche en descendant de l'estrade, il faut prendre la grandeur O 1 du plan (fig. 3), pour la porter du point *o* au point 2 (fig. 5); on tracera l'arc *o s* qui correspond à celui OS du plan, puis du même point 2 l'arc intérieur de cette marche. Pour la seconde marche prendre également la mesure P 1 du plan et la porter du point *p* au point 3 (fig. 5); tracer l'arc *t p*, qui correspond à celui TP du plan, et du même point de centre tracer l'arc intérieur de la marche.

On fera la répétition de ces opérations pour avoir de l'autre côté sur la ligne 1 *m* les points de centre des divers arcs. Tout le développement de cette demi-estrade sera placé moins les contre-marches dans les parties cintrées; il est facile de se rendre compte que l'on ne peut les trouver dans le tapis employé; on les coupera donc séparément.

Quand on coupera le tapis il faudra laisser tout autour des parties cintrées de quoi faire convenablement les coutures; on assemblera avec le plus de soin possible ces diverses fractions de tapis, et le tout viendra s'ajuster exactement sur les marches de l'estrade. On mettra des semences dans les angles des contre-marches afin de bien le retenir.

Si l'on veut rapporter en entier les quarts de cercle du dessus des marches, on les tracera entièrement des points de centre 2 et 3 sur des lignes $1m$, $1p$, et on les coupera dans des parties de tapis placées dans le même sens que tout l'ensemble.

Ces différentes manières de garnir ces marches s'appliquent suivant le genre du tapis employé et d'après le plus ou moins de façon que l'on veut y mettre.

La fig. 6 représente en plan par terre trois marches arrondies pour être placées dans un angle. Pour les garnir on coupera séparément le dessus des marches et la largeur des contre-marches dans les lés placés de face à cet angle, comme il est indiqué par les lignes XX, XX. La fig. 7 donne le développement complet de ces coupes, auxquelles on laisserait en plus la largeur nécessaire pour faire les coutures.

On garnit souvent des socles de meubles de différents genres de tapis : moquette, bistre, jaspé, même de peluche ou de velours, toujours en rapport avec le tapis de la pièce.

Les fig. 8, 9, 10 représentent les plans et la perspective d'un socle de commode, que l'on recouvre avec le plus de soin possible de façon à dissimuler les coutures des angles qui doivent être bien cousues. On peut, dans certains cas, recouvrir des marches comme le représente la fig. 15, on garnit d'abord les contre-marches, puis on cloue le tapis à l'envers sous le nez de la marche, on le retourne et l'arête sur le côté opposé de cette marche.

La fig. 11 est le plan d'une estrade ou marche de lit composé de quatre parties, et la figure 12 en est la vue perspective.

Le lit étant posé sur les marches des extrémités, on laissera suf-
fisamment de jeu entre elles pour que celles des côtés puissent se
reculer et s'avancer à volonté, pour pouvoir faire commodément le
lit et nettoyer le dessous.

Ces marches se font de bois fort et se garnissent de tapis en rapport avec l'ameublement.

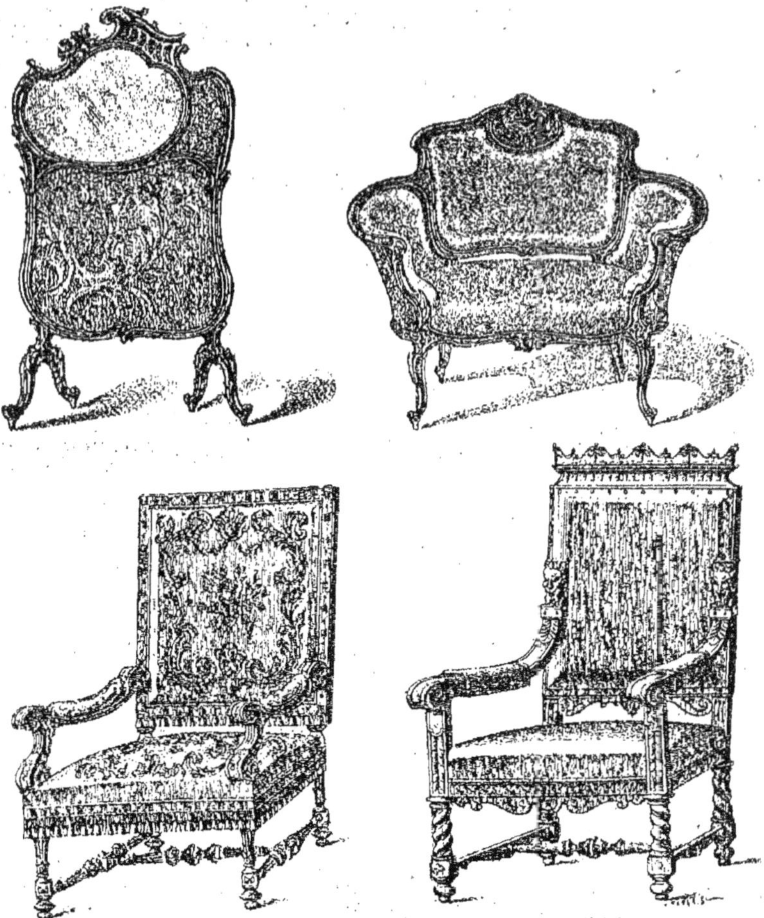

EXTRAIT DU « Mobilier d'art, 4<sup>e</sup> série, Sièges ». (Dessin réduit.)

Voir pages 7, 107, 157, 300 et 301.

# CHAPITRE IX

## TENTURES UNIE, PLISSÉE ET GRECQUE, PANNEAUX DE TENTURES, ETC.

### PLANCHES 13, 14, 15, 16, 17.

E tout temps, on a suspendu sur les murs intérieurs des habitations des étoffes ou des tapisseries. Les spécimens qui nous restent, des travaux si consciencieux des siècles précédents, ne se fixaient pas toujours à demeure, ils servaient de décoration, et masquaient en guise de portières ou de rideaux les ouvertures, portes ou fenêtres.

Ce n'était que dans certaines familles que l'on pouvait se permettre ce luxe d'étoffe ou de tapisserie ; mais aujourd'hui, le progrès de l'industrie met à la portée de beaucoup ce genre de décoration.

Le tapissier doit proposer une étoffe appropriée au genre de la pièce qu'il a à meubler ; il doit tout au moins, si l'on ne veut pas tendre les murs d'étoffe, assortir le papier de tenture aux étoffes employées pour les fenêtres et les portières.

Le choix de la tenture a toujours une grande importance, car il devra compléter le caractère de la pièce.

### TENTURE UNIE

Pour préparer les tentures on relève exactement les dimensions de chaque panneau ou partie de panneau haut et bas, en tenant compte des différences de mesures qui peuvent exister sur chaque côté d'une pièce, entre la corniche et le lambris. On se rendra compte de la quantité d'étoffe nécessaire, en préparant la disposition des lés sur les élévations géométrales ou côtés de la pièce que l'on dessine séparément, ou que l'on dispose comme fig. 4 (pl. 3). On commence par tracer les lés sur le côté de la pièce, où la tenture occupera le plus de place.

Règle générale : du moment que l'on peut voir une partie de tenture dans l'axe d'un panneau, soit au-dessus d'une porte ou d'un cadre de glace, il faut placer un lé au milieu de ce panneau, comme il est indiqué dans les élévations de la chambre, fig. 4 (pl. 3).

Ainsi, dans cette pièce, on indiquera la largeur des lés défalqués de leur couture ; d'abord au-dessus du milieu de la porte, puis de chaque côté, et enfin sur le côté de la cheminée au-dessus du cadre de la glace ; pour le côté des fenêtres, on placera un lé au milieu de l'entre-deux des fenêtres. Pour le côté du lit, le baldaquin et les rideaux masquant le milieu des panneaux, on peut ne disposer les lés que de chaque côté du baldaquin ; mais il vaut mieux, surtout lorsque l'étoffe est à dessins, les placer comme sur le panneau de la cheminée, car il faut toujours faire régner la plus grande symétrie entre les côtés parrallèles d'une pièce.

Pour les côtés des fenêtres, en général, si la distance entre les retours des galeries et l'angle de la pièce comporte plus d'un lé, il est préférable d'indiquer le lé en entier du côté de l'angle du mur, et d'ajouter une partie de lé, car l'ombre des rideaux cachera toujours la couture. Si l'étoffe est à dessins et que cette partie de panneau comporte plus de deux lés, il faut en placer un au milieu et des fractions de chaque côté, du reste, comme dans tout panneau isolé.

On indiquera donc sur les élévations toutes les lignes formant les coutures des lés, on aura ainsi la longueur de ces lés plus ou moins diminués par la place des portes, cadres, etc. Ces tracés donneront la quantité d'étoffe nécessaire pour couper et assembler la tenture de la pièce. Avant ce travail, il faut tenir compte du rétrécissement de l'étoffe, suivant le genre de celle que l'on emploiera. Ce sont les étoffes de soie qui rétrécissent ordinairement le plus, il est donc nécessaire de les laisser dépliées pendant quelque temps avant de les couper.

Toute tenture à dessins se règle par le haut, s'il y a des irrégularités dans les raccords elles seront plus accentuées vers le bas de la tenture, et pourront être masquées par les meubles.

Si l'étoffe est à deux motifs, il faut toujours disposer la tenture de façon à ce que le motif principal ne soit pas coupé dans le haut. Il vaut toujours mieux commencer la tenture par la moitié ou une partie du dessin secondaire.

Dans les panneaux de peu de hauteur, il faut que le motif principal de l'étoffe soit placé au milieu ou un peu plus haut que le milieu de ce panneau ; les autres dessins seront interrompus suivant l'encadrement.

Une fois les lés coupés en commençant par le même dessin, on choisit ceux qui se raccordent le mieux entre eux, puis on les assemble suivant la largeur des panneaux.

On tiendra compte dans toute tenture de quelques centimètres à laisser en plus, dans la hauteur totale, pour les remplis nécessaires à la pose.

Il est bien difficile d'éviter les pertes d'étoffe, lorsqu'une tenture doit commencer par le même dessin, mais comme tous les lés ne sont pas de même longueur, on peut intercaler les coupes de manière à ce qu'il n'y ait pas de perte.

Les coutures des tentures et en général des rideaux se font à la machine, ce qui donne un travail plus régulier que celui fait à la main.

Les coutures de velours demandent beaucoup de soin et se font à la main en rentrée ; on tire une ligne avec une épingle en suivant le fil et on coud du devant ; ainsi faites les coutures sont invisibles et d'une grande solidité.

## TENTURES AVEC DES APPLICATIONS.

On peut faire des tentures lisses avec toute sorte d'étoffe sur lesquelles on met des encadrements de galons ou de rubans, que l'on peut compléter par des applications d'ornements découpés en velours, en drap, etc. On fait aussi des panneaux avec des grands champs d'encadrement d'une étoffe différente comme couleur à celle du fond. On peut donner ainsi à une tenture d'étoffe ordinaire, avec quelques applications, un cachet artistique, par le bon gout du dessin adopté.

Nous donnons (pl. 13) des dispositions de galons dans les fig. 1 et 6, et des spécimens de culots d'angles en Renaissance et Louis XIII dans les fig. 1, 4, 5 ; celui placé dans la fig. 6 est Louis XIV et ceux des fig. 7 et 8 sont Louis XV. Les dessins de la fig. 11 sont des spécimens de palmettes et d'ornements genre néo-grec.

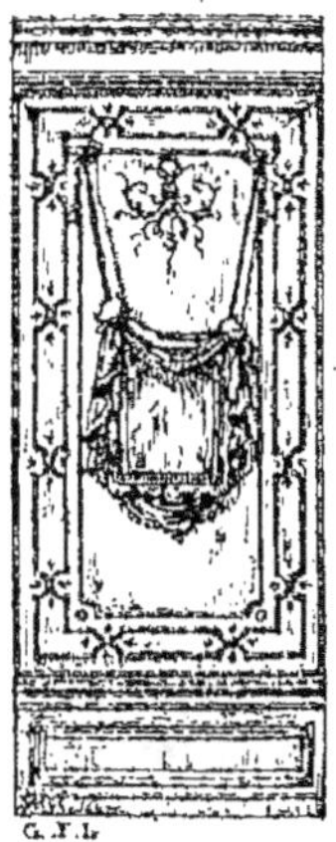

Tentures en applications.

On fait bien des genres d'applications, c'est surtout le talent de celui qui les dessine qui en constitue le mérite.

Il faut que ces applications soient proportionnées à la place qu'elles occupent sur la tenture, qu'elles ne soient pas trop détaillées et que l'on ait le soin de laisser entre chaque détail des feuilles d'ornements la place nécessaire à la soutache qui viendra les sertir, de façon à ce qu'elles se détachent avantageusement sur la tenture.

On fait d'abord le dessin bien arrêté des applications du panneau en entier ou des ornements des angles seuls, puis on le pique pour le poncer ensuite sur l'étoffe.

On prépare l'étoffe qui doit servir à ces applications en collant derrière une toile forte que l'on gommera plus tard au moment de les poser. On peut également préparer l'étoffe avec des feuilles de *gutta-percha*, et le contact d'un fer chaud fait adhérer de suite les applications.

Le dessin piqué sur l'étoffe ainsi préparée, on découpe les applications en suivant soigneusement tous les contours.

On assemble les lés devant former le panneau et on le tend sur l'établi ; on trace légèrement à la craie l'emplacement des encadrements, on peut poncer également le dessin des applications afin de les mettre bien en place. On appointe les rubans ou les galons formant les encadrements, puis on les coud à l'aiguille courbe ; on peut les coller au lieu de les coudre s'ils sont sertis de soutache. On place ensuite les ornements découpés que l'on colle au fur et à mesure.

Généralement on sertit de soutaches de couleur assortie les contours des ornements ou des rubans ; ce travail en somme est facile, mais il faut qu'il soit fait par une ouvrière habile et minutieuse qui sache bien suivre les contours des ornements afin de ne pas les défigurer.

Dans quelques maisons de tapisserie on fait ces applications à l'atelier au lieu de les donner au brodeur ; il est facile d'habituer quelques ouvrières à ce genre de travail, qui demande du soin, il est vrai, mais qui donne toujours des résultats intéressants lorsqu'il est bien compris. On fait également des applications de toutes sortes avec des vieilles broderies, des vieilles étoffes que l'on découpe et que l'on réapplique en les réunissant par des soutaches, des ornements, des feuilles, etc. Ces applications s'emploient alors aussi bien sur des parties de tenture que sur des meubles, lambrequins, coins de rideaux, et sont généralement d'un bon effet.

## POSE DES TENTURES LISSES.

Lorsque les murs d'une pièce ne sont pas unis, il est nécessaire de les couvrir d'abord d'une toile douce ou forte avant de placer la tenture. En cas d'humidité, on isole la tenture en fixant autour du panneau des bâtis en bois de 2 à 3 centimètres de large sur une faible épaisseur. Ces porte-tapisseries peuvent se faire par châssis rapportés suivant la disposition de la tenture.

Quand on emploie le lampas, la soierie ou le satin comme tenture, et quelquefois même pour les cretonnes et autres étoffes ordinaires, on pose d'abord un molleton qui, donnant un léger bombage au panneau, fait valoir l'étoffe et empêche cet aspect sec, résultat du tendage, qui fait ressembler la plus belle étoffe à un simple papier mural.

On accroche d'abord toute la tenture, afin de voir si les dispositions et les mesures sont exactes. On commence ensuite la pose d'un panneau quelconque en appointant le haut, après avoir fait un rempli régulier, et en tendant chaque lé dans sa largeur, mais sans tirer. Les lés ainsi placés, on trace au bas de la tenture la place correspondante des coutures au moyen du fil à plomb, afin qu'elles soient bien verticales ; on appointe les lés par le bas, on cloue entièrement tout le haut de la tenture, puis on appointe tout le bas en tendant convenablement de haut en bas. On appointe ensuite les côtés, on termine de clouer le bas, puis on cloue définitivement les côtés en tendant la tenture en travers.

On peut toujours commencer la pose d'un panneau en l'appointant sur tous les sens.

Si, dans un panneau, il y a un ou plusieurs montants à anglaiser, on appointe le premier montant et on dépointe la tenture afin de clouer définitivement l'anglaise ; s'il y en a d'autres, on procède de la même façon jusqu'à ce qu'ils soient tous cloués ; dans le cas où ils ne seraient pas tous du même côté, on pose ceux en sens inverse avec une anglaise cousue, c'est-à-dire que l'on cloue une bande de carton solidement par-dessus contre le montant, on rabat ensuite la bande d'étoffe de l'autre côté, et on appointe le panneau d'étoffe ensuite très soigneusement avec des épingles, afin de le coudre. Il est quelquefois préférable, lorsqu'un panneau contient plusieurs montants à anglaiser, de séparer le panneau en plusieurs morceaux aux endroits des dessus de porte, et, une fois posés, on les rassemble sur place à l'aiguille courbe. On évite ainsi le froissement de l'étoffe en retournant le panneau chaque fois pour clouer les anglaises.

On pose ensuite le câblé ou le galon, en dissimulant le mieux possible la tête des pointes. On emploie généralement un large galon pour décorer les tentures riches. Dans les angles on place une baguette triangulaire de la largeur du galon sur laquelle on le cloue, ou, si le galon est à jour, on le coud après avoir enveloppé la baguette d'étoffe semblable à la tenture.

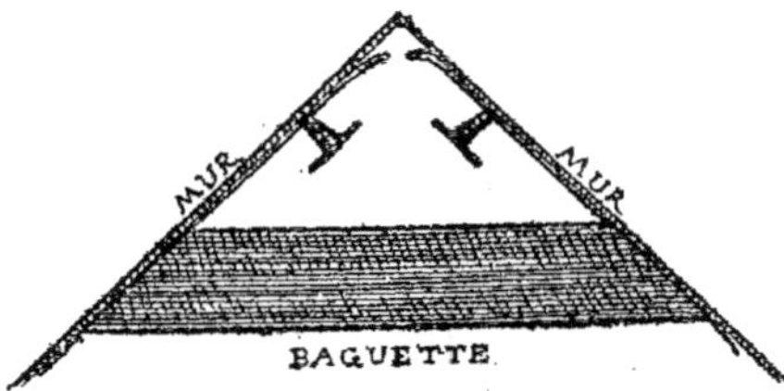


La forme de cette baguette d'angle est d'une grande importance, le vide derrière le triangle tronqué permet de ne pas enfoncer tout à fait les clous retenant la tenture, dont les têtes feraient des tirages dans les étoffes de soie ou à fond de satin.

Les bordures se cousent sur la tenture une fois posée, et, lorsqu'elles forment encadrement, elles doivent être assemblées à onglet.

Pour poser une tenture composée de plusieurs panneaux sans mettre de câblé ou de galon dans les angles sur les montants, il faut, une fois les lés assemblés, poser les montants de chaque panneau à l'anglaise. Pour cela, on relève exactement la largeur de chaque panneau, puis on coud à l'envers de la tenture, à l'angle des montants, un large ruban plié en deux, ou pour plus d'économie, un bol-duc; on pose la tenture en commençant par le panneau du milieu, on fixe le bol-duc au mur par quelques semences espacées, puis on rapporte et on cloue par-dessus les anglaises faites, de petites bandes de zinc ou de carton qui maintiennent la tenture dans l'angle du panneau; on continue de fixer les autres bol-ducs de la même manière. Pour arrêter les extrémités de la tenture sans mettre de câblé ou de galon, on fixe au mur des anglaises recouvertes de la même étoffe que la tenture, sur lesquelles on vient coudre les extrémités de cette tenture. C'est ainsi, du reste, que l'on fait toujours pour fixer la tenture le long des chambranles des portes.

Les portes sous tentures présentent quelques difficultés d'exécution et demandent beaucoup de soins : on commence par ajuster sur le haut et le montant de la porte ainsi que sur les parties dormantes des bandes de zinc garnies d'abord de toile, puis de l'étoffe de la tenture ; ces bandes doivent se joindre régulièrement, sans faire de saillies l'une sur l'autre ; on coud ensuite un galon sur tout le côté des charnières de la porte.

La tenture ayant été assemblée comme pour un panneau ordinaire, on coud un bol-duc à l'envers de l'étoffe sur la ligne indiquée par les charnières. On arrête la tenture par le haut, on coud le bol-duc au galon mis sur les charnières et on le fixe par une anglaise en zinc ou en carton pour bien retenir l'étoffe en place, qui, sans cette précaution, flotterait sur la porte lorsqu'on l'ouvrirait. On appointe entièrement la tenture sur tous les sens, puis on met tout autour du montant de la porte, l'étoffe étant déjà tenue par le bol-duc cloué au zinc, de fortes épingles pour retenir l'étoffe ; on la coupe ensuite avec précaution entre les bandes de zinc avec le couteau coupe-étoffe ; on fait un rempli aussi fin que possible que l'on coud soigneusement avec l'étoffe recouvrant les bandes de zinc.

Dans la disposition d'une tenture, pour ce cas, on cherchera à placer la couture d'un lé sur l'ouverture de la porte si les dessins de l'étoffe se raccordent facilement, la lisière de l'étoffe donnant de quoi faire le rempli plus commodément.

Si la couture d'un lé tombe juste sur la ligne des charnières, on peut rapporter l'étoffe nécessaire pour garnir la porte, ceci permet de prendre plus d'étoffe pour les autres remplis.

La pose d'une tenture dans une pièce circulaire exige beaucoup de précautions. Si on met des porte-tentures, il faut qu'ils soient très rapprochés ; une fois le molleton ou toile coucc bien tendu de haut en bas, on met une rangée de clous sur chaque porte-tenture sans tendre en largeur, afin de maintenir la forme ronde ; on coud ensuite à l'envers de la tenture quelques bol-ducs que l'on fait coudre au molleton. En tendant ferme de haut en bas, il faut faire attention au genre de l'étoffe, car si à mesure que l'on tend sur la hauteur elle se rétrécit sur la largeur, la tenture une fois posée serait guindée en travers.

On peut préparer des tentures de valeur ou des tapisseries, de façon à les enlever facilement ; pour cela on les double entièrement de toile forte et on laisse libre la doublure à 1 ou 2 centimètres tout autour, de sorte que l'on puisse clouer le bord de cette doublure sur le mur ; on rabat dessus le bord de la tenture, que l'on peut maintenir par quelques points ou par un galon, ou une baguette. On pourrait également mettre des œillets métalliques dans le bord de la doublure et les retenir avec des pointes à damas que l'on enfonce à moitié et que l'on couche sur l'œillet ; une tenture ainsi préparée pourra s'enlever à volonté sans aucun dommage.

## TENTURE FRONCÉE ET PLISSÉE.

Les tentures froncées et plissées se font avec des étoffes légères, transparentes même ou bien avec des cretonnes.

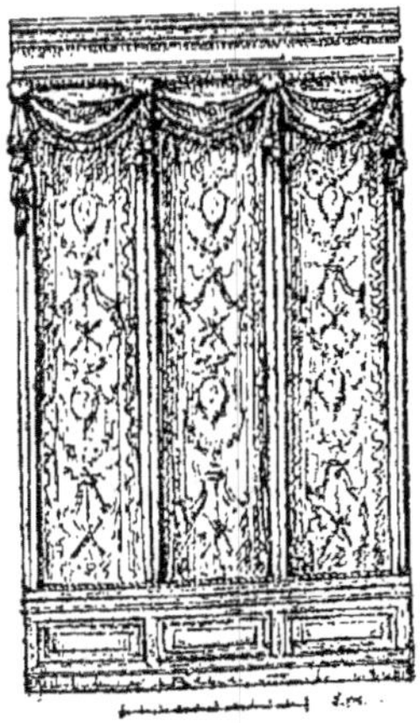
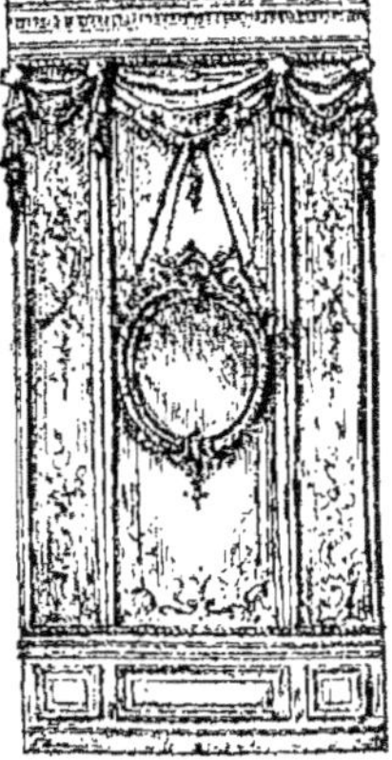



Tentures à plis.

L'ampleur en moyenne à donner est du tiers pour les étoffes apprêtées et du double pour les étoffes souples, comme la mousseline. On peut faire différents genres de décoration en fronçant régulièrement toute l'étoffe autour d'une pièce ou en la plissant seulement par places ; quelques étoffes se prêtent bien à ce genre de plissage, c'est au tapissier à choisir celle qui donnera le résultat le plus favorable.

Il est facile de se rendre compte de l'emploi nécessaire d'étoffe en additionnant la largeur totale de la tenture à l'ampleur convenue par chaque mètre d'étoffe.

Pour trouver l'ampleur proportionnelle à donner à des parties de tenture, on établit un angle de proportion suivant la largeur convenue par mètre de tenture. Si l'on veut donner 80 cent. d'ampleur par mètre de tenture on établira ainsi cet angle de proportion :

Soit (fig. 6, pl. 3) la verticale A B, représentant 1 mètre de tenture, décrire du point A comme centre, avec A B comme rayon, un arc indéfini, porter du point B sur cet arc la largeur de 80 cent., on aura le point C, joindre ce point C au point B et au point A ; l'angle de proportion sera tracé et l'on trouvera entre ces deux lignes l'ampleur à répartir suivant une mesure donnée. Si l'on veut savoir ce qu'il faudra d'étoffe en plus pour un panneau de 80 cent., porter cette mesure de A en D et tracer l'arc de cercle qui coupera en E la ligne C A, la longueur D E aura 65 cent. que l'on ajoutera à la largeur du panneau ; il faudra donc 1 m. 45 cent. d'étoffe pour garnir ce panneau. Si l'on a un panneau de 50 cent., on portera cette mesure de A en G, on tracera l'arc qui donnera le point H sur C A ; la ligne G H représentera 40 cent. à ajouter à la largeur du panneau pour faire les fronces.

On trouvera ainsi, d'après une ampleur déterminée, toutes les mesures à répartir suivant la largeur des panneaux.

Les plis des tentures froncées ou plissées doivent tomber bien verticalement, il est nécessaire pour obtenir ce résultat de couper d'abord l'étoffe en droit fil par le haut. On trace sur les galons, qui servent à froncer l'étoffe en haut et en bas, la place des lés tout plissés, on peut même indiquer plusieurs divisions pour répartir convenablement l'ampleur. On assemble les lés, on tend l'étoffe sur l'établi et l'on coupe la tenture à sa longueur exacte, sans tenir compte du droit fil, qui se trouve quelquefois déplacé par les coutures, puis on fronce l'étoffe régulièrement sur les galons.

Pour garnir une porte sous une tenture froncée, on taille deux morceaux de bois blanc dans la forme des plis, que l'on garnit d'étoffe, on les pose sur le haut et le dormant de la porte, puis on coud la tenture dessus.

Toute tenture plissée ou froncée doit se poser sur des porte-tapisseries, les plis se tendant mieux et étant d'un meilleur effet ainsi isolés du mur.

## PANNEAUX DE TENTURES.

### PLANCHE 15.

On peut faire les encadrements des panneaux de tenture en saillie, suivant le style de la pièce ou de l'étoffe qu'ils accompagnent. Ce genre d'encadrement doit être fait avec beaucoup de régularité.

Nous en donnons des spécimens dans la pl. 15 : Les dessins des fig. 1. 3 sont de style Louis XV, ainsi que les parties de panneaux fig. 4. 6. 7. 8. Le dessin fig. 2 montre deux dispositions de panneaux Louis XIV.

Les panneaux fig. 9. 10. 11 sont de style turc et mauresque et la fig. 12 un exemple d'encadrement capitonné à intérieur froncé.

Pour des panneaux Renaissance on ferait des encadrements droits ou à angles rentrés dans le genre de la fig. 6 (pl. 13).

Tous ces encadrements peuvent entourer des étoffes froncées ou tendues lisses ; on peut les décorer d'applications et les disposer pour motiver des draperies comme l'indique la fig. 2.

Ces encadrements se découpent dans des feuillets de bois blanc d'une épaisseur proportionnée à leur dimension, ordinairement de 1 cent. à 1 cent 1/2 et doivent être solidement assemblés ; leurs contours intérieurs se taillent à gorge ou à chaufrein, tout en laissant un petit carré sur la partie qui touchera la tenture. Il est nécessaire de les présenter sur place avant de les garnir d'étoffe, pour s'assurer de l'exactitude des mesures ; ces encadrements s'adaptent sur un châssis plus léger quand on isole la tenture du mur ; on les visse alors ensemble pour les poser. On garnit ces encadrements de velours, de peluche ou de drap suivant le genre de la décoration ;

quelques tapissiers font eux-mêmes ce travail, mais ordinairement on le fait exécuter par le gainier dont c'est plutôt la spécialité

On peut disposer des panneaux en saillie sur le nu d'un mur en laissant des champs tout autour ou bien entre les moulures ou ornements d'un panneaux; on établit pour cela des châssis dans le genre de ceux employés pour les toiles à tableaux. L'extérieur de ces châssis peut être taillé à gorge et carré; on les tend d'abord d'une toile douce, sur laquelle on peut mettre une couche de ouate afin de donner un léger bombage au panneau : on entoure ces panneaux d'une ganse que l'on place contre le carré extérieur du châssis.

Ce genre de panneau fait de jolies dispositions avec les champs qui les entourent et que l'on met d'étoffe différente à celle de la tenture.

On fait également des panneaux capitonnés pour diverses pièces, mais il faut employer cette sorte de décoration avec discernement; quand les panneaux ne sont pas très grands on peut les capitonner en entier, mais s'ils sont d'une certaine dimension il vaut mieux les diviser (fig. 5, pl. 15). En tout cas les capitons sur les murs ne doivent jamais être espacés et n'avoir pas beaucoup de saillie.

Le capiton serait plus à sa place sur des parties basses de lambris divisées par de petits panneaux, au-dessous d'une tenture en étoffe.

Quand ce sont des panneaux entièrement capitonnés, on les prépare sur des châssis tendus de toile assez forte, on met une couche de ouate ou de crin puis on capitonne avec l'étoffe en mettant les boutons ou en indiquant les losanges par une soutache apparente. Pour des panneaux dans le genre de celui dessiné fig. 5 on tend la toile sur la partie de châssis qui recevra les capitons et l'on opère comme ci-dessus.

Les parties capitonnées, lorsqu'elles sont entre des champs unis, de même que tout panneau en saillie, doivent être encadrées d'une petite ganse ou d'une lézarde de couleur assortie à l'étoffe.

On fait également des encadrements capitonnés, mais les capitons doivent être très légers et peu espacés. On trace les losanges sur le bois de l'encadrement que l'on perce à la place de chaque bouton;

on met une couche de ouate ou de crin suivant la saillie convenable
et on capitonne avec l'étoffe ; on rabat celle-ci sur les contours intérieurs de l'encadrement et l'on termine par une petite gause qui borde
le tour.

## PANS COUPÉS, VOUSSURES, PLAFONDS TENDUS.

### PLANCHE 16.

Pour faire un ensemble d'une certaine richesse, en plus des tentures que l'on met sur les murs, on peut avoir à garnir d'étoffe les
pans coupés ou les voussures d'une pièce ainsi que le plafond.

Les pièces que l'on décore ainsi ne sont ordinairement pas d'une
grande dimension ; il faut donc chercher dans tout ensemble de ce
genre à répartir convenablement des parties lisses et des parties
plissées pour ne pas faire une décoration d'aspect trop lourd ; ainsi
lorsque la tenture est froncée on peut faire les pans coupés lisses et
et le plafond froncé.

Ces décorations peuvent se faire de différentes étoffes en harmonie de couleur entre elles, pourvu qu'elles soient d'apparence
légère.

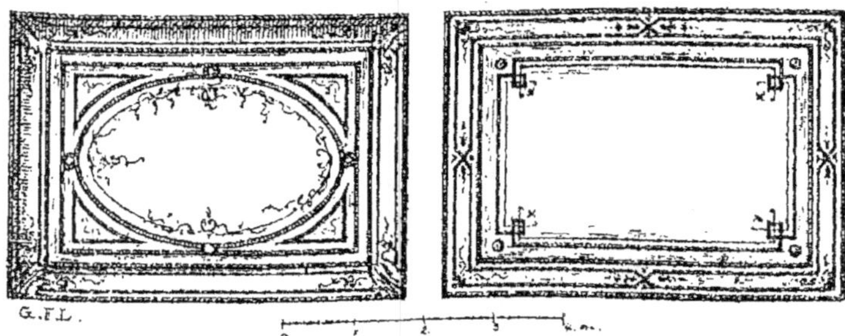


Plafonds en applications style Louis XIII et Louis XIV.

Il est d'un bel effet d'exécuter le plafond avec des champs unis et
de donner différentes formes aux parties plissées de ce plafond, dans
le genre des fig. 9 et 10 (pl. 16). Les pans coupés peuvent être garnis
d'applications ou se faire en étoffe froncée. Sous les pans coupés et

9

les voussures, on peut mettre un lambrequin plus ou moins important suivant la hauteur de la pièce.

Les pans coupés, fig. 1 et 2 (pl. 16), sont des modèles unis et froncés avec franges et volants. Les fig. 3 et 4 sont des petites voussures à talon renversé que l'on emploie pour les intérieurs de baldaquin.

La fig. 5 représente une voussure formée par un quart de cercle accompagnée d'un lambrequin de style Louis XV.

Le pan coupé (fig. 6), dont le bas est arrondi, est accompagné d'une draperie de style Louis XVI.

Les draperies peuvent se disposer comme nous l'indiquons fig. 2 (pl. 13), un peu plus longues aux extrémités de chaque panneau avec des chutes.

Les voussures avec lambrequins (fig. 7 et 8), sont de style Louis XIV.

On fait quelquefois des voussures capitonnées, mais nous ne conseillons pas ce mode de décoration ; le capiton n'ayant de raison d'être que sur des sièges ou des parties basses de lambris.

Pour exécuter ces pans coupés et ces voussures, on établit des châssis légers en bois blanc, que l'on ajuste sur place avant de les garnir ; si l'on y ajoute un lambrequin ou un bandeau quelconque, il faut leur donner une petite saillie sur le nu de la tenture, de façon à les laisser retomber d'aplomb. Pour les pans coupés ce sont des châssis à plat, terminés aux extrémités suivant la coupe nécessaire à leur inclinaison, comme nous l'indiquons dans la pl. 17.

Les voussures se forment avec des parties de bois découpé, suivant le mouvement adopté, que l'on place de distance en distance entre les tringles de bois formant le haut et le bas de la voussure ; on cloue sur le tout une toile ou bien l'on colle des feuilles de carton.

Les extrémités de ces voussures se construisent suivant la courbe et suivant l'angle où elles se placent, afin de former exactement la corniche autour de la pièce.

Il faut toujours ajuster sur place toutes ces voussures, avec le châssis qui formera le plafond.

Les démonstrations de la pl. 17 servent pour la construction de ces pans coupés et voussures, et donnent également l'emploi et la coupe de l'étoffe dont on les garnit.

Le développement des plafonds plissés étant le même que celui des baldaquins plissés, on en trouvera la démonstration et la coupe au chapitre 12. On complète ces voussures par des galons ou des cablés, afin de masquer le départ des lambrequins et les joints des châssis.

### PAN COUPÉ GARNI D'ÉTOFFE FRONCÉE (fig. 11, 12, 13, 14, pl. 16).

La fig. 11 est le plan par terre, mais sans être développé, d'un pan coupé à angle droit, sur lequel on veut mettre une mousseline froncée.

On trace d'abord le développement du pan coupé avec la coupe de son angle : porter de C en D (fig. 12) la largeur du plan (fig. 11) ; du point D, sur une verticale porter en E la hauteur de ce pan coupé, joindre les points C, E, ce qui donnera le développement du pan, et reporter cette grandeur C E entre deux lignes parallèles G H, K J (fig. 13).

Porter de D en F (fig. 12) la ligne A B bissectrice de l'angle du plan, et joindre ce point F au point E, cette ligne sera la longueur de la coupe de cet angle, qu'on reportera de G en K sur l'extrémité des lignes G H, K J. Le plan G H J K sera donc le développement de la moitié ou d'une partie d'un pan coupé avec un de ses angles. Diviser ces deux lignes G H, K J en un même nombre de parties, soit en 16 divisions chacune ; joindre ces divisions entre elles, on aura des lignes qui deviendront plus obliques en approchant de l'angle de ce pan coupé, et qui représenteront les fronces de la mousseline.

Pour avoir le développement de l'étoffe qui se coupe toujours en droit fil, on portera sur une ligne horizontale (fig. 14) les 16 divisions de la ligne GH (fig. 13), mais augmentées chacune de l'ampleur d'étoffe nécessaire pour faire les fronces ; de ces points, on abaissera des verticales, et sur chaque verticale on portera la grandeur des lignes correspondantes de la fig. 13, qui donne la mesure de l'étoffe aux points de division.

Ces lignes seront moins longues à mesure qu'elles se rapprocheront de la ligne 16, milieu du pan coupé. En joignant toutes ces lignes entre elles, on obtient une ligne courbe, qui est la ligne de coupe de l'étoffe.

## DÉMONSTRATION DE LA COUPE DES ANGLES DES PANS COUPÉS ET DES VOUSSURES.

### PLANCHE 17.

#### PAN COUPÉ A ANGLE DROIT (fig. 1, 2, 3, pl. 17).

La fig. 1 étant donnée comme plan par terre d'un pan coupé à angle droit, mais qui n'est pas développé, on en cherchera d'abord le développement, puis ensuite la ligne oblique formant la coupe de son extrémité, suivant l'angle droit formé par les côtés d'une pièce.

Sur une ligne horizontale CD (fig. 2), équivalente à la largeur du plan (fig. 1), tracer une verticale et porter au point E la hauteur que l'on veut donner à ce pan coupé, joindre le point E au point C ; cette ligne CE sera la largeur du pan développé. Porter cette mesure CE entre deux parallèles G H, I J (fig. 3). Il faut maintenant trouver la ligne oblique, qui donnera la coupe d'onglet de ce pan coupé ; pour cela porter de D en F (fig. 2) la ligne AB bissectrice de l'angle droit du plan (fig. 1), et joindre ce point F au point E, porter ensuite cette mesure FE, du point G (fig. 3) au point K, sur la ligne JI, prolongée à gauche.

*Remarque.* — La grandeur IK correspond à la mesure C D (fig. 2) largeur du pan sans développement. On aurait donc pu porter de suite cette mesure C D en I K puis joindre K G qui est égal à la grandeur F E, ce qui vérifie bien la première opération.

Le plan G H J I K (fig. 3) sera donc l'extrémité d'un pan coupé développé, auquel on donnera la longueur nécessaire pour garnir une corniche suivant une dimension donnée, l'autre extrémité de ce pan coupé devra également être taillée suivant la ligne oblique K G mais en sens inverse ainsi que les trois autres pans pour former corniche complète autour d'une pièce rectangulaire.

VOUSSURE FORMÉE PAR UN QUART DE CERCLE (fig. 4 et 5, pl. 17).

Pour avoir le développement d'une corniche formant un quart de cercle, on opérerait ainsi :

Diviser ce quart de cercle en un nombre quelconque de parties égales, soit en 10 parties, comme fig. 5 ; sur le point A, point de centre du quart de cercle, élever une perpendiculaire indéfinie sur laquelle on portera les dix divisions du quart de cercle. Cette mesure du point A au point 10, sur cette perpendiculaire, sera le développement du quart de cercle ou largeur de l'étoffe dont on garnira cette voussure.

Pour avoir maintenant la coupe d'onglet ou à angle droit de ce quart de cercle . des points de division 1, 2, 3, 4, 5, 6, 7, 8, 9, 10, mener vers la gauche des horizontales parallèles et des points de division du quart de cercle, élever des verticales à la rencontre de ces parallèles. Les points de rencontre de ces verticales et de ces parallèles donneront les points marqués également 1, 2, 3, 4, 5, 6, 7, 8, 9, 10, points par lesquels on fera passer la courbe qui sera la ligne de coupe de la voussure et de l'étoffe. Les lignes verticales ont été abaissées sur la ligne de terre pour bien faire comprendre ce tracé, mais dans la pratique on peut ne les élever qu'à partir du quart de cercle.

VOUSSURE FORMÉE PAR UNE DEMI-ANSE DE PANIER (fig. 6 et 7, pl. 17).

Pour trouver le développement et la coupe à angle droit de cette voussure, on opérerait absolument de la même manière que pour la figure précédente. La fig. 7 est, du reste, le tracé du développement de cette voussure en anse de panier.

PAN COUPÉ A ANGLE OBTUS (fig. 8, 9, 10, 11, pl. 17)

La ligne A B étant donnée comme bissectrice de cet angle, porter de D en C (fig. 8) la largeur L B du plan (fig. 9) ; la hauteur D E étant donnée, joindre C, E, cette ligne sera le développement de ce pan coupé ; porter cette mesure en G H (fig. 10) ; porter sur l'horizontale D C prolongée au point F (fig. 8) la bissectrice A B du plan (fig. 9), joindre le point F au point E, cette ligne sera la longueur de la coupe de l'angle, la porter de G en K (fig. 10) à gauche du point H; on aura ainsi la coupe de ce pan coupé à angle obtus.

Si la base de ce pan coupé était arrondie suivant l'arc L L (fig 9), on opérerait ainsi : porter la largeur G H (fig. 10) sur une verticale P R (fig. 11) et la mesure H K de P en O; joindre ce point O au point R, établir sur cette ligne OR qui est la coupe du pan coupé l'autre côté de ce pan et pour cela tracer du point O en S un arc de la grandeur OP, puis du point R comme centre, tracer l'arc P S; du point O, et par l'intersection S des deux arcs que l'on vient de tracer, mener une ligne qui sera l'autre côté du pan ; tracer une parallèle à cette dernière en portant du point T, par un arc de cercle, une grandeur équivalente à celle PR; mener du point R une tangente à cet arc, on aura le point V, les deux côtés du pan seront développés avec l'angle arrondi.

### PAN COUPÉ PLAT A GRAND COIN ROND ET A ANGLE DROIT
#### (fig. 12 et 13, pl. 17).

Diviser le quart de cercle B C (fig. 12) en un nombre de parties égales, soit en 12 parties. Tous ces pans coupés étant établis suivant la même inclinaison, il sera facile d'établir le développement de celui-ci, comme on a fait pour les précédents. La verticale P O (fig. 13) sera donc la mesure du développement de ce pan; du point O avec une ouverture de compas égale à OP, tracer un arc de cerc e sur lequel on portera les douzes divisions de la fig. 12. Ces divisions donneront le point R que l'on joindra au point O et l'on pourra établir sur cette ligne O R l'autre côté du pan coupé.

### PAN COUPÉ PLAT DONT LE HAUT ET LE BAS SONT ARRONDIS
#### (fig. 14 et 15, pl. 17).

Le point A est le point de centre des quarts de cercle formant l'angle de ce pan coupé. Diviser le quart de cercle B C en 14 parties, plus les divisions sont petites, plus on a d'exactitude. Des points A, D, C abaisser des verticales indéfinies : sur la verticale abaissée du point D, porter la grandeur E F qui représente l'inclinaison de ce pan coupé; tracer une horizontale de ce point F à la rencontre de la verticale abaissée du point C, on aura le point G; joindre G E ligne qui sera le développement de ce pan coupé ; porter cette grandeur G E sur une verticale indéfinie de L en M (fig. 15). Prolonger G E (fig. 14) jusqu'à la rencontre de la verticale abaissée du point A, on aura la ligne G H qui représente le rayon du quart de cercle de l'angle de ce pan selon l'inclinaison donnée en E F. On portera donc ce rayon G H de L en O (fig. 15). De ce point O (fig. 15) comme centre tracer du point L un arc de cercle indéfini sur lequel on portera les quatorze divisions comprises entre B C (fig. 14). Ces divisions donneront le point P que l'on joindra au point O, puis tracer l'arc M R ; tracer perpendiculairement à cette ligne O P des points R, P les lignes extérieures du pan coupé. La fig. 15 représente donc le développement complet de l'angle de ce pan coupé arrondi haut et bas.

Si au lieu d'un pan coupé plat on voulait établir une voussure formée par un quart de cercle avec les coins arrondis, comme l'indique en plan cette fig. 14, on opérerait ainsi : joindre les divisions du quart de cercle B C au point de centre A, diviser le quart de cercle C K, placé dans la fig. 14, qui représente le profil de cette voussure, en un nombre de parties égales, soit en 6 parties ; abaisser de ces points de division des verticales sur D C, on aura les poins 1. 2. 3. 4. 5, puis de ces points avec A comme centre, tracer des quarts de cercle. Cette fig. 14 se trouve donc divisée d'abord en fuseaux, puis par des quarts de cercle qui vont aider à développer ces fuseaux. Pour cela, porter sur une ligne A B (fig. 21) deux des divisions du quart de cercle B C (fig. 14), élever sur ces points A B (fig. 21) des verticales indéfinies ; porter sur ces verticales les six divisions du quart de cercle C K, ce qui donne les lignes parallèles 5. 4. 3. 2. 1. Diviser A B en deux parties par une verticale, porter chaque division du fuseau Z C (fig. 14) entre ces lignes ; c z correspondra à la base A B de la fig. 21, puis porter successivement $y$ 5, $x$ 4, $v$ 3, $u$ 2, $t$ 1, S D de la fig. 14 sur les lignes 5. 4. 3. 2. 1. 0. de la fig. 21, de chaque côté de la verticale milieu de la base A B. On fera passer un trait par ces points, le développement du fuseau sphérique sera tracé ; il faudra donc sept fuseaux équivalents à celui-ci pour développer tout l'angle de cette voussure. On aurait pu tracer les fuseaux des quatorze divisions de la fig. 14, mais c'est pour simplifier que nous avons pris deux divisions pour un seul fuseau.

### VOUSSURE A COIN ROND FORMÉE PAR UN QUART DE CERCLE
### (fig 18, 19, 20, pl. 17).

Cette démonstration repose, comme la précédente, sur le développement de la sphère en fuseau. Le plan est donné en ABC (fg. 18) et le profil en DE (fig. 19), formé par un quart de cercle : diviser ce quart de cercle en huit parties égales et de ces divisions abaisser des verticales à la rencontre de la ligne AC du plan (fig. 18), on aura les points 1.2.3.4.5.6.7. Du point A, centre du quart de cercle, tracer des arcs de chacun de ces points. Le quart de cercle BC ayant été divisé par les verticales abaissées de la fig. 19, on a donc les points $e$, $f$, $g$, $h$, $i$, $j$, K, que l'on joindra au point de centre A. Sur la ligne AB (fig. 20) porter les huit divisions du quart de cercle BC, on aura les points correspondants $e$, $f$, $g$, $h$, $i$, $j$, K, élever des verticales sur ces points et diviser chaque intervalle par le milieu. Porter sur ces verticales les huit divisions du quart de cercle DE (fig. 19), tracer les parallèles 7, 6, 5, 4, 3, 2, 1, 0 qui correspondent aux points 7.6.5.4.3.2.1 de la fig. 18. On n'aura plus qu'à tracer les fuseaux comme il a été fait pour les fig. 14 et 21.

### VOUSSURE A TALON RENVERSÉ (fig. 16 et 17, pl. 17).

Cette voussure est formée par deux quarts de cercle, dont le point de centre de l'un est sur le milieu de la ligne AB (fig. 16), et l'autre en dehors de la figure, tous deux indiqués par une croix. Pour avoir la coupe à angle droit de cette voussure, on opérera comme on a fait pour les fig. 5 et 7. Il est facile, du reste, de l'établir avec les divisions numérotées de cette fig. 16.

Si l'on voulait établir la ligne de coupe de cette voussure suivant un angle obtus, on opérerait ainsi : continuer l'horizontale AB (fig. 16) en GH (fig. 17). Des points de division de la courbe (fig. 16), abaisser des verticales jusqu'à la rencontre de la ligne oblique CD bissectrice d'un angle droit. Des points trouvés sur cette oblique CD mener des parallèles horizontales à la rencontre de la ligne oblique EF, ligne de coupe d'un angle obtus. Du point F, élever une verticale indéfinie qui passera sur GH, base de la fig. 17. De ce point H porter sur cette verticale les douze divisions de la courbe de la fig. 16 en continuant les parallèles menées du point A au point 12 de cette figure. Des points de rencontre sur l'oblique EF (fig. 17), des parallèles horizontales que l'on a tracées, élever des verticales qui rencontreront les parallèles horizontales précédentes ; par ces points de rencontre, on fera passer une ligne qui sera la ligne de coupe cherchée suivant la ligne oblique EF.

## TENTURE GRECQUE OÚ A L'ANTIQUE

Le principe de cette tenture est la base fondamentale de tout genre de rideaux drapés et même de draperies, puisque c'est toujours sur une ligne d'emplissage proportionnée à l'ampleur à donner aux plis que l'on fronce l'étoffe.

On peut appliquer dans toute sorte de cas ce genre de tentures, aussi bien dans des appartements que dans des grandes salles, comme on le voit journellement dans les expositions, salles de théâtre, etc., par petites ou par grandes parties.

L'ampleur nécessaire en hauteur et largeur pour draper les tentures peut varier selon le genre d'étoffe et l'effet que l'on veut obtenir des plis ; c'est la pratique seule qui décidera le tapissier à la distribuer convenablement. Les étoffes employées pour ces tentures se coupent toujours en droit fil ; dans bien des cas on drape ainsi des tentures sans aucunement les entailler, ce qui est facile du reste surtout si l'étoffe est souple. Voici comment nous avons réparti les ampleurs nécessaires pour draper la tenture représentée fig. 3 pl. 13.

Le grand panneau de cette figure ayant 2 m. 60 cent. de largeur sur 3 m. 20 cent. de hauteur nous avons mis 30 cent. pour l'ampleur des plis galbés et 25 cent. d'ampleur pour la largeur de chaque pli vertical, ce qui donne un emploi d'étoffe de 3 m. 60 cent. de large sur 3 m. 50 cent. de hauteur, comme l'indique le tracé de la fig. 10, dessinée à une plus petite échelle. L'ampleur mise ici est donnée comme minimum, il vaut mieux mettre davantage. On fronce l'étoffe sur les échancrures, on l'arrête en la cousant, on dispose derrière le pli un ruban pour la fixer au mur sur un clou à crochet.

Le chou se rapporte ordinairement, mais dans une étoffe souple on peut le prendre à même la tenture.

Les draperies à l'antique de la fenêtre (fig. 3) se disposent de la même façon. Pour donner à cette décoration la hauteur de 55 cent. toute exécutée sur 1 m. 70 cent. de largeur, nous avons mis, comme pour la tenture, 30 cent. d'ampleur en hauteur et 20 cent. pour chaque pli en largeur, ce qui, ajouté aux mesures précédentes, donne 85 cent. pour la hauteur de l'étoffe et 2 m. 50 cent. de largeur (fig. 9).

Le fond de lit (fig. 1, pl. 14) est un exemple de tenture à l'antique dont la démonstration donnée par les fig. 2, 3 et 4 peut servir de base pour toute espèce de tenture.

Le plan ABCDE (fig. 2) est la moitié de l'étoffe nécessaire pour développer cette tenture. La longueur du point A au premier point 4 indique la moitié de la largeur de la tête telle qu'elle sera entre le premier pli. De ce point 4 au second point 4 nous avons mis 30 cent. pour l'ampleur en largeur, puis de ce second point 4 au troisième la largeur de la tête entre les deux plis, puis du troisième point 4 au point B il y a 45 cent. d'ampleur, 15 cent. pour le pli et le reste pour le côté cintré de ce fond de lit, sur lequel les rideaux du lit viennent se draper en suivant le contour.

Les échancrures de cette tenture ont 50 cent. de hauteur, afin de les draper d'une manière très étoffée, les points 1. 2. 3. 4. des échancrures ainsi que les divisions entre ces points indiquent la place et la grandeur des plis à former ; on les dispose comme sur la fig. 3, dessinée double de grandeur du plan (fig. 2), puis on les laisse retomber derrière l'étoffe, après avoir formé le pli vertical, toujours comme fig. 3 ; ces plis, bien cousus, feront l'effet de la fig. 4, représentant l'envers de la tenture et l'effet de la fig. 1 représentant l'endroit.

Le paravent (fig. 7) est un exemple de tenture grecque également, dont les plis sont disposés toujours de la même manière, mais en tenant compte de la différence de hauteur de l'une à l'autre partie.

La fig. 8 est une partie de châssis cintré pour recevoir cette tenture.

Les rideaux de cette planche sont également drapés par ces mêmes principes ; nous en expliquons les coupes dans le chapitre 11.

# CHAPITRE X

RIDEAUX, COUPE DES RIDEAUX FRONCÉS
ET PLISSÉS, TÊTES, GALERIES, LAMBREQUINS.

PLANCHES 18, 19, 20, 21, 22, 23, 24 et 25.

OUTE décoration de fenêtre de moyenne grandeur doit représenter en largeur au moins la
moitié de la hauteur totale; et, comme il faut
donner à la galerie ou au bâton 10 centimètres en plus, au minimum, de chaque côté
de la baie pour dégager l'ouverture de la
fenêtre, on modifie, s'il est nécessaire, la me-
sure donnée, par ces 20 centimètres et la largeur de la baie, afin
d'arriver autant que possible à la proportion dont nous parlons.

Du moment qu'une fenêtre atteint de 3 à 4 mètres de hauteur, la
largeur doit être un peu moins grande que la moitié de cette hauteur, proportion encore soumise au style de la décoration ; ainsi on
fera toujours un décor Louis XVI moins large qu'un décor de style
Louis XIV.

Il y a beaucoup de fenêtres dont la largeur ne permet pas d'obtenir
ces proportions; on en étudiera la décoration afin de ne pas en rendre
l'aspect trop lourd, point essentiel et qu'il ne faut jamais perdre de
vue en tapisserie.

Toutes garnitures de fenêtre, galerie, bâtons, ou rideaux à têtes flamandes, se placent au-dessus de l'embrasure de la fenêtre et au-dessous de la corniche; on ne doit faire toucher la décoration au plafond que lorsque l'appartement est très bas; tous les rideaux de fenêtres doivent fonctionner sur des tringles avec poulies, ou sur des bâtons creux ou tubes.

Les rideaux de portières se fixent généralement à demeure, sur des galeries recouvertes d'étoffe, et se placent un peu plus haut que les chambranles de la porte; quand la pièce n'est pas élevée, on les place au même niveau que ceux des fenêtres. On peut ne mettre qu'un seul grand rideau et une pente droite, comme fig. 7, pl. 18; ou bien deux rideaux croisés et relevés irrégulièrement; comme fig. 9 ; ces rideaux se relèvent toujours assez haut, en leur faisant former quelques beaux plis ; c'est surtout pour les portières qu'il faut appliquer les façons de draper les rideaux, dont nous parlons dans le chapitre 11.

## COUPE DES RIDEAUX.

Les étoffes tissées, telles que le damas, le satin, le velours, les peluches, les reps et autres lainages, se coupent au droit fil. Les étoffes imprimées de tout genre et les étoffes de fil ou de coton, se coupent à l'équerre. Pour raccorder les lés avec exactitude et les faire tomber verticalement, il faut quelquefois en couper les lisières.

Les rideaux doivent être assez longs pour tomber sur le parquet en traînant un peu ; s'ils sont garnis de franges, l'effet n'en sera que plus beau. Quand une fenêtre a moins de 3 mètres, on coupe souvent les rideaux sur cette mesure, et on rentre le surplus, de façon à ce qu'ils puissent resservir dans un appartement plus élevé.

Pour toutes espèces de rideaux, il faut mettre en plus de leur longueur 3 centimètres au moins, pour le froncé de la tête, 10 centimètres pour les rentrées, et pour les étoffes de laine, lasting, imberline, damas, satin français, de 15 à 20 centimètres sur une mesure de 3 mètres, pour le rétrécissement général du rideau. Rétrécissement dont il faut tenir bien compte, et qui est occasionné par le genre de l'étoffe, la couture des lés et les doublures.

Pour l'ampleur des rideaux, elle peut varier suivant la largeur des lés d'étoffe : elle peut être du tiers au moins, jusqu'au double de la largeur des rideaux.

Pour une fenêtre simple à bâton (fig. 2, pl. 18), de 1 m. 50 cent. de largeur, on mettra deux lés de 80 cent. par rideau, ou un lé en étoffe de 1 m. 30 cent. Pour une fenêtre à tête flamande de 1 m. 60 cent. (fig. 1), si on emploie deux lés de 80 cent. par rideau, on peut faire les têtes à même le rideau, mais, s'il fallait employer un lé d'étoffe en 1 m. 30 cent., on rapporterait un quart ou même un demi-lé, pour les faire à même ; si l'on ne veut employer qu'un lé, on les rapportera comme on fait, du reste, le plus souvent.

Quand la tête des rideaux est cachée par une galerie à franges, ou par un bandeau ou lambrequin, ils peuvent avoir un peu moins d'ampleur.

Les étoffes de soie ne se coupent ordinairement pas par demi-lé, quand elles sont en petite largeur ; on ne doit jamais couper, du reste, par demi-lé les damas de Lyon, les lampas ou les brocatelles.

En général, il vaut mieux laisser plus d'ampleur qu'il ne faut aux rideaux, plutôt que de les faire trop étroits.

Les rideaux en étoffe légère, mousseline, tulles, doivent avoir au moins le double d'ampleur de ceux en étoffe ordinaire.

Les doublures doivent être placées dans le même sens que les étoffes, et les points de glacis se font sur des lignes verticales, distantes les unes des autres de 15 centimètres environ.

Les rideaux des fenêtres et des portières se doublent de molleton, ce qui en augmente l'apparence, et les rideaux de lit en finette. On double les rideaux après ou avant de les garnir de leur passementerie suivant la commodité du travail.

On règle les rideaux lorsqu'ils sont terminés sur leurs trois côtés ; on détermine la mesure exacte sur un des rideaux et on coupe tous les autres sur celui-là.

On termine la tête en y fixant très solidement les doublures par un ruban que l'on coud à plat ; on fronce en même temps le rideau sur ce ruban, ou on forme les plis suivant sa destination. On place ensuite les anneaux ou les agrafes suivant l'endroit où il sera placé.

Pour la pose des rideaux de fenêtres, leur longueur donne de suite au villier la hauteur où ils doivent être placés ; et pour la pose et l'ajustement des tringles, poulies, garnitures de bâton, on place, au bas de la fenêtre, le bâton ou les tringles, et au moyen du fil à plomb, on détermine leur emplacement exact.

Pour poser une galerie, après avoir placé les poulies et la première patte, on la fixe provisoirement sur cette patte pour tracer l'emplacement de la seconde, la galerie doit être entrée en forçant entre les pattes, que l'on fixe par de forts pitons.

## COUPE DES RIDEAUX FRONCÉS OU PLISSÉS.

### PLANCHES 19 et 20.

#### RIDEAU FRONCÉ SUR UNE LIGNE OBLIQUE (fig. 2, pl. 19).

La ligne DB représente la largeur d'un rideau quelconque ; et la ligne AB, la ligne oblique sur laquelle on doit froncer la tête de ce rideau.

La mesure DBC étant donnée comme largeur de l'étoffe à employer, on joindra le point C au point A, cette ligne représentera la ligne de coupe de la tête du rideau à froncer sur un ruban de la longueur de la ligne AB. Pour répartir d'une façon égale sur la ligne AB la ligne AC, on divisera d'abord la ligne DB en cinq parties ; des points 1, 2, 3, 4 on élèvera des verticales à la rencontre de AB, on aura sur cette ligne les points $i$, $j$, $k$, $l$, on tracera de ces points des horizontales à la rencontre de la ligne AC ; cette ligne sera divisée en cinq parties aux points $e$, $f$, $g$, $h$, qui serviront à répartir convenablement l'ampleur de l'étoffe. On aurait pu porter sur la ligne AE la largeur DC, la diviser en cinq parties, et des points 1, 2, 3, 4, abaisser des verticales sur AC on aurait également trouvé les points $e$, $f$, $g$, $h$, qui correspondent aux horizontales partant des points $i$, $j$, $k$, $l$.

#### RIDEAU A PLIS PLACÉS RÉGULIÈREMENT SUR UNE LIGNE OBLIQUE (fig. 1, pl. 19).

La ligne oblique A$g$ étant donnée comme tête du rideau, du point A tracer une horizontale sur laquelle on portera successivement la largeur d'étoffe nécessaire à chaque pli et à chaque intervalle. L'es-

pace compris sous les lettres A, B, C, D, E, F, G représente donc
la largeur de chaque pli, et l'espace sous les chiffres 1, 2, 3, 4, 5, 6
la largeur de chaque intervalle. Abaisser de ces points de division
des verticales, puis des points A, b, c, d, e, f, g de l'oblique Ag,
mener des horizontales à la rencontre de ces verticales, ce qui déterminera la tête des plis, qui doivent être coupés en droit fil pour
tomber verticalement, puis on tracera les lignes obliques des intervalles entre chaque pli.

RIDEAU FRONCÉ SUR UN LIGNE CINTRÉE (fig. 3 et 4, pl. 19).

Diviser la base CB de l'arc AB, ou partie cintrée, sur laquelle on
doit froncer un rideau en un nombre quelconque de parties égales,
soit en huit parties; des points 1, 2, 3, 4, 5, 6, 7 élever des verticales
qui donneront sur cet arc AB, les points e, f, g, h, i, j, k. La longueur vV sur la ligne CB prolongée étant donnée comme largeur de
l'étoffe à employer, diviser également cette longueur en huit parties
et élever sur ces points de division des verticales; des points A, e,
f, g, h, i, j, k, mener des horizontales à la rencontre des verticales
que l'on vient d'élever, on aura les points T, l, m, n, o, p, r, s, V,
points par lesquels on fera passer une ligne courbe, qui sera la ligne
de coupe du haut du rideau, et que l'ou froncera sur l'arc AB, en
répartissant l'ampleur proportionnellement aux divisions que l'on a
tracées.

Dans cette figure, nous avons indiqué la corde de l'arc AB, sur
laquelle nous avons élevé une perpendiculaire, que nous avons prolongée jusqu'à la rencontre de la verticale AC, axe de la figure, afin
de trouver le point O, point de centre de cet arc.

On pourrait également tracer la ligne de coupe d'un rideau sur
une ligne cintrée, comme l'indique la fig. 4, qui correspond entièrement à la figure 3. Pour cela, il faut tracer l'horizontale AE, mesure
de l'étoffe à froncer, parallèle à la ligne CD; diviser cette ligne en
huit parties égales; abaisser des points de division des verticales;
puis, des divisions du cintre mener des horizontales à la rencontre
de ces verticales: on aura les points l, m, n, o, p, r, s, D. Si l'on
veut faire passer la courbe par ces points, au moyen d'un compas,

ou en grandeur d'exécution avec un cordeau, on joindra le point A au point D, sur cette ligne on élèvera une perpendiculaire que l'on prolongera jusqu'à la rencontre de la verticale abaissée des points A,C, axe de la figure; ce point de rencontre sera le centre de l'arc AD formant la tête du rideau à froncer.

Tout développement d'étoffe à froncer sur un arc de cercle est donc un arc de cercle; on aurait ainsi pu joindre de suite le point A au point D, tracer sur cette ligne oblique une perpendiculaire, trouver le point de centre et tracer de A en D l'arc de cercle.

Fenêtres et portières formées de rideaux à plis.

### RIDEAU A PLIS IRRÉGULIERS PLACÉS SUR UN CINTRE (fig. 5, pl. 19).

Porter, comme on a fait pour la fig. 1, la largeur de chaque pli et de chaque intervalle sur une ligne TV, les lettres $a, b, c, d$ indiqueront la largeur des gros plis A,B,C,D, de même que les lettres $e, f, g$ indiqueront la largeur des petits plis E,F,G, et les chiffres 1,2,3,4,5,6 la largeur des intervalles; abaisser de ces points de division des verticales, qui seront interceptées par les horizontales A,E,B,F,C,G,D, menées de la tête des plis. On tracera ensuite chaque fraction de la courbe comprise dans les intervalles.

### RIDEAU FRONCÉ SUR UNE ARCHIVOLTE OU PLEIN-CINTRE
#### (fig. 6 et 7, pl. 19, et fig. 6, pl. 20).

Diviser la base CB de cette archivolte en huit parties égales, et, sur ces points de division, élever des verticales à la rencontre du cintre, ce qui donnera les points 1,2,3,4,5,6,7. La ligne TU étant donnée comme longueur de l'étoffe, la diviser en même nombre de parties que l'archivolte et élever des verticales, puis, des points A, 1,2,3,4,5,6,7, mener des horizontales à la rencontre de ces verticales ; on aura ainsi les points correspondants X, 1,2,3,4,5,6,7, U par lesquels on fera passer la courbe, ligne de coupe du rideau. Mais puisque le point de départ de l'opération est un quart de cercle, cette coupe sera donnée exactement par un quart d'ellipse, dont la verticale TX, hauteur du cintre, sera le petit axe, et la mesure TU de l'étoffe sera le grand axe. On tracera donc cette partie d'ellipse comme nous l'indiquons dans le chapitre de la géométrie, et d'après les points de centre donnés en Y,Z dans cette figure.

La fig. 7 donne la même coupe, mais développée par les moyens employés dans les fig. 2, 3 et 4 (pl. 19).

Si l'on voulait tracer la coupe d'un rideau plissé partant du point G (fig. 6, pl. 20), on diviserait le cintre à partir de ce point en parties égales comme on a fait pour la figure précédente, on porterait de chaque côté de la verticale AB, axe de ce plein-cintre, sur la ligne CD les divisions de l'étoffe à froncer, quatre divisions à gauche et huit divisions à droite, on abaisserait les verticales et on mènerait les horizontales à gauche et à droite, on aura ainsi les points de passage de la courbe, qui est une partie d'ellipse que l'on tracera soit à la main, soit au cordeau, d'après les points de centre V,Y.

### RIDEAU A PLIS RÉGULIERS SUR UN PLEIN-CINTRE (fig. 2, pl. 20).

Porter la largeur de chaque pli et de chaque intervalle sur la ligne A1, les séparer par des verticales ; puis, des points A,B,C,D,E,F, têtes des plis sur le cintre, mener des horizontales qui indiqueront le haut de chaque pli entre les largeurs $a,b,c,d,e,f,g$. Pour tracer les lignes de coupe de chaque intervalle, lignes formées par des arcs et qu'il faut tracer au compas, on déplacera sur la ligne HGJ, base du cintre, les points de centre de chacun des arcs de la largeur du pli qui précède; ainsi le point de centre de l'arc de l'intervalle 1 sera au point *l*, le point de centre de l'intervalle 2 sera au point *m*, et ainsi de suite les points *n,o,p,r* seront les points de centre des arcs des intervalles 3,4,5,6; naturellement le rayon avec lequel on trace ces arcs est toujours le même, puisque c'est le rayon du quart de cercle de cette figure.

RIDEAU A PLIS IRRÉGULIERS ET A INTERVALLES IRRÉGULIERS SUR UN PLEIN-CINTRE (fig. 1 et 7, pl. 20).

Porter encore sur une ligne AI la largeur de chaque pli et de chaque intervalle, mais suivant leurs grandeurs respectives, qui diminuent en s'abaissant avec le cintre; mener des points B,C,D,E,F du cintre des horizontales, et tracer la tête de chaque pli. Pour tracer les arcs des intervalles, on opère comme pour la figure précédente en déplaçant, sur la ligne BGJ, les points de centre de la largeur du pli qui précède.

Pour une partie de plein cintre ou de toute autre courbe à garnir de rideaux à plis, on ne ferait partir l'opération que de cette partie, comme nous l'indiquons dans la fig. 7 (pl. 20), du point A sur le cintre HD. On opérerait ensuite comme pour la figure précédente.

RIDEAU FRONCÉ SUR UNE COURBE EN ANSE DE PANIER (fig. 4, pl. 20).

Même opération que pour la fig. 6 (pl. 19). Diviser la base BC de la courbe en huit parties égales, élever des verticales de ces points de division, on aura les points 1,2,3,4,5,6,7; si la grandeur BD est donnée comme largeur d'étoffe à froncer, reporter sur la ligne AE autant de divisions que sur la base de la courbe; de ces points de division 1,2,3,4,5,6,7, abaisser des verticales qui rencontreront les horizontales menées des points 1,2,3,4,5,6,7 de l'anse de panier, on aura les points *b,c,d,e,f,g,h* par où devra passer la courbe formant la coupe du rideau à froncer. On remarquera que cette coupe donne, comme pour la fig. 6 (pl. 19), un quart d'ellipse; on pourrait donc la tracer de suite, la hauteur BA de cette figure étant le petit axe et la longueur BD le grand axe.

Les divisions 8 et 9, entre les points 7 et C de l'anse de panier, se retrouvent sur la ligne AE, aux points 8 et 9 placés proportionnellement à l'ampleur de l'étoffe, et donnent par la rencontre des horizontales et des verticales les points *i,j* sur la ligne de coupe ; ces points faciliteront le tracé de la coupe, si on le fait à la main. Nous avons indiqué également dans cette figure le tracé géométrique de l'anse de panier, on pourra en refaire la construction comme nous l'indiquons au chapitre de la géométrie.

### RIDEAU A PLIS IRRÉGULIERS SUR UNE COURBE EN ANSE DE PANIER
#### (fig. 3, pl. 20).

Les plis A, C, E sont plus forts que les plis B, D, F ; porter sur la ligne AT la largeur de chaque pli et de chaque intervalle, abaisser les verticales qui les diviseront, mener des plis A, B, C, D, E, F de la courbe, des horizontales qui donneront le tracé de la tête des plis *a, b, c, d, e, f*. Pour tracer les arcs des intervalles, la ligne sur laquelle seront les points de centre sera donnée par la grandeur du rayon qui a servi à tracer le grand arc de l'anse de panier et qui se trouve être au point O sur la verticale AH prolongée ; on mènera donc de ce point O une horizontale, sur laquelle on portera successivement les points de centre de ces arcs qui seront espacés les uns des autres de la largeur du pli qui précède ; ils sont indiqués en *i, j, k*, 1. Les points *n, m*, sur la ligne HX, sont les points de centre des arcs des intervalles 5 et 6 et se trouvent sur cette ligne parce que le point de centre de l'arc, formant le petit côté de l'anse de panier, se trouve être placé sur cette ligne, comme on peut s'en rendre compte en reconstruisant cette figure, pareille du reste à la fig. 4.

### RIDEAU A PLIS SUIVANT LES CONTOURS D'UNE GALERIE (fig. 5, pl. 20).

Si la ligne mouvementée ABCDEF est le contour intérieur d'une galerie, on obtiendra encore le développement de toute espèce de rideau ou de plis de rideau d'après les mêmes principes. On placera sur la ligne AT la largeur de chaque pli et de chaque intervalle, puis, des points A, B, C, D, E, F, on mènera des horizontales qui indiqueront la tête des plis, puis l'on reportera les différentes courbes de la galerie entre chaque intervalle. Si l'on veut donner entre chaque pli un peu de galbe au rideau, on ajoute quelques centimètres d'ampleur suivant la nature de l'étoffe.

On aura ainsi le développement et la coupe de toute tête de rideau sur n'importe quelle ligne mouvementée.

## GALERIES DIVERSES, GARNITURES DE BATONS, TÊTES DE RIDEAUX.

### PLANCHES 21, 22 et 23.

Les galeries de fenêtres se font de bois assorti à celui des meubles, ou bien en bois doré, ou encore en bois recouvert d'étoffe.

Celles de bois recouvert se font de moulures garnies entièrement d'étoffes de velours ou de peluche ; on peut leur donner une certaine richesse en disposant les profils pour recevoir des câblés ou des galons.

Il faut toujours leur donner un profil bien accentué, afin que mises en place, on en puisse distinguer les lignes, quoique garnies d'étoffe ou de passementeries (fig. 26, 27, 28, 29, 30, 31, 32, pl. 21).

On fait aussi ces galeries avec des bourrelets plus ou moins forts que l'on recouvre d'étoffe ou qu'on ligature par un câblé (fig. 27); on peut également mettre des parties froncées sur un profil spécial qui se rapporte sur la bande de la galerie (profil indiqué en regard de la fig. 28) ; on peut les garnir encore de franges plus ou moins riches, ou d'un petit lambrequin qui sera généralement d'un bon effet (fig. 30).

On met souvent un câblé sur le haut d'une draperie, cachant entièrement la galerie (fig. 25).

Lorsque les appartements ne sont pas très haut de plafond, afin d'élever la galerie, et de ne pas la placer dans la corniche, on en dispose les retours comme l'indiquent les fig. 23 et 24; on avantage ainsi la fenêtre, et ce moyen peut être appliqué à toutes sortes de galeries. On aura toujours soin de rapporter sur la galerie une légère volige garnie d'étoffe, afin d'intercepter le jour au-dessus de la fenêtre.

Dans le cours de cet ouvrage, nous indiquons au-dessus de quelques galeries des petits toits, en forme de voussure, aux angles desquels on met souvent une feuille d'ornement en application ; ces voussures complètent bien les galeries, et s'emploient dans les décorations importantes.

Il est essentiel que la forme des galeries soit dessinée, selon le genre et le nombre des draperies qu'elles supportent, afin que les points d'attache, ainsi que le passage de ces draperies dessus ou dessous la galerie, soient bien motivés.

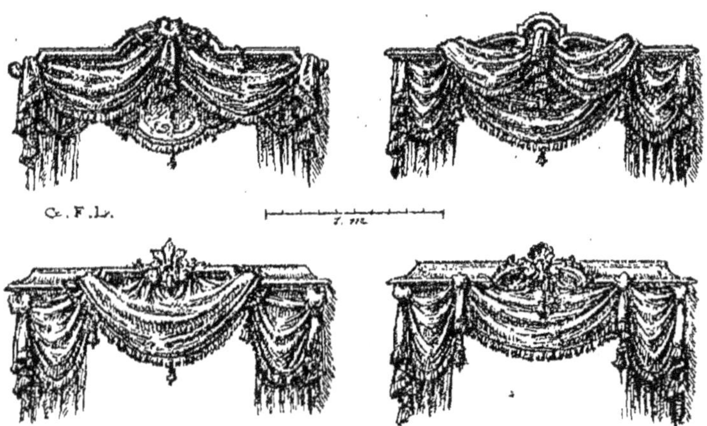


Galeries avec draperies pour fenêtres.

Les galeries recouvertes d'étoffe ne doivent pas être trop larges de moulures, du reste comme toute espèce de galerie ; nous conseillons de toujours faire établir les galeries avec une feuillure apparente, afin d'y clouer facilement les bandeaux, lambrequins ou franges, une fois la galerie mise en place ; comment veut-on poser commodément une galerie chargée de draperies ou de toute autre décoration ?

Les garnitures à bâton, se font toujours assorties au bois des meubles ou en bois doré, avec consoles, en bois ou même en bronze, et avec des anneaux en rapport.

Les rideaux montés à anneaux apparents peuvent se faire à encadrements de bordures ou de galons, on met quelquefois une frange en haut de ces rideaux ; mais, des jeux de câblé, agrémentés de passementeries, se galbant d'un anneau à l'autre, conviennent beaucoup mieux, surtout si l'on emploie des anneaux cache-plis.

Ce genre d'anneaux (fig. 3, 6, 7, pl. 21), qui motive bien les plis d'un rideau, devrait être employé chaque fois que l'on veut faire une garniture riche, en même temps qu'artistique. On entre la tige plate, placée sous l'anneau, dans les plis du rideau, et on l'y fixe solidement ; puis l'on met la rosace, en traversant l'étoffe du pli par la tige de cette rosace, qui se visse dans la partie plate entrée dans la tête du pli. On peut employer également des anneaux ornementés d'une feuille, qui s'appuie sur la tête du pli (fig. 4 et 5).

Pour recevoir ces anneaux on forme les plis simples ou doubles, comme nous l'indiquons dans les fig. 8 et 12 (pl. 21), suivant l'ampleur que l'on veut leur donner, ou bien encore comme l'indiquent les fig. 13 et 17 (pl. 21). Pour toute espèce d'étoffe, on doit former les plis de façon à ce que l'on puisse les défaire sans détériorer le haut des rideaux.

La largeur de l'étoffe à mettre pour les plis peut varier de 8 à 15 centimètres et même plus, si l'on veut employer un rideau sans le couper.

Pour former les plis, on plie l'étoffe d'abord en deux, comme fig. 14 (pl. 21), on l'arrête par une épingle, puis on l'ouvre, comme fig. 15, en la répartissant également de chaque côté, on la replie ensuite, comme fig. 16, en ayant soin que l'épingle soit toujours au milieu du pli ; on perce l'étoffe à 1 ou 2 centimètres du bord, puis on passe une petite corde de fouet et l'on obtient le pli, comme fig. 17 ; on peut attacher l'anneau avec le même fouet, si l'on veut. On obtient également le pli rond, comme fig. 13, si on a percé l'étoffe plus au bord du pli ; de cette façon le pli ouvert donnera la fig. 10, et on pourra le reformer sans abîmer l'étoffe. Si l'on a une plus grande ampleur, on peut former le pli toujours de la même manière en repliant l'étoffe sur elle-même, comme l'indiquent les fig. 19, 20, 21, 22 (pl. 21), le pli ouvert donnera alors la fig. 18.

On fronce ou on plisse la tête des rideaux de diverses manières, toujours suivant l'ampleur à donner aux plis.

Les rideaux de vitrage se cousent sur un ruban mis en double dans lequel on passe la tringle, sur laquelle ils se froncent (fig. 3 et 4, pl. 22).

Les têtes poucettes se font comme fig. 5, ou bien dans le genre de la fig. 21 (pl. 22).

Les têtes à la vieille se font à plat, comme fig. 6; quelques maisons appellent têtes musique le fronçage disposé comme fig. 8. Ces têtes se font à même le rideau, et s'emploient surtout pour des portières, quand on ne veut pas trop froncer l'étoffe; on peut les rapporter comme les têtes flamandes, si l'on n'a pas assez d'ampleur dans le rideau; on peut toujours les couronner d'une crête ou d'un cablé.

Les têtes des rideaux de lits se froncent comme fig. 1 et 2 (pl. 22) sur un ruban mis à l'endroit du rideau, et sur lequel on coud les agrafes qui s'accrochent au fil galvanisé mis à l'intérieur du baldaquin.

Les têtes flamandes, lorsqu'elles sont faites avec régularité, sont d'un bon effet; si on a l'ampleur suffisante, on les fait à même le rideau, mais on les rapporte généralement, et on met une ganse ou un cablé pour cacher la couture sur le rideau. La hauteur de ces têtes peut varier de 12 à 15 centimètres ou même 20 centimètres, suivant la hauteur de l'appartement; quant à l'ampleur nécessaire, elle varie également d'après la hauteur de ces têtes, et il faut au moins 12 centimètres pour les faire.

Les têtes flamandes se font double quelquefois (fig. 15, pl. 22), ce qui est assez riche, surtout lorsque l'appartement est élevé, on peut même les disposer triple, comme fig. 13, 14. Elles s'agrémentent toutes de passementeries, galons, cablés, que l'on noue, comme fig. 10, 12, 15, ou bien de macarons, comme fig. 9 et 11; on peut les compléter par des choux d'étoffe, des rosaces, des nœuds, comme fig. 13 et 14.

Ces têtes doivent se tenir parfaitement droites, et pour cela on les double de bougran; si l'on fait la tête à même le rideau, on garnit le haut d'une toile forte, et on peut la plisser comme nous l'indiquons fig. 9 (pl. 21), comme si l'on faisait un pli ordinaire (fig. 14, 15, 16 et 21), que l'on évase par le haut; mais généralement on prépare l'étoffe des têtes séparément, on garnit le haut de la passementerie, on les forme comme fig. 9 (pl. 21), puis on les monte ainsi que le rideau sur une fausse tête en bougran, garnie de la doublure des rideaux, on cache alors la couture par une ganse ou un câblé.

Les têtes doubles se font de la même manière; les têtes à trois gobelets peuvent se faire dans le même morceau d'étoffe, suivant le plan de la fig. 19 (pl. 22).

Toutes ces têtes doivent être maintenues parfaitement droites, et l'on peut employer différents arrangements d'anneaux pour faire manœuvrer le rideau sur les tringles; les anneaux (fig. 18, pl. 22) maintiennent la tête et peuvent aller sur une seule tringle, ou bien on peut mettre deux tringles, comme l'indique la fig. 20, et placer sur chaque rideau un X en cuivre garni d'anneaux (fig. 16, pl. 22), et derrière chaque tête mettre deux anneaux en haut et en bas du bougran, ou deux anneaux reliés par une tige comme fig. 17. Les poulies sont disposées avec une tige à écrou pour recevoir la seconde tringle; on attache le cordon de tirage au milieu des X. Les tringles doivent être posées bien horizontalement et le tout ajusté soigneusement, afin de ne pas rendre le tirage trop dur.

Pour développer l'étoffe nécessaire à des têtes placées sur des parties mouvementées, on trace exactement le contour de la galerie avec les têtes, comme l'indique la fig. 18 (pl. 23). On place la partie droite de la galerie sur une ligne horizontale AB, on indique l'axe des têtes par des lignes verticales et on les descend jusque sur cette ligne; on prolonge la ligne AB de C en D (fig. 19), on porte sur cette ligne successivement la grandeur de chaque partie d'étoffe nécessaire aux têtes, puis la largeur des intervalles. De l'extrémité des têtes (fig. 18), on mène des horizontales qui indiqueront sur les verticales de la fig. 19 la place de chaque tête; on n'aura plus qu'à reporter les courbes des intervalles entre chaque pli.

Tout développement de têtes de rideaux, de plissés ou de froncés, s'obtiendra par le même moyen, suivant une ampleur déterminée pour les têtes et les intervalles; développement que nous répétons dans les fig. 20 et 21 pour une tête mouvementée à petits plis.

## BANDEAUX A PLIS OU FRONCÉS.

### PLANCHES 18, 23.

Les bandeaux à plis (fig. 4 et 6, pl. 18) sont composés de têtes flamandes et de festons relevés à l'antique. On donne à ce genre de bandeau le cinquième environ de la hauteur totale de la fenêtre, leur frange comprise, proportion que l'on établira toujours d'après l'étoffe employée. Ces bandeaux se font à plat ou avec quelques plis, ce qui leur donne meilleure façon ; on les drape alors comme nous l'avons dit au chapitre précédent, suivant le genre d'étoffe ou la dépense que l'on peut faire, on les fait avec les têtes ou on les rapporte comme pour les rideaux ; le bas des festons s'arrondit comme fig. 6 (pl. 18) et fig. 3 (pl. 23), ou bien on les découpe avec plusieurs mouvements et on les garnit de franges.

Pour un bandeau de 1 m. 60 cent. avec sept têtes (fig. 6), il faut pour la largeur 1 m. 60 cent. d'étoffe, pour les têtes environ 1 m. 30 cent., pour les retours 0 m. 30 cent., ce qui donne 3 m. 20 cent. d'étoffe, soit trois largeurs de lé en 80 cent. sur une hauteur de 60 cent.

Pour un bandeau de 1 m. 60 cent. (fig. 4) à cinq têtes, ou emploie 1 m. 60 cent. d'étoffe, 1 m. pour les têtes, 0 m. 30 cent. pour les retours, en tout 2 m. 90 cent. sur une hauteur de 50 à 60 cent.

On fait des bandeaux en cretonne, en coutil ou en mousseline, pour chambres simples ou cabinets de toilette composés de volants plus ou moins plissés ou froncés, que l'on peut superposer comme fig. 5 et 8 (pl. 18).

Les volants pour bandeaux ou pour montants de rideaux se coupent ordinairement en biais, l'étoffe donnant plus de plis coupée dans ce sens ; on trace sur l'étoffe des parallèles obliques de la largeur nécessaire afin de la couper régulièrement.

Les volants en mousseline se coupent toujours en droit fil. Pour les galeries que l'on recouvre d'étoffe froncée, on met presque le double d'ampleur ; pour les volants, on peut mettre le tiers en plus suivant le genre d'étoffe.

Les fig. 1 et 2 (pl. 23) sont des volants superposés que l'on emploie pour les garnitures de fenêtres ou de châssis ordinaires, pour lesquels on met un tiers d'étoffe en plus pour former les fronces; on monte, ainsi que l'indique la fig. 1, les volants sur une bande d'étoffe garnie d'un ruban sur lequel on coud les agrafes, que l'on accroche au fil galvanisé du châssis ou de la galerie, de façon à pouvoir les enlever facilement afin de les faire laver s'ils sont en coutil.

Le développement de l'ampleur des différents genres de bandeaux ou de volants se fait comme nous l'avons expliqué par les fig. 18, 19, 20, 21 (pl. 23); on peut mettre également des volants à des draperies, comme fig. 4 (pl. 23), dont on découpe le bas suivant divers contours. Pour avoir le développement de ces volants, on trace d'abord le dessin de la draperie et du volant tel qu'il doit être exécuté comme fig. 4, puis sur la ligne AB (fig. 5) on porte les divisions indiquant le milieu de chaque pli, on trace le contour haut et bas des volants, puis de C en D (fig. 6) on trace autant de divisions que dans la fig. 5, mais en les augmentant de l'ampleur que l'on veut donner aux plis, ampleur qu'il est nécessaire d'augmenter en descendant vers le milieu de la draperie. Des points 1,2,3,4,5,6,7,8 de la fig. 5, on mène des horizontales à la rencontre des verticales de la fig. 6; on aura donc les points 1,2,3,4,5,6,7,8, qui indiqueront le passage de la coupe en haut du volant, et l'on opérera de même pour avoir celle du bas.

## EMBRASSES DE RIDEAUX.

### PLANCHE 23.

Les embrasses de rideaux peuvent se faire en drap, en cretonne et même en mousseline avec dentelles, comme fig. 17; lorsqu'elles sont froncées comme celle de la fig. 9, elles se développent comme la fig. 4. On en fait également avec des applications, comme celle Louis XIV (fig. 8), qui est terminée par une chute droite dont le développement est donné fig. 8 *bis*.

Tous les modèles de cette planche peuvent se faire facilement par le tapissier, et s'ornent soit de galon, de passementerie ou de franges. On en fait également avec de larges rubans et on orne la patère en bois blanc d'un nœud dans le genre de la fig. 7. La longueur de ces embrasses varie suivant l'ampleur du rideau qu'elles doivent recevoir ; on leur donne 30 à 40 centimètres par moitié, on les double de bougran et de doublure, pareille à celle des rideaux. On met à chaque extrémité un anneau, dans lequel on passe un cordon pour les fixer au porte-embrasse.

Généralement ce qui manque à ces embrasses c'est la terminaison sous le porte-embrasse : on peut leur donner un peu de richesse en les complétant par des chutes ou différents ornements, comme nous l'indiquons dans ces figures.

## LAMBREQUINS PLATS A PLIS.

### PLANCHES 24, 25.

Les lambrequins plats à plis (pl. 24, 25) se placent sous des galeries droites ou cintrées, ou bien se font à têtes apparentes ; on leur donne en moyenne, comprise la hauteur de la galerie ou de la tête quelconque, un peu moins du cinquième de la hauteur totale de la fenêtre.

Il est bien difficile cependant de donner la proportion exacte de ce genre de lambrequin, qui doit varier suivant la largeur de la fenêtre, ainsi que suivant le dessin et le nombre de plis. On peut adapter ce genre de lambrequin à une garniture de bâton, et on peut le compléter par des draperies d'étoffe légère avec chutes au milieu et sur les côtés (fig. 3) ; on peut les employer également avec des galeries en bois ou recouvertes d'étoffe ; on peut aussi les accompagner de draperies, comme celles des fig. 4, 9, 1, 2 de la pl. 24 et des fig. 1, 9 et 11 de la pl. 25, que l'on peut faire régulières ou irrégulières.

Les coupes des draperies qui accompagnent ces figures sont expliquées dans le chapitre des draperies.

On fait les plis de ces lambrequins plus ou moins forts, suivant leur hauteur ; ceux des extrémités près des retours doivent être les plus forts.

Le principe de ces lambrequins consiste à développer les surfaces planes et les plis à même l'étoffe, quels qu'en soient les contours extérieurs.

La démonstration du développement du lambrequin dans une archivolte (fig. 1, pl. 25) servira d'exemple pour toute espèce de lambrequin.

Après avoir dessiné en grandeur d'exécution le lambrequin, tel qu'il sera exécuté, on portera sur une ligne AH (fig. 2), d'abord de A en B, la moitié de la partie plate du milieu, puis de B en C la largeur du premier pli ; de C en D la largeur de l'intervalle entre ce premier pli et le second ; de D en E le second pli, et de E en F la dernière partie du lambrequin ; de F en G le dernier pli et de G en H l'ampleur nécessaire au développement de la chute et du retour ; on abaisse de ces points de division des verticales, puis des extrémités de chaque pli de la fig. 1, on mène des horizontales qui donnent, entre les verticales B,C, D,E, E,G, le tracé de la tête de ces plis. Du point de centre de l'archivolte, on trace une horizontale à la rencontre de la verticale A, milieu du tracé, on a le point O, qui est le centre de la partie cintrée du milieu du lambrequin ; du point O au point L, on porte la largeur du premier pli et toujours avec la même ouverture de compas, on trace l'arc compris entre le premier et le second pli ; on porte de L en M la largeur du second pli et l'on trace l'arc compris entre le second et le troisième pli. Du bas de chaque pli du dessin (fig. 1), on mène des horizontales pour déterminer leur longueur ; on dessine les contours du lambrequin et des plis en les creusant comme nous l'indiquons ; de chaque pli de la chute on mènera des parallèles pour en trouver la hauteur.

Les plis de ce lambrequin sont tout droits ; on les forme et on les attache comme il a été dit pour les plis de rideaux.

Quelques tapissiers font ces lambrequins entièrement à plat et rapportent les plis par dessus. Nous ne conseillons pas ce mode d'exécution ; on obtient beaucoup plus de souplesse, quand on les exécute comme nous venons de l'indiquer ; quand même il y aurait quelque irrégularité dans l'ensemble d'un lambrequin, il vaut mieux la supporter que d'exagérer la raideur des plis et de tout le lambrequin.

Les plis peuvent se découper séparément et s'assembler aux différentes parties du lambrequin. Nous traitons du reste de ces cas dans un des chapitres suivants, où nous expliquons les figures 3, 4, 5, 9, 10, 11, 12, 13, 14, qui rentrent dans la classification des lambrequins drapés.

Le lambrequin à plis (fig. 6) se développe de la même manière que celui de la fig. 1.

Le développement (fig. 8) de la décoration de l'archivolte (fig. 7) est la répétition de celui fait pour la fig. 1, développement qui ne varie que par la disposition des plis.

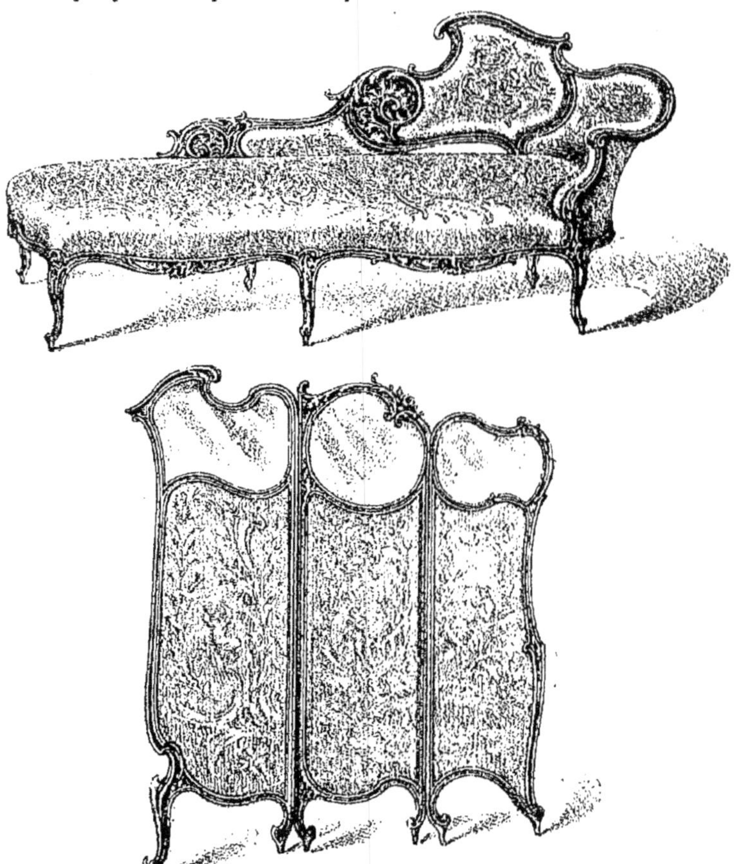

Extrait du « *Mobilier d'art, 4e série, Sièges* ». (Dessin réduit.)
Voir pages 7, 107, 116, 300 et 301.

# CHAPITRE XI

---

N rideau bien drapé, qu'elle qu'en soit l'étoffe, aura toujours un caractère artistique que les connaisseurs sauront apprécier ; dans les décorations d'une certaine importance, on drape les rideaux de fenêtres ou de portières, afin de leur donner un cachet particulier, c'est ce qui dénote, du reste, l'étude et le bon goût apportés par le tapissier dans leur exécution.

Il faut étudier les différentes manières de draper les rideaux proportionnellement à leur dimension, soit en leur faisant faire quelques grands plis verticaux, soit en les fronçant plus ou moins dans le haut pour leur faire former quelques plis galbés. Le principe général est, comme pour les tentures à l'antique, d'échancrer le haut des rideaux suivant le genre de l'étoffe, principe que nous avons démontré dans l'explication de la coupe du fond de lit (fig. 1, 2, 3 et 4, pl. 14).

On peut toutefois, dans certains cas, draper les rideaux dans le genre des fig. 9 et 11 (pl. 14), et cela sans les entailler. Le bas des rideaux se coupe de différentes façons, suivant l'effet que l'on veut obtenir.

Le développement du rideau, fig. 9, est donné dans la fig. 10, par le plan ABCDEFGH, avec les échancrures pour former les plis verticaux et les plis galbés. Ce rideau (fig. 9) est relevé par une agrafe

en passementerie, qui sert de point de départ au cablé. Dans le tracé
fig. 10, le point 1, placé à 60 cent. du montant du rideau et à 90 cent.
du bas, est le point où il est relevé extérieurement pour faire l'effet
du dessin, et le point 2, placé à 1 m. 10 cent. du montant, et à 1 m.
25 cent. du bas, celui où il est relevé intérieurement pour compléter
cet effet.

Pour obtenir les plis du bas d'un rideau, comme fig. 14, on coupe
l'angle du rideau suivant le quart de cercle indiqué fig. 10, et il sera
relevé également aux mêmes points ; si l'on veut donner plus d'ampleur au rideau, on le coupe d'après la ligne oblique indiquée en
dehors de la verticale AH. Quand on relève un rideau un peu haut, il
arrive souvent que l'ampleur du bas n'est pas suffisante, on peut
l'augmenter par le moyen précédent, ou bien l'on rapporte sur le
retour une partie d'étoffe triangulaire, partant soit du haut du rideau,
soit de la moitié de la hauteur; cette partie d'étoffe peut avoir, à son
départ, au bas du rideau, de 20 à 50 centimètres suivant l'ampleur
convenable.

Il est nécessaire de bien étudier avec le molleton les effets de ces
rideaux avant de couper l'étoffe ; la largeur indiquée en AB, fig. 10,
est de 1 m. 40 cent.. largeur du molleton, et de B en D il y a 70 cent.
dans lesquels le retour est compris.

Le rideau (fig. 11) est également drapé à l'antique sur une largeur
de 1 m. 50 cent. Lorsqu'un rideau n'a pas beaucoup d'ampleur, et
qu'il n'est pas relevé très haut, on peut couper le bas, comme fig. 12,
on aura l'effet du bas du rideau, fig. 11; si l'on veut donner plus
d'ampleur au bas d'un rideau, on rapporte, à partir de l'endroit où le
rideau est relevé par l'embrasse, une partie de l'étoffe, comme nous
l'indiquons fig. 13, et à laquelle on donne plus ou moins d'importance.

Pour couper le bas d'un rideau suivant les plis indiqués dans un
dessin, comme fig. 6, on trace de chaque angle des plis de ce dessin
des horizontales, comme il est indiqué des points 1, 2, 3, 4, 5, 6, 7,
8, 9, 10; puis sur la ligne de terre on porte du premier point 10 au
second point 10 la largeur du retour du rideau, et de la partie qui
doit poser par terre, et sur ce point on élève une verticale, puis on
porte successivement la mesure de chaque pli en traçant des parallèles verticales, qui se croisent avec les horizontales tracées de

chaque pli, on a les points 9, 8, 7, 6, 5, 4, 3, 2, 1, par lesquels passera la ligne de coupe du bas du rideau.

On peut donner différents galbes à des rideaux d'étoffe riche : ainsi pour obtenir l'effet arrondi du devant du rideau drapé (fig. 7, pl. 26), on le coupe suivant le plan ABEFG (fig. 8), ou bien suivant la ligne ponctuée CDEF de la même figure.

La tête du rideau peut être coupée droite, comme nous l'indiquons en AD, ou bien suivant la ligne cintrée ABC, ce qui donne plus de développement au rideau. La coupe en EFG de ce rideau, à partir de l'embrasse, fait valoir la décoration dont on peut l'orner.

Le rideau relevé à l'italienne se développe ainsi :

Supposons une portière à garniture de bâton (fig. 1, pl. 26) de 3 mètres de hauteur sous le bâton et 1 m. 80 cent. de largeur, à 12 anneaux. Sur une ligne AC″B (fig. 2) on porte la largeur nécessaire à chaque pli, soit 10 centimètres, mesure minimum à employer dans ce cas, plus la mesure de chaque intervalle ; on a donc une largeur d'étoffe de 3 mètres qui, avec le retour du rideau, emploie quatre lés d'étoffe de 80 centimètres. On porte de F en H (fig. 3) la largeur d'un lé, devant du rideau, sur lequel on rapporte la partie d'étoffe nécessaire formant draperie, puis on trace les verticales indiquant la largeur du lé. Porter ensuite de F en N sur la verticale FS, devant du lé, la longueur de la ligne pointillée qui forme le galbe de la draperie, en suivant les contours du cinquième pli du rideau (fig. 1). Tracer la petite ligne oblique NO, ligne que l'on échancre et sur laquelle on fronce la partie formant draperie ; cette échancrure se fait plus ou moins grande suivant l'importance de la draperie rapportée ; élever une verticale sur le point O ; la partie d'étoffe comprise entre les points F, G, N, O s'enlève ordinairement, mais dans le tracé de ce rideau, puisque la partie d'étoffe que l'on rapporte doit avoir au moins 1 mètre de large, on laisse cette partie du lé en échancrant seulement la ligne NO, de sorte que la ligne FN sera la couture DL de la draperie (fig. 4).

Porter de C en E (fig. 4) l'ampleur nécessaire à la draperie du devant du rideau qui, en effet, est une moitié de draperie posée verticalement ; cette draperie sera composée d'un lé CD et d'une partie

de lé DE, qui, dans ce cas, correspond à la partie FG qu'on laisse
après le premier lé ; sous le point E abaisser une verticale sur laquelle on indiquera le point M, verticale qui représentera comme la
ligne GO le galbe du haut de la draperie, mais un peu diminuée, puisque FN en représente le contour exact. Du point C, extrémité de la
draperie, abaisser une verticale indéfinie et porter de C en I la grandeur du devant galbé de la draperie, prise sur la fig. 1 ; puis prendre le tiers de l'horizontale tracée dans la fig. 1, du point Y au point
d'emplissage de la draperie, et qui représente la hauteur de cette
draperie ; avec cette mesure, tracer du point I un arc en K. La partie cintrée du devant de la draperie peut se tracer à la main du moment que le point K qui en est l'extrémité est déterminé, mais on
peut l'obtenir également au cordeau en grandeur d'exécution ; on
laisse toujours une partie droite au départ de la draperie, partie qui
varie suivant son importance ; nous lui avons donné ici 45 cent. de
C en V ; de ce point V, tracer une horizontale indéfinie, sur laquelle
on trouvera le point de centre Z qui est à 2 m. 20 cent. du point V ;
de ce point Z on trace l'arc partant du point V et allant au point K,
qui sera la ligne de coupe du devant de la draperie. Il est toujours
facile de trouver le centre d'un arc quelconque quand on a les deux
points extrêmes, comme dans ce cas. (Voir le chapitre de la géométrie). Le devant de la draperie ainsi déterminé, du point K au point
M, on trace la ligne d'emplissage qui se fronce sur l'oblique NO.

Dans tout rideau coupé de cette façon, si l'étoffe est à dessin se
raccordant d'un lé à l'autre, on n'enlève pas la partie FN OG (fig. 3),
on ne fait que l'échancrer sur NO, comme nous venons de le dire ;
on complète la draperie par l'étoffe nécessaire en traçant son ensemble, comme nous venons de l'expliquer par le tracé de cette
fig. 4.

Si l'étoffe était à rayures verticales, on ne couperait pas le devant
de la draperie, on prolongerait la ligne d'emplissage MLK jusqu'au
point J et on la froncerait tout entière sur NO, ou sur une échancrure un peu plus large.

Les plis formés par ce genre de rideau tendent toujours à être
très réguliers ; il faut éviter, comme dans tout rideau du reste, qu'ils
le soient trop, comme l'indique la fig. 6 ; le rideau doit former quelques

plis inégaux, ce qui lui donne plus de cachet. Le poids de l'ensemble de la draperie du devant de ce rideau la fait tomber souvent trop bas en tirant sur le rideau ; on la retient à la place voulue par un ruban cousu derrière l'emplissage et retenu en haut du rideau.

L'ampleur du bas du rideau peut être augmentée au moyen d'une partie rapportée PR, qui commence à l'embrasse et qui se développe comme une chute de draperie. On peut laisser le rideau tout droit, comme nous l'indiquons, de P en S, ou bien lui donner plus de longueur sur le devant, de S en V ; on le coupe alors en biais dans tout le bas ou sur une partie, s'il doit être relevé assez haut.

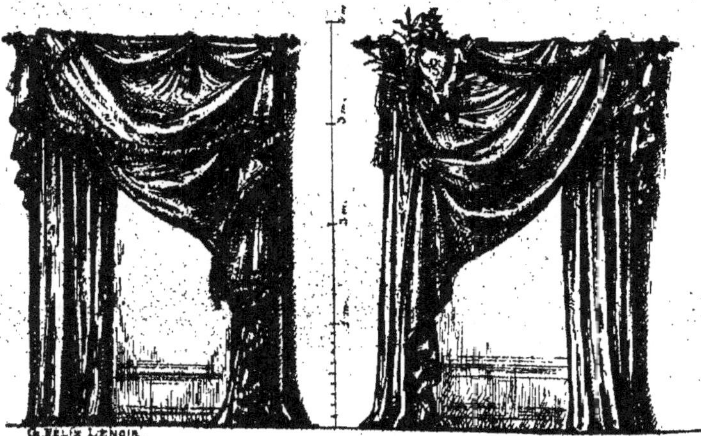

Portières drapées.

Les rideaux peuvent se relever de différentes façons, mais on ne peut donner de règles absolues pour le faire convenablement ; ce n'est qu'en étudiant d'après le molleton que l'on se rend compte des effets qui conviennent le mieux.

Sans couper les rideaux on peut les draper suivant les dessins des figures 5, 9, 10 (pl. 26).

Les dessins ci-dessus sont des études de portières drapées dans un seul grand rideau, sans aucune coupe préalable ; effets qu'il est facile de varier, et qui sont d'une grande ressource pour les décors provisoires ou pour employer des étoffes que l'on ne peut couper.

Le haut de ces rideaux est jeté sur un bâton et retombe de l'autre côté ; les chutes des extrémités peuvent se rapporter.

Le bord des rideaux se découpe de diverses manières quand on veut leur donner un effet riche et décoratif. Le rideau fig. 1 de la pl. 27, est découpé à dents Louis XIV ; pour que l'effet de ces dents soit réussi, il faut qu'elles tombent d'aplomb suivant la courbe que décrit le rideau depuis le haut jusqu'à l'endroit relevé sur l'embrasse, puis qu'elles repartent en tombant suivant le devant du rideau jusqu'à terre. La fig. 3, représente les dents de ce rideau tracées à plat et telles qu'elles doivent être dessinées pour faire l'effet de la fig. 1 ; dans chacune de ces dents nous avons placé un culot Louis XIV dessiné également d'après le mouvement du rideau

Les fig. 6, 7, 8 indiquent plusieurs façons de découper le devant des rideaux que l'on peut compléter par des galons, des effilés, ou divers ornements en applications.

Le grand rideau (fig. 2, pl. 27) drapé à l'antique et à dents formant lambrequin doit être étudié de façon à ce que ces dents tombent bien d'aplomb suivant le galbe du haut, puis suivant la chute du rideau. Ce genre de décoration convient particulièrement aux styles Louis XIV et Louis XV.

Les fig. 9 et 10 sont des découpures de draperies Louis XIV avec applications.

Ce genre d'ornementation complète bien un rideau de portière relevé à l'italienne, et c'est surtout à des rideaux pour lits vus de pied, partant sous un baldaquin garni d'un lambrequin, qu'il fait le meilleur effet.

# CHAPITRE XII

---

## LITS, BALDAQUINS, RÈGLEMENTS
## DES RIDEAUX, CIELS-DE-LITS PLISSÉS ET UNIS

PLANCHES 27, 28, 29, 30, 31, 32, 33, 34, 35, 36, 37, 38, 39, 40.

'IL est nécessaire d'étudier avec soin la décoration des fenêtres, pour leur donner une proportion convenable, à plus forte raison doit-on étudier les différentes parties de la décoration d'un lit, pour en faire un ensemble de bon goût proportionné à la grandeur de la pièce.

Les lits se plaçant suivant l'habitude des personnes et la disposition de la pièce, les baldaquins s'établissent d'après leur dimension et la position adoptée. Généralement les baldaquins se font un peu trop grands, ce qui rend leur décoration lourde, effet qu'il faut éviter.

Il n'y a pas de règle absolue pour la hauteur où il faut placer les baldaquins; puisque leur dimension doit être proportionnée au lit, ainsi qu'à la grandeur de la pièce, on les place à une hauteur en rapport avec ces différentes proportions. Les baldaquins se placent toujours sous la corniche, si la pièce est très basse on les fait toucher au plafond; mais, dans ce cas, il ne faut jamais employer de châssis à élévation.

Pour ce qui est des rideaux, nous ne voyons pas l'utilité de les régler, au point d'en faire des housses entourant les contours du lit, en affleurant le parquet. Quelques tapissiers se sont évertués à faire ces règlements de rideaux, pour les cas où l'on voudrait s'enfermer entièrement dans le lit; c'est une erreur d'en croire la nécessité, l'usage du reste l'a pleinement démentie.

L'ensemble d'un lit est une décoration qui doit être combinée au point de vue du bon goût, et non pas avec une masse d'étoffe pouvant entourer tout le lit. Autrefois, les chambres étant très grandes, les lits à baldaquins carrés, supportés par des colonnes et garnis de rideaux, que l'on pouvait fermer, avaient leur raison d'être; ce genre de lit, du reste, se fait toujours avec différentes modifications, nous en reparlons dans un des chapitres suivants; mais l'exiguïté des appartements modernes oblige à une décoration légère autour d'un lit, pour laisser le plus d'air possible. Il faut donc chercher à dégager le devant du baldaquin quel qu'il soit, et ne mettre des rideaux que sur les côtés; croiser des rideaux, au milieu d'un baldaquin, pour un lit, vu de pied, n'est jamais d'un bon effet, et pour un lit de milieu on l'évitera, même si l'on met des rideaux blancs.

Les rideaux, cependant, doivent se régler par le haut, si le baldaquin est cintré en élévation, et peuvent se régler par le bas, suivant l'effet drapé que l'on veut obtenir. Nous parlons plus loin de ces différents cas.

## LITS DE MILIEU.

Le lit de milieu est celui dont un côté de la tête et du pied est placé le long du mur.

Pour les chambres très simples, on emploie toujours un arc, un anneau en bois assorti au lit, ou bien une ou deux flèches, ornements qui ont remplacé depuis longtemps le bâton transversal et la tulipe renversée (fig. 13, pl. 28), qui se faisaient de bois divers et même de bois doré.

La quantité d'étoffe pour les rideaux de ces lits est de 3 lés en 80 cent. et de 2 lés en 1 m. 30 cent. par rideau, plus 1 lé et demi à 2 lés pour le fond de lit par rideau.

Lorsque l'on emploie deux flèches, elles se placent à 1 mètre l'une de l'autre et peuvent recevoir une draperie, un volant ou même un lambrequin. On peut faire avec ces deux flèches des décorations drapées, d'une certaine importance, en les plaçant à des hauteurs différentes.

La fig. 1 (pl. 30), dont les rideaux relevés inégalement sur des bras de lits, peut donner lieu à plusieurs combinaisons qui, étudiées avec soin, auront un certain caractère, tout en employant des étoffes ordinaires.

La fig. 2 (pl. 30), avec les rideaux à têtes flamandes, assemblés sur une plate-bande avec chute et relevés par des bras de lits, peut servir également de point de départ à divers arrangements.

Les dessins des fig. 3 et 4 (pl. 30) sont des dispositions de baldaquins à draperies avec rideaux, qui sont facilement exécutables, tout en sortant de l'ordinaire, et qui sont supportés par des châssis cintrés suivant le galbe de ces draperies. Les fig. 5, 6 et 7 de cette même planche donnent la coupe de l'étoffe des fonds de ces lits.

Les baldaquins en bois ordinaires, les ovales se garnissent d'une frange (fig. 7, pl. 28), et les rideaux ont la même ampleur que pour les ornements précédents.

Sur un baldaquin bois recouvert, de moyenne grandeur, on peut ajouter des rideaux à têtes flamandes ou à têtes froncées (fig. 8, pl. 28) comme décoration simple. On garnit également les baldaquins de volants plissés, dans le genre de la fig. 5 (pl. 28), en étoffe légère ou en cretonne.

Dans un ordre d'idées un peu plus riche, on emploie soit des couronnes (fig. 3, pl. 28), soit des baldaquins recouverts et garnis de draperies diversement arrangées, comme les fig. 4 et 9 (pl. 28) et celles de la pl. 40 de style Louis XVI.

La diversité de décoration, pour les lits, depuis les bandeaux les plus simples jusqu'aux draperies les plus compliquées, est considérable : il est bien difficile de conseiller telle ou telle forme de baldaquins ou de draperies ; c'est au tapissier à approprier avec goût l'ensemble de son lit à l'ameublement de la pièce.

Tous les modèles de la pl. 38 peuvent s'adapter à des lits de milieu ; les fig. 1, 2, 6 sont de style Renaissance, les fig. 3, 7, 8, 10 de style Louis XIV et Louis XV, et les fig. 4, 5, 9 de style Louis XVI.

Les proportions des baldaquins de milieu sont pour les lits de moyenne grandeur : de 1 m. 60 cent. de fond sur 1 m. 10 cent. de profondeur, de 1 m. 50 cent. sur 1 mètre, et de 1 m. 40 cent. sur

90 centimètres, proportions qui varient suivant le style et la dimension du lit.

En général, les baldaquins ne doivent pas être trop mouvementés dans leur plan, ni leur élévation trop prononcée ; en tout cas, le tapissier, après avoir étudié son genre de décoration, lambrequins ou draperies, doit faire exécuter le baldaquin d'après son plan.

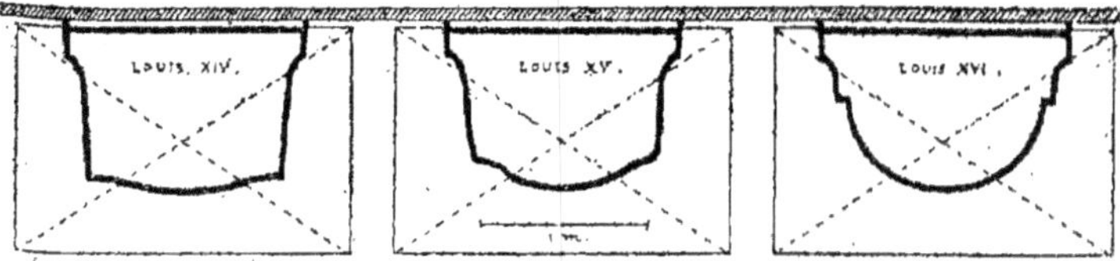


Plans de baldaquins pour lits de milieu.

Les formes carrées conviennent moins bien pour les lits de milieu que les formes mouvementées ; mais, comme ces formes sont toujours subordonnées au style adopté, le tapissier disposera le plan du baldaquin avec le meilleur goût possible.

## RÈGLEMENT DES RIDEAUX.

Pour les baldaquins ordinaires, à tête flamandes ou à rideaux sous une frange ou sous des draperies, on emploie 3 lés en 80 centimètres par rideau ou bien 2 lés en 1 m. 30 cent. Cette ampleur varie naturellement suivant la décoration adoptée ; si la façade du baldaquin est garnie d'une ou deux draperies (fig. 1, pl. 40), l'ampleur sera moindre ; si le baldaquin est entièrement garni de draperies (fig. 4 pl. 40), les rideaux n'auront pas besoin d'être si étoffés ; surtout si l'on ajoute des rideaux blancs. Pour les fonds de lit l'ampleur est en moyenne de 3 lés en 80 centimètres ou 2 lés en 1 m. 30 cent. et on les coupe à 50 centimètres de terre. Pour le règlement des rideaux de ces lits, on biaise généralement le bas comme nous l'indiquons en IJK, (fig. 14, pl. 27), biais qui peut commencer depuis le lé du fond ou qui ne peut partir que du milieu du second lé, la hauteur de ce biais peut être de 20 à 50 centimètres suivant la longueur du rideau.

Si le châssis est à élévation, il faut forcément que le devant des rideaux soit réglé par le haut suivant cette élévation ; et, de plus, il est nécessaire de tenir compte de la saillie du plan. Le règlement des rideaux est des plus simples ; ainsi la ligne L a M (fig. 16, pl. 27) étant l'élévation intérieure du châssis accompagné du plan placé en dessous, on divise la ligne L b M, base de l'élévation, en parties correspondantes aux points indiqués sur le plan et on trace des verticales à la rencontre de la partie cintrée, puis on reporte sur une horizontale N d O (fig. 17) le même nombre de divisions moins espacé suivant l'ampleur à donner aux rideaux ; on trace les verticales sur lesquelles on porte les hauteurs du cintre, on joint ces verticales par la ligne mouvementée N e O (fig. 17), qui sera le tracé de la tête des rideaux ; tracé qui se partage en deux pour se reporter sur chacun des rideaux, ainsi que l'indique la fig. 15. Si les rideaux se croisaient, chacune des têtes des deux rideaux serait coupée selon ce tracé.

Chacun des rideaux d'un baldaquin de milieu se règle donc, dans le haut, suivant la partie cintrée qui est plus ou moins accusée, et dans le bas par un biais d'après l'effet que l'on veut obtenir sur l'embrasse ou le bras de lit. Moins le rideau aura d'ampleur et occupera de place sous le châssis, moins il aura besoin d'être réglé ; on peut même couper le rideau en biais intérieurement suivant les fig. 22 et 23 pl. 27, afin d'avoir l'effet de la fig. 21 s'il est nécessaire.

## CIELS DE LITS UNIS.

Dans les décorations simples, on garnit l'intérieur des baldaquins d'étoffe assortie à celle des rideaux, ou de mousseline. Si l'on veut donner un certain cachet à un ciel de lit, on le tend en étoffe de couleur unie, de préférence de ton bleu clair, et l'on fait des encadrements de galons de ton bleu foncé ou de ton bois, auxquels on peut ajouter quelques applications de couleur. On peut également encadrer cette étoffe de fond d'un champ de couleur plus foncée.

Tous les genres de baldaquins peuvent recevoir cette décoration qui complète bien l'ensemble d'un lit.

Le dessin fig. 20 (pl. 29), est un intérieur de baldaquin Louis XVI pour lit de pied.

Les intérieurs des châssis des fig. 1, 2, 3, 4 de la pl. 37 peuvent donner lieu à des combinaisons de couleurs variées.

Les châssis à voussures intérieures, dans le genre de ceux des fig. 3 et 4 (pl. 39), sont de bon effet; on les décore soit de divers ornements aux angles, soit d'encadrements que l'on sertit de ganse ou de diverses passementeries. C'est dans ces sortes de travaux que le tapissier montre son savoir et son bon goût.

L'intérieur du baldaquin Louis XVI (fig. 3, pl. 39), que les fig. 4 et 5 représentent de face et de profil, se fronce de mousseline ou d'étoffe de soie ; on développe séparément chaque fuseau que l'on augmente de l'ampleur nécessaire aux fronces, qui doivent être peu accentuées.

Dans un décor soigné on termine la garniture intérieure d'un baldaquin en mettant tout autour un léger lambrequin pour cacher la tête des rideaux.

## CIELS DE LITS ET PLAFONDS PLISSÉS.
### PLANCHE 29.

Les ciels de lits plissés, quand ils sont légèrement exécutés, sont d'un bon effet, surtout lorsque l'on emploie la mousseline sur un transparent de couleur.

Le développement des ciels de lits et des plafonds plissés est d'une grande simplicité, mais demande un tracé géométrique exact, afin de couper à coup sûr l'étoffe nécessaire pour les garnir.

On peut tracer ces développements soit en grandeur d'exécution, soit à une échelle assez grande, afin de reporter sur l'étoffe les mesures exactes.

L'étoffe s'employant toujours en droit fil et devant être lisse tout autour du châssis ou du plafond, il faut trouver et développer la largeur de ce droit fil en travers.

#### DÉVELOPPEMENT D'UN CIEL DE LIT PLISSÉ, DE FORME RECTANGULAIRE.
(Fig. 1, 2, 3, 6, pl. 29.)

Si l'on a à plisser une étoffe dans un ciel de lit ou un plafond rectangulaire, on ne fait le développement que du quart du rectangle (fig. 1).

Après avoir tracé le contour extérieur comme fig. 2, on le divise en parties égales, soit en 13 parties, et on numérote tous ces points de division, comme il est indiqué, de 1 à 14. On peut diviser ce contour en un nombre quelconque de parties, plus le nombre en sera grand, plus on aura d'exactitude. De ces points de division, numérotés de 1 à 14, on mène des lignes au point de centre B, lignes qui indiquent le droit fil en long de l'étoffe, puisque tous les plis rayonneront autour de ce point. Du point de centre B (fig. 2), avec une ouverture de compas égale à B, 1, on trace un petit arc jusqu'à la rencontre de la ligne 2; du point 2, on trace également un petit arc jusqu'à la ligne 3; du point 3, on trace un arc jusqu'à la ligne 4, et ainsi de suite des points 4, 5, 6, 7, 8, 9, 10, 11, 12, 13; à partir du point 9, les petits arcs sont en dehors du rectangle; on peut tout aussi bien les tracer en dedans, en partant des points 10, 11, 12. 13, 14. L'essentiel, c'est de trouver, le plus exactement possible, la largeur du droit fil de l'étoffe.

Sur une horizontale CD (fig. 3), parallèle à la base AB du rectangle, on porte, à partir du point 1, la grandeur comprise entre le point de départ des petits arcs et leur arrivée sur la ligne à gauche. Ainsi, pour nous faire bien comprendre, on ouvre le compas de la largeur du point 3 au point R, sur la ligne 4 (fig. 2), et on porte cette mesure du point 3 au point 4, sur l'horizontale CD (fig. 3). Ayant donc porté toutes les mesures données par les arcs sur la ligne CD (fig. 3), on a les points 1, 2, 3, 4, 5. 6, 7, 8, 9, 10, 11, 12, 13, 14, desquels on trace des verticales jusqu'à la ligne AB, base du rectangle, et qui sert également de base à la figure 3, donnant le développement de l'étoffe; ces verticales doivent dépasser la ligne CD. Sur chacune de ces verticales on porte la grandeur des lignes correspondantes formant rayons et que l'on a tracées des points 1 à 14 (fig. 2) des bords du rectangle au point de centre B. Les mesures de ces lignes de diverses longueurs (fig. 3) indiquent le passage du trait de coupe de l'étoffe.

Il faudra donc, pour plisser le rectangle (fig. 1), une quantité d'étoffe découpée suivant la figure 3. Commençant sur la ligne AB (fig. 2), et, par conséquent, quatre parties d'étoffe équivalentes à celle-ci pour plisser tout un ciel de lit ou un plafond, ces quatre parties d'étoffe assemblées donneront la figure 6.

*Remarque.* — Au lieu de diviser les contours du rectangle (fig. 2) en parties régulières, on aurait pu également les diviser en parties irrégulières, puisqu'il s'agit de trouver le plus exactement possible la largeur du droit fil en travers de l'étoffe qui se fixe tout autour du rectangle, la suite de l'opération est toujours la même.

ASSEMBLAGE DES PLIS.<br>
(Fig. 21, pl. 29.)

Avant de former les plis avec l'étoffe assemblée, comme l'indique la figure 6, on borde d'un ruban l'envers de cette étoffe sur la ligne du bas du droit fil en travers qui formera les plis au centre du châssis ; mais, auparavant, il est nécessaire de couper sur cette ligne 1 à 2 centimètres d'étoffe pour ne pas gêner la formation des plis. On cloue ensuite l'étoffe tout autour du châssis, provisoirement, puis on forme les plis de 3 à 4 centimètres de hauteur, suivant la grandeur du châssis ou du plafond, en leur faisant faire l'effet de la figure 21, puis on passe au fur et à mesure un fil de fer à deux endroits différents, et on assemble tous les plis sur une tige à écrou fixée au centre du châssis, qui se recouvre d'un chou d'étoffe ; on arrête définitivement le contour du châssis en mettant des clous en regard de chaque pli du centre. Il vaut mieux, pour l'effet des plis, que l'étoffe soit isolée de la toile du châssis.

DÉVELOPPEMENT D'UN CIEL DE LIT PLISSÉ, FORMANT TOIT.<br>
(Fig. 1, 4, 5, 7, pl. 29.)

Si ce ciel intérieur était assemblé en forme de toit, on développerait séparément les quatre parties formant l'ensemble de ce châssis, ou bien la moitié de chacun des quarts de châssis, comme l'indique la diagonale de la figure 1 et les figures 4 et 5. Le développement se fait en plan de la même manière que pour la figure 2, mais en augmentant chacune des lignes verticales 1 à 14 de l'inclinaison donnée. La verticale AC (fig. 7), représentant la hauteur du centre du châssis, on porte sur la ligne AB (fig. 7) chaque mesure des rayons ; puis, du point B, on trace une ligne au point C, ce qui donne la grandeur du rayon augmentée du développement nécessaire à l'étoffe, puisqu'il en faut un peu plus que si le châssis était à plat. Ainsi, en portant au point D sur AB (fig. 7) la ligne du rayon 1 de la figure 2, et en joignant ce point D au point C, on aura la ligne CD plus longue que AD, et cette ligne sera la ligne 1, 1, côté de la figure 4. Si l'on porte du point A (fig. 7) au point 7 la ligne 7 de la figure 2, et que l'on joigne ce point 7 au point C, la ligne 7C sera la grandeur que l'on portera sur la ligne 7 (fig. 4). Si l'on porte de A en B (fig. 7) la longueur de la diagonale du rectangle (fig. 1) ou ligne 9 de la figure 2, on aura de C en B la longueur de la ligne 9 de la figure 4, qui est détachée de l'autre partie (fig. 5), puisque, dans ce cas, les châssis sont séparés pour former toit, et qu'il faut par conséquent les garnir séparément. Chaque ligne ou rayon de la figure 2 et de la figure 3 sera donc augmentée ainsi, suivant l'inclinaison donnée par AC (fig. 7) et les figures 4 et 5, développements de l'étoffe, seront un peu plus grandes que la figure 3.

### DÉVEVOPPEMENT DE L'INTÉRIEUR PLISSÉ D'UN BALDAQUIN DE COIN.
#### (Fig. 8 et 9, pl. 29.)

Le développement du ciel plissé d'un baldaquin de coin (fig. 8) se fait de la même manière que pour la partie rectangulaire à plat du châssis (fig. 2). On divise le contour de ce châssis en un nombre quelconque de parties régulières ou irrégulières ; de chacun de ces points de division on mène des lignes au point de centre A ; de ce point A, comme centre, on trace des arcs des points de division de 1 à 14, à la rencontre de la ligne suivante ; on mesure chacun des espaces donnés par ces arcs, et on les porte successivement sur la ligne AB, qui est ici fond de châssis et base du développement de l'étoffe. On a les points 1, 2, 3, 4, 5, 6, 7, 8, 9, 10, 11, 12, 13, 14, 15 sur lesquels on trace des verticales indéfinies, puis l'on porte sur chacune de ces verticales la grandeur des lignes ou rayons partant des contours du baldaquin, les différentes mesures de ces lignes indiquent le trait mouvementé de la fig. 9, qui est le développement de l'étoffe nécessaire pour plisser ce baldaquin.

Tout châssis ou plafond mouvementé en plan et sans élévation se développe de la même manière, il est facile, du reste, de tracer en plus ou moins grand ces développements, afin d'en juger la régularité et d'apprécier la facilité qu'ils donnent pour couper les étoffes.

### DÉVELOPPEMENT DES PLAFONDS PLISSÉS.
#### (Fig. 9, 10, pl. 16, et 10, pl. 29.)

La fig. 10 est le développement du quart du plafond (fig. 10 de la pl. 16), opération faite de la même manière que les précédentes, et qu'il est facile de refaire avec les lignes numérotées. La ligne CD, divisée comme la ligne AB, est placée au-dessus du quart du plan, pour faciliter l'opération, comme nous l'avons fait pour les figures 2 et 3.

Le développement de la partie plissée de forme ovale du plafond (fig. 9, pl. 16) se ferait également par quart, et toujours par les mêmes opérations.

### DÉVELOPPEMENT DE L'INTÉRIEUR PLISSÉ D'UN BALDAQUIN DE PIED A ÉLÉVATION. (Fig. 11, 12, 13, 14, pl. 29.)

La fig. 14 est le développement, de la moitié du baldaquin fig. 11, toujours fait par les mêmes principes. Si ce châssis a sur le devant une élévation comme fig. 12, il faut que les lignes de 1 à 5 du plan soient augmentées chacune de l'inclinaison du point de centre A au contour de l'extérieur du baldaquin. Ainsi A C (fig. 13) étant la hauteur $c\,1$ (fig. 12), du milieu du baldaquin, la ligne A 1 du plan (fig. 11) sera portée de A en B (fig. 13), on joint le point B au point C, cette ligne BC sera la longueur de l'étoffe, et on la portera sur le point 1 (fig. 14). Pour chacun des points 2, 3, 4, du plan du baldaquin qui correspondent aux points $b$, $d$, $c$ (fig. 12), on porterait sur une verticale les hauteurs $2b$, $3d$, $4c$, et on opérerait comme on vient de le faire pour la ligne A1 du plan (fig. 11), afin de trouver la longueur des lignes A2, A3, A4 (fig. 11). Dans ce cas, la différence de ces lignes entre elles est peu de chose, et du moment que l'on a trouvé le point le plus élevé du châssis on trace facilement les autres.

Il est préférable que l'intérieur d'un baldaquin même à élévation sur la façade soit à plat, lorsque l'on veut faire un ciel plissé; le plissé se fera avec moins de difficulté et n'en sera que mieux; le lambrequin ou la draperie placée sur la façade du baldaquin cachera toujours la différence de hauteur entre le ciel plissé et l'élévation.

### ROSACES PLISSÉES AVEC ORNEMENTS DÉCOUPÉS.
(Fig. 15, 16, 17, 18, 19, pl. 29.)

Lorsque l'on veut faire des rosaces plissées avec des ornements rapportés, on trace le dessin en plan, comme fig. 15, on en divise le quart en rayons réguliers, comme l'indique la partie droite de cette figure; on marque le passage des rayons sur le dessin par de gros points.

Pour dessiner le développement, comme fig. 16 : on trace deux parallèles distantes de la grandeur du rayon, on porte sur une de ces horizontales les largeurs comprises entre chaque rayon prises sur le contour de la circonférence, puis on trace les verticales indiquant les divisions. On prend ensuite exactement les distances des points marquant le passage des lignes du dessin, soit du centre, soit du bord de la circonférence et on les reporte sur les verticales de la fig. 16, correspondantes aux rayons ponctués de la fig. 15. On trace les contours des ornements, ce qui leur donne une assez grande largeur, on découpe ces ornements dans une étoffe différente que l'on applique sur l'étoffe de fond, et une fois celle-ci plissée, ils feront l'effet du dessin de la fig. 15.

La fig. 18 est le développement de la rosace fig. 17, dessinée au quart, et qui se trace par les mêmes moyens.

La fig. 19 donne le développement d'une rosace ornée de deux galons, qui se plisse comme les figures précédentes.

Dans tout châssis plissé, on peut placer des galons d'encadrement, qui se cousent suivant le développement de l'étoffe, ainsi que nous l'indiquons dans les fig. 3 et 9 (pl. 29).

## LITS DE COIN.

### PLANCHES 27, 31, 32, 33, 34.

Les lits placés dans l'angle d'une pièce sont appelés lits de coin; le dossier de la tête de ces lits doit être plus élevé que celui du pied. Les lits de coin se désignent par lit tête à droite ou tête à gauche, lorsque la tête de ces lits est placée à droite ou à gauche du mur contre lequel ils sont placés dans leur longueur.

La condition essentielle pour la décoration des lits de coin est la juste proportion de leur baldaquin. Les châssis, en quelque bois qu'ils soient ou bien de bois recouvert, doivent avoir de 20 à 30 cent. de moins que la longueur des lits ; leur largeur, du côté de la tête, doit être égale à celle du lit, afin que le rideau de ce côté tombe d'aplomb.

La forme extérieure de ces châssis ne doit pas être trop mouvementée sur plan et doit toujours être inscrite dans le quart d'une ellipse ; de légers mouvements en élévation peuvent convenir à certaines décorations, mais il est nécessaire d'en bien raisonner les effets, car rien n'est plus disgracieux que ces élévations mal comprises ; sur un châssis à plat, ou bien avec des élévations très peu mouvementées, on peut tout aussi bien exécuter des décors de bon goût.

Il est de règle que le milieu de la partie mouvementée du châssis corresponde à la moitié de la longueur du lit, ainsi que nous l'indiquons par le point P (fig. 12, pl. 27).

Les baldaquins de coin, pour les chambres ordinaires, se garnissent de bandeaux, de volants plissés à simple ou à double rang (fig. 1, pl. 31) ; on les garnit aussi de rideaux à têtes flamandes ou à têtes plissées se joignant au milieu (fig. 5, pl. 31).

L'ampleur des rideaux pour ces décorations est de 2 lés en 80 cent. et de 1 lé en 1 m. 30 cent. pour le rideau de la tête ; de de 3 lés en 80 cent et 2 lés en 1 m. 30 cent. pour le rideau du pied. Le fond de lit compris, le côté de la tête emploie ordinairement 5 lés en 80 cent. et 3 lés en 1 m. 30 cent. Il n'y a guère que pour les lits garnis d'étoffe simple que l'on fasse joindre les rideaux ; du moment que l'on garnit le baldaquin de draperies ou d'un lambrequin, il faut mettre des rideaux de moindre ampleur.

Le règlement de ces rideaux se fait comme pour les lits de milieu, en tenant compte de l'élévation du châssis et en biaisant le bas ; mais, même pour des baldaquins de coin sans élévation, on doit couper en biais le haut des rideaux du pied pour qu'ils soient bien galbés et tombent avec grâce.

Les lits de coin se prêtent à des combinaisons très diverses d'après tous les styles, et la conformation de leur baldaquin permet d'exécuter des arrangements de draperies des plus variés.

Nous donnons (pl. 31) des dispositions de décorations simples : la fig. 2 est un lambrequin drapé avec petites parties à chutes aux extrémités sous un châssis en bois apparent peu mouvementé ; la fig. 3, à draperies inégales peu étoffées et à têtes à gobelets, dégage la partie centrale du baldaquin et fait un ensemble assez léger avec les rideaux bonne grâce.

La fig. 6, dont le châssis sans élévation est accompagné d'un lambrequin droit et de rideaux drapés, est toujours d'un bon effet. Le dessin (fig. 7), châssis cintré en plan et en élévation à lambrequin drapé et à rideaux à plis et drapés, convient pour un décor Louis XV simple. Ces deux derniers baldaquins se font de bois apparent à moulures étroites ou bien en bois gainé d'étoffe ou de velours foncé, ainsi que le châssis fig. 2 (pl. 32).

L'effet des rideaux à plis et légèrement drapés partant sous les baldaquins, est facile à exécuter tout en n'employant pas beaucoup plus d'étoffe, et donne un cachet particulier à l'ensemble du lit.

Le décor du lit fig. 4 de style Louis XVI, sous un châssis gainé formant exactement le quart d'une ellipse peut s'exécuter pour une chambre de jeune fille ; les rideaux blancs, s'ils sont très légers, peuvent se croiser un peu sans alourdir l'ensemble. Celui fig. 8, également de style Louis XVI, avec châssis en bois doré ou en bois quelconque, convient pour une chambre importante. Les décors (fig. 3, 5 et 6 de la pl. 32) sont également de style Louis XVI.

Le point important pour l'exécution de toutes ces décorations est de combiner la forme du baldaquin de façon à motiver convenablement les arrêts des rideaux ou des draperies.

Les décorations drapées des pl. 32, 33 et 34, s'exécutent soit sur de légers châssis mouvementés d'après les contours des draperies ou sur des châssis à moulures apparentes ou gainées. Toutes ces sortes de draperies s'étudient d'abord en molleton, afin de juger des effets de leurs plis, ainsi, du reste, que pour les rideaux qui les accompagnent. Nous avons placé en regard des dessins les plans des baldaquins pour les faire mieux comprendre.

Les intérieurs de ces lits sont composés avec des rideaux drapés à l'antique.

## LITS DE PIED.

### PLANCHES 37, 38, 39.

Le lit, vu de pied, est celui dont le dossier de la tête touche au mur, celui du pied s'avançant dans la chambre ; le dossier de la tête doit toujours être plus élevé que celui du pied. Ce genre de lit ne se place pas toujours exactement au milieu d'un panneau, tout en gardant son caractère on peut l'approcher de l'angle de la pièce en laissant une ruelle plus ou moins large.

La dimension des lits de pied est ordinairement plus grande que celle des autres lits, et lorsque la pièce est élevée, on les place sur une marche ou estrade disposée comme nous l'indiquons à la fin du chapitre des tapis.

La largeur des baldaquins ne doit jamais dépasser celle du lit ; pour les lits Renaissance et Louis XIII, elle est la même que celle du lit, mais elle peut tout aussi bien être moindre ; cela dépend du genre de lambrequin adopté ; pour les châssis des autres styles, cette dimension est toujours subordonnée au genre de la décoration.

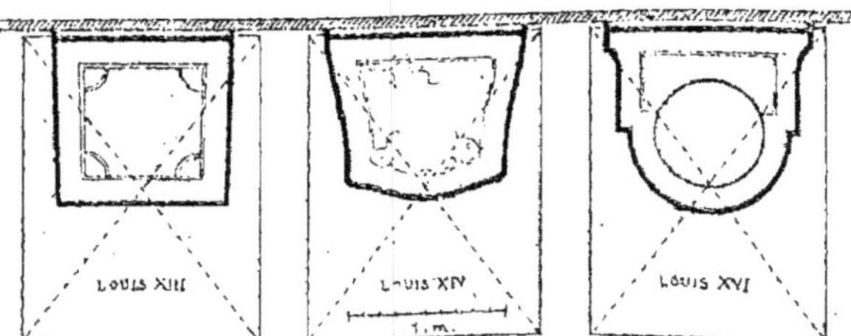


Plans de baldaquins pour lits de pied.

Règle générale, ce genre de baldaquin doit être moins large que le lit, afin de laisser galber un peu les rideaux de chaque côté ; pour la profondeur elle doit toujours être moins grande que la largeur ; les proportions moyennes pour ces châssis sont de 1 m. 40 cent.

de large, sur 1 m. 20 cent. de profondeur, ou de 1 m. 30 cent. sur 1 m. 10 cent.

On fait ordinairement ces baldaquins beaucoup trop saillants; rien n'est d'un plus mauvais effet, car la décoration devient alors très lourde.

Ce genre de lit, occupant beaucoup de place et s'employant par conséquent dans des pièces assez grandes et assez élevées, on peut faire la façade du châssis avec élévation, et l'intérieur à voussure ; mais il n'est pas nécessaire, pour faire une jolie décoration, d'avoir un châssis mouvementé en plan et en élévation ; le cintre en éléva-tion suffit dans la plupart des cas et facilite l'exécution du lambre-quin ou des draperies. On est souvent fort embarrassé, avec un cintre en avant et en élévation, pour faire tomber d'aplomb ces déco-rations.

Le plan rectangulaire pour ce genre de baldaquin, qui convient du reste à tous les styles, est de beaucoup préférable au plan mou-vementé dans tout le contour; lorsqu'on l'emploie, il faut que le fond du châssis soit plus large de quelques centimètres que la partie de la façade, laquelle paraîtrait plus large que la partie touchant le mur, le baldaquin mis en place. On peut sur cette forme mettre des lambrequins ou des draperies.

Sur les plans de style Louis XIV et Louis XV peu mouvementés, on peut adapter des lambrequins; ceux de style Louis XVI, dont la façade est formée par un demi-cercle, conviennent bien aux drape-ries régulières (fig. 1, 3, 5, pl. 39).

Il est nécessaire d'ornementer l'intérieur de ces châssis, soit avec des parties plissées, soit d'applications, puisqu'ils sont plus dégagés que ceux des autres lits, et de les terminer par un léger lambrequin cachant la tête des rideaux.

Pour une décoration simple, on emploie un baldaquin de bois apparent, garni de frange tout autour, ou bien décoré de trois dra-peries sur le devant et de deux draperies avec écharpes sur les côtés; ou encore sur un châssis recouvert, on place trois draperies à têtes flamandes sur la façade et des rideaux, également à têtes flamandes, sur les côtés.

Les rideaux, pour les châssis courants, emploient deux lés en

80 centimètres, et un lé et demi au maximum en 1 m. 30 cent. par rideau ; le fond du lit emploie un lé et demi à deux lés en 1 m. 30 cent. L'ampleur de ces rideaux varie suivant le genre de l'étoffe et de la décoration.

Les rideaux pour les lits de pied ne se mettent que sur les côtés du baldaquin, quelle qu'en soit la forme. Il est de très mauvais goût de les faire croiser ; même, si l'on met des rideaux blancs, il ne faut pas le faire. Dans les décors soignés, les rideaux se plissent ou se drapent, d'après les indications données précédemment ; ils se relèvent toujours assez haut, soit en formant un chou avec l'étoffe, soit au moyen d'un jeu de glands retenu à un rinceau.

Ces rideaux, n'étant pas très larges, se coupent souvent droit, mais il est préférable de les biaiser du haut de 15 à 20 centimètres, ce qui les rend plus gracieux.

Les baldaquins de la planche 38 sont disposés spécialement pour des lits vus de pied ; les draperies jetées se font d'étoffe différente de celle des lambrequins.

Les dessins fig. 1, 2, 6 de cette planche sont de style Renaissance ; ceux fig. 3, 7 de style Louis XIV ; ceux fig. 8, 10 de style Louis XV, et ceux fig. 4, 5, 9 de style Louis XVI. Ces décorations se font aussi bien avec des étoffes simples qu'avec des étoffes riches, comme tous les modèles de cet ouvrage, que nous nous sommes efforcé de rendre pratiques.

Les décorations drapées de la planche 37 se font sur des châssis mouvementés (fig. 5) suivant les contours extérieurs des draperies, décorations qu'il est toujours nécessaire de bien étudier pour distribuer convenablement l'ampleur de l'étoffe, soit des draperies, soit des rideaux, et qu'il est facile d'exécuter sans grands frais.

Nous donnons, du reste, les coupes de ces draperies dans le chapitre suivant. L'arrangement d'un lambrequin dans le genre de celui de la fig. 4, sous des draperies régulières ou irrégulières, est toujours d'un bon effet.

Les lits garnis de cette planche se font d'étoffe assortie aux rideaux et les rampes d'encadrements se font d'étoffe de ton plus soutenu que celle des fonds. Les dessins fig. 1 et 4 sont de style Louis XV et ceux fig. 2 et 3 de style Louis XVI.

## LITS A ALCOVES

### PLANCHES 35 et 36.

Les architectes disposent rarement aujourd'hui des chambres avec alcôve, les pièces des appartements étant beaucoup moins grandes qu'autrefois ; les alcôves se décoraient de draperies ou de lambrequins et de rideaux enfermant au besoin le lit, ces décorations étaient d'un bon effet faisant partie de l'ensemble de la pièce.

Quand une chambre est assez grande on peut toujours faire une disposition d'alcôve, ce qui donne de chaque côté du lit de petits cabinets de grande utilité.

Lorsque l'on place le lit le long du mur comme dans les fig. 1, 2, 3 (pl. 35), on donne à l'alcôve la profondeur du lit. Si la pièce avait environ 4 m. 40 cent. de largeur (mesure sur laquelle les dessins de cette planche sont exécutés), on ferait l'alcôve de 2 m. 40 cent. pour laisser le plus d'air possible autour du lit, on aurait donc 1 mètre pour les petits cabinets de chaque côté. Pour garnir de rideaux la moitié de la façade de la fig. 1, il faudrait 5 lés d'étoffe en 80 cent. en formant les têtes à même les rideaux.

Les rideaux de la figure 2 n'emploieraient que 2 lés pour la partie de 1 mètre et 1 lé pour le rideau touchant le lit, les draperies de cette décoration emploieraient chacune 80 centimètres d'étoffe en hauteur sur une largeur de lé.

Le bandeau irrégulier plissé à tuyaux de la fig. 3 emploierait au moins 3 mètres d'étoffe sur 90 cent. de hauteur ; les rideaux avec cette décoration ne peuvent avoir que peu d'ampleur.

Ces dispositions se font avec des châssis légers supportés par des montants en bois blanc pouvant facilement se démonter. Lorsque la pièce a une corniche il faut toujours placer cette décoration en dessous ; le châssis du lit ferme le haut de la partie de l'alcôve et s'il est nécessaire on en ajuste de petits pour les côtés.

Nous avons placé en regard de chacune de ces décorations le dessin de la fenêtre qui conviendrait pour la même pièce ; décor assez simple, mais qui compléterait bien l'ensemble de la disposition.

On peut ne faire au-dessus des lits placés de milieu que des demi-alcôves pour avoir plus d'air autour du lit. Dans ce cas on fait le châssis un peu plus grand seulement que la longueur du lit, sur 1 m. 20 cent. environ de saillie, cette disposition s'adapte surtout quand on veut masquer les portes.

Les plans ci-dessous, pour des châssis de style Louis XV et Louis XVI, peuvent se modifier selon l'importance que l'on veut donner à l'alcôve

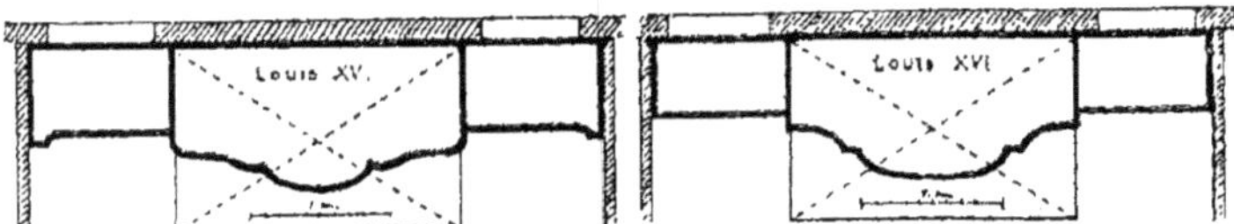


Plans de baldaquins formant demi-alcôves.

Pour ces dispositions, si la pièce n'est pas très élevée, on ne met pas au baldaquin de draperies sur toute la façade, les rideaux partant du châssis dans le genre de ceux des lits de coin, dont nous parlons plus haut, conviennent bien ; quelque décoration que l'on adopte, on ne fait pas joindre les rideaux au milieu du châssis.

En plaçant les lits de pied (pl. 36), on fait également des dispositions d'alcôves auxquelles on donne plus ou moins de profondeur selon la grandeur de la pièce et le genre de la décoration.

On peut donner à l'alcôve toute la profondeur du lit, mais il est plus décoratif de mettre les côtés un peu en retraite du baldaquin, ou même de les mettre à la moitié du lit.

Le châssis du lit, dans ce cas, peut se mettre quelquefois aussi long que le lit, mais il peut toujours se mettre plus long que celui d'un lit de pied isolé. La largeur est égale à celle du lit.

Dans tous les styles on peut faire ce genre de décoration, surtout lorsque la pièce est grande, et qu'elle a une certaine hauteur.

Les dessins de la planche 36 résument les principales dispositions de ce genre, suivant des styles différents, compositions qui peuvent varier à l'infini, comme tout ce qui est décoration.

Le dessin fig. 3 (pl. 36), représentant une disposition de style Renaissance composée d'un lambrequin droit formant pente sur les côtés, est d'un effet sérieux. Les parties drapées et les rideaux qui les accompagnent corrigent un peu la raideur des lignes.

Le dessin fig. 4 (pl. 36), de style Louis XV, est d'une exécution facilement applicable. Les bandeaux drapés, les jetés au-dessus du lambrequin de la façade du lit, ainsi que les rideaux, peuvent se faire d'une étoffe de couleur différente à celle de la tenture intérieure et du lambrequin.

Le décor fig. 2 (pl. 36), de style Louis XVI à moulure gainée, peut s'appliquer à une chambre simple, et il est facile d'en varier la composition, ainsi que le nombre des draperies.

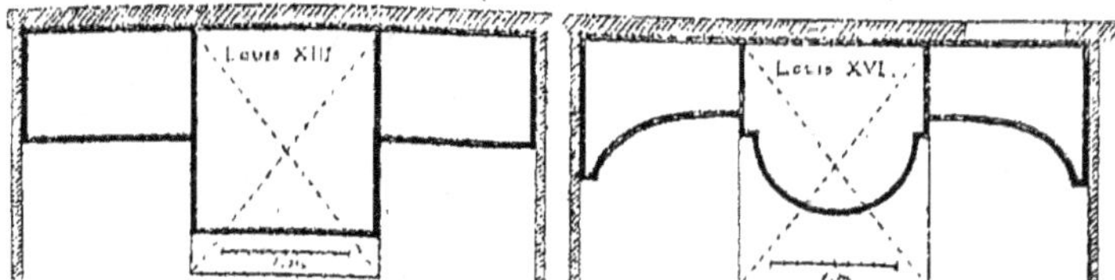


Plans de baldaquins avec côtés formant alcôve.

Les plans ci-dessus indiquent ces dispositions d'alcôves; la forme des baldaquins varie suivant le style de la pièce.

Un point important à signaler pour ces décors est de ne pas contourner en élévation les côtés formant alcôve, les plans en revanche peuvent être mouvementés suivant les besoins de l'alcôve; mais, ce sont les dispositions à châssis droit, de chaque côté du lit, qui font le meilleur effet.

Sans faire de châssis séparés, on peut également mettre le lit de pied dans le fond d'une pièce et disposer une décoration composée d'un lambrequin ou de draperies, à l'aplomb du pied de ce lit ou bien un peu en retraite. Cette décoration sur un même plan ne doit pas être trop importante; pour une chambre simple, elle ne se composerait que d'un bandeau droit ou d'un léger lambrequin avec des rideaux aux extrémités.

## LITS JUMEAUX.

Il n'y a guère que dans de grandes pièces que l'on puisse installer ce genre de lits, difficiles à décorer convenablement, vu l'étendue qu'il faut donner à leur baldaquin.

Décoration Louis XV pour lits jumeaux.

Ces lits se rapprochent plus ou moins, et la grandeur du baldaquin se détermine d'après la superficie occupée par les deux lits et leur intervalle; la profondeur se proportionne suivant ces données; les rideaux de ces lits ne se mettent que sur les côtés, et on les relève assez haut, comme nous l'indiquons dans le dessin en perspective de la chambre ci-dessus.

Une installation que nous avons adoptée de préférence consiste à placer chaque lit dans un angle de la pièce, et de disposer au-dessus deux baldaquins reliés par un châssis de peu de profondeur, auquel il n'est pas nécessaire de mettre des rideaux

Nous avons donné des exemples de ces installations et des précédentes dans notre ouvrage, *Décors de tous styles*, ainsi que dans la seconde partie, *Décoration des appartements*.

Les châssis se font alors de la grandeur des lits, afin de faire tomber les rideaux de pied d'aplomb, et l'on met des rideaux de plus d'ampleur du côté de la tête de chaque lit.

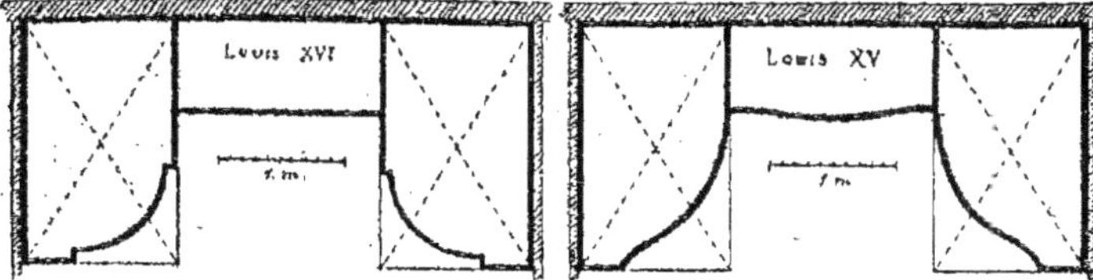


Plans de baldaquins pour lits jumeaux.

Les plans ci-dessus feront comprendre ses dispositions, qui se prêtent à tous les styles; pour une décoration Renaissance on emploierait les formes rectangulaires, et, pour les autres styles, on pourrait dégager le pied des lits en mettant des châssis dans le genre de ceux pour lits de coin. Toutefois, il ne faut pas mettre des draperies ou des lambrequins trop importants, l'étendue de la décoration ne le comportant pas; des parties de bandeaux droits ou de lambrequins découpés, accompagnés de quelques draperies, font des arrangements intéressants.

Nous nous occupons encore des décorations de lits et des combinaisons diverses auxquels ils se prêtent, dans les chapitres qui suivent, où nous passons en revue les styles Renaissance, Louis XIII, Louis XIV, Louis XV et Louis XVI, avec leurs nombreuses applications à l'ameublement.

# CHAPITRE XIII

## FESTONS DRAPÉS, CHUTES, DRAPERIES, DESSINS ET COUPES.

### PLANCHES 45, 46, 47, 48, 49, 50, 51

HAQUE époque, depuis le moyen âge, a eu sa manière de décorer les fenêtres ; les décorations employées étaient, il est vrai, beaucoup plus simples que celles d'aujourd'hui, mais nous suivons toujours les principaux types de ces époques pour l'ensemble de nos compositions.

L'emploi de ces décorations remonte, en effet, à une époque assez éloignée, car il n'a pas toujours suffi d'accrocher des rideaux devant une fenêtre pour se préserver de l'air extérieur, il a été nécessaire d'entourer la tête de ces rideaux par un bandeau d'étoffe dont on recouvrait encore la partie supérieure, de sorte qu'une fois les rideaux fermés, l'air était complètement intercepté.

Ces bandeaux s'appelaient pentes au moyen âge, puis, en découpant leur contour, on en a fait les lambrequins ; ensuite, on leur a donné un peu d'ampleur afin de les draper, ce qui a constitué ce que nous appelons le feston drapé à l'antique, et, successivement, on est arrivé au feston entièrement échancré du style Louis XVI.

Tout en suivant les rares modèles de festons des époques précédentes, les différentes manières de draper les étoffes s'appliquent aujourd'hui presque à tous les styles, car il ne serait pas possible de varier les décors s'il fallait s'en tenir exclusivement aux formes et aux types employés précédemment.

Cependant tous les genres de festons ne peuvent s'appliquer indifféremment à tous les styles ; ainsi, on ne peut employer dans un décor Renaissance, Louis XIII ou Louis XIV, les festons régulièrement drapés, parce qu'ils caractérisent spécialement le style Louis XVI.

La désignation de fenêtres à draperies s'applique à l'ensemble d'une décoration composée de plusieurs festons, de même qu'à toute décoration faite avec une ou plusieurs parties d'étoffe drapée.

La proportion à donner aux festons dépend de la dimension générale de la fenêtre et du nombre et de l'arrangement de ces festons, proportion qui est en moyenne du cinquième de la hauteur totale de la fenêtre.

Les draperies sont généralement accompagnées de galeries de bois doré ou de bois assorti à l'ameublement; on emploie également des galeries gainées de peluches, de velours, comme nous l'avons dit page 148, et ces galeries doivent être disposées pour motiver convenablement les festons ou les jetés. (*Voir page* 149.)

Ce genre de décoration se prête à des combinaisons multiples de festons enlacés d'une ou plusieurs nuances assorties, ou de festons accompagnant des lambrequins plats ou légèrement drapés, effets que la variété des étoffes rend des plus intéressants.

En dehors des festons réguliers, de toutes les manières de draper les étoffes, celles qui se rapprochent le plus du naturel sont celles qui conviennent le mieux. On fait aujourd'hui beaucoup de décors sans presque entailler les étoffes et ce ne sont pas les moins bien réussis ; on peut même, sans aucune coupe préalable, faire des décorations provisoires ou définitives.

Les modèles de la planche 51 ainsi que celui fig. 1 (pl. 50) sont tous dessinés d'après des étoffes drapées sans aucune coupe, tant pour les draperies que pour les chutes; c'est avec une étoffe de

3 m. 70 cent. sur 70 cent. que ces effets sont obtenus. La grande
draperie (fig. 1, pl. 51) est exécutée également sans coupe dans un
morceau d'étoffe de 4 m. 50 cent. sur 1 m. 30 cent. C'est dans ce
genre de décors surtout que le tapissier montrera le savoir et le
bon goût que l'expérience lui aura donnés.

Le tracé de la coupe des festons à l'antique, basé sur les principes
des tentures à l'antique (*voir page* 137), est le plus simple et le plus
naturel ; il sert du reste de point de départ pour la coupe de toutes
sortes de festons. Ce genre de festons s'applique surtout aux styles
Louis XIV et Louis XV et convient à toutes sortes de décorations
pour fenêtres ou baldaquins comme ceux de la planche 37.

On drape les étoffes à l'antique sans les entailler quelquefois, car
il suffit de froncer l'étoffe comme l'indique la fig. 6 (pl. 47) sur la
ligne courbe 2-5-3 ou bien sur celle 1 C D 4, pour obtenir les effets
des fig. 5 et 8 même planche. Cette manière de froncer l'étoffe sans
la couper correspond, comme il est facile de s'en rendre compte,
aux tracés des emplissages des draperies de cette planche ; au lieu
d'enlever l'étoffe elle sert à former le chou.

Nous ferons remarquer la façon toute spéciale par laquelle nous
démontrons la coupe des festons drapés à l'antique et des autres
genres de festons drapés complètement, dont les emplissages ne
sont pas sur une même ligne horizontale.

Le droit fil en long de l'étoffe qui compose un feston quelconque
relevé inégalement doit toujours rester dans une ligne verticale,
surtout si l'étoffe est à dessins parallèles ou à rayures. Il est donc
absolument nécessaire de couper le haut du feston suivant l'inclinaison donnée par la différence de hauteur des lignes d'emplissages ;
ainsi, lorsque l'on a une partie de tenture dont le haut est en biais,
on coupe le haut de l'étoffe suivant ce biais afin de faire tomber les
lés verticalement, suivant leur droit fil en long (fig. 13, pl. 12). Si
l'on a une rampe d'escalier à garnir, il faut couper le haut de l'étoffe
en biais pour que le droit fil en long tombe verticalement, comme
dans la fig. 1 de la page suivante ; de même si l'on veut former des
plis (d'après le principe donné page 142 pour la fig. 1 de la pl. 19),
le haut de chaque intervalle sera coupé en biais suivant l'inclinaison

de la rampe, comme l'indique la fig. 2 ci-dessous. Si l'on voulait placer des festons sur cette rampe, il faudrait nécessairement couper
le haut de ces festons suivant la pente pour que le droit fil tombe
d'aplomb. C'est toujours le même cas pour le moindre des festons
relevés irrégulièment. Comment voudrait-on draper, par exemple,
les festons de côtés de l'archivolte (fig. 10, pl. 47), sans couper
l'étoffe d'après le principe que nous venons d'émettre et que nous
appliquons pour cette archivolte dans la fig. 12. Il est facile de
comprendre que les festons réguliers, c'est-à-dire ceux dont les deux
emplissages sont sur une même ligne horizontale, doivent avoir
seuls le haut de leur coupe formé par une ligne horizontale ; autre-
ment, si l'on employait le même tracé pour les festons irréguliers,
lorsque l'on forme les plis de ces festons pour fixer un emplissage
plus haut que l'autre le droit fil en long se déplacerait d'autant et
serait par conséquent de travers.

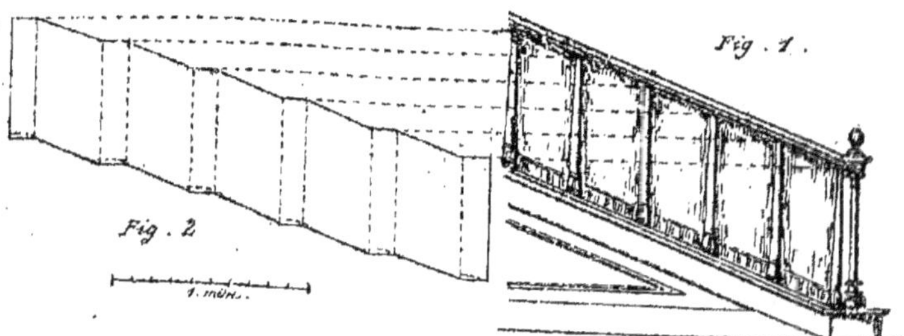


Tenture sur une rampe d'escalier.

Les explications de nos développements font encore mieux
comprendre ce principe qu'il est indispensable d'appliquer, pour
avoir un bon résultat, et qui ne donne que la quantité nécessaire
d'étoffe à employer.

Pour bien draper un feston, quel qu'il soit, il faut calculer
l'ampleur qui lui convient, d'après sa grandeur, ainsi que d'après la
hauteur où il sera placé, le nombre des plis que l'on veut former, et
le genre de l'étoffe. L'ampleur est rarement égale à la hauteur du
feston drapé, mais pour les étoffes très légères on est obligé de

l'employer quelquefois. Il faut se garder, en effet, de mettre trop d'ampleur dans les festons, car il est impossible de les draper convenablement avec une masse d'étoffe qui est aussi disgracieuse dans la partie du milieu que gênante dans les emplissages; une draperie ne doit se composer, comme nous l'avons déjà dit au chapitre de la décoration, que de quelques beaux plis et non d'un amas d'étoffe plissée régulièrement.

Le nombre des plis des festons varie suivant l'importance que ces festons doivent avoir; généralement, on en met quatre; le premier, formé par le galbe du haut, doit avoir peu de saillie; le second en aura un peu plus et le troisième encore davantage; le dernier, dont le bas forme le contour du feston sera le moins saillant de tous. Il est important, en effet, dans chaque feston, comme dans toute draperie, qu'il y ait un pli dominant les autres, mais il ne faut pas, comme on le fait trop souvent, que ce soit celui du bas.

Quoique les emplissages d'un feston régulier soient coupés de la même dimension, on peut, en formant les plis, les froncer et les arrêter de chaque côté d'une manière différente, afin de leur donner une certaine irrégularité, pour se rapprocher le plus possible des effets obtenus par les étoffes drapées naturellement.

Ainsi, pour bien exécuter un feston, il faut se rendre compte de l'ampleur qui lui convient le mieux et faire le tracé de son développement sur l'établi ou sur le tableau noir, comme nous l'expliquons dans les figures qui suivent.

Ces figures résument les différentes manières employées dans la tapisserie et établissent les principes d'après lesquels on trace exactement le développement de toutes sortes de festons avec leurs emplissages.

Les festons se coupent d'abord en molleton; on forme les plis après en avoir fait le tracé sur le tableau noir et l'on rectifie s'il y a lieu le contour du grand galbe inférieur, car ce galbe ne peut être réellement jugé convenable que lorsque le molleton est drapé.

Lorsque l'on a l'habitude des proportions de l'ampleur à donner aux festons, on peut tracer sur le tableau noir le dessin du feston tel qu'il sera exécuté. On applique un morceau de molleton ou de toile douce sur le haut du tracé en le fixant avec des pointes à damas, puis l'on fixe une pointe sur chaque division des plis en laissant goder l'ampleur; on prend ensuite le milieu de l'ampleur de chaque pli d'une main, et de l'autre on tend le pli et on le fixe au point d'emplissage. Tous les plis ainsi formés, on coupe le galbe du bas du feston suivant le tracé fait sur le tableau. On coupe l'étoffe qui dépasse la ligne d'emplissage, ce qui donne des encoches comme dans les fig. 2, 13, 17 (pl. 48); on décloue et l'on coupe l'autre côté sur ce premier, pour avoir un feston régulier. On peut employer ce même moyen pour les festons irréguliers en faisant la coupe sur chacun des côtés, puisqu'ils sont différents de hauteur.

Règle générale, il faut avoir soin de ne pas couper le bas des draperies trop en pointe, il vaut mieux les creuser légèrement ou tout au moins avoir une petite partie méplate, car le poids de l'étoffe et de la frange tend toujours à tirer trop l'étoffe par le milieu.

Nous avons simplifié autant que possible les démonstrations de nos planches, afin de les rendre facilement compréhensibles; beaucoup de festons réguliers ne sont dessinés que par moitié puisque le premier côté trouvé sert pour couper le second; toutes ces démonstrations ayant beaucoup de ressemblance entre elles, nous en avons abrégé quelques-unes, car il est facile de se reporter à celles précédemment exposées.

Nous commençons par l'explication des chutes puisqu'elles accompagnent toujours les festons.

## CHUTES

### PLANCHES 45 ET 46

Les chutes sont le complément et la terminaison obligés des draperies et festons.

Dans les dispositions de draperies exécutées d'un seul morceau, comme les exemples de la pl. 51 et ceux fig. 5 et 8 de la pl. 47, les extrémités de l'étoffe forment les chutes, ce qui est rationnel et leur donne un caractère particulier; mais lorsqu'elles accompagnent les festons coupés séparément, il faut leur donner une ampleur bien proportionnée à celle de ces festons ou draperies.

Dans les décorations de festons réguliers de style Louis XVI les chutes se placent aux extrémités de la galerie ou du baldaquin, comme on le voit dans les fig. de la pl. 41 et 42.

Dans les dispositions de festons enlacés des pl. 43 et 44 elles complètent l'ensemble de ces draperies en retombant dessus ou dessous et contribuent à varier leurs effets.

Les chutes se coupent en molleton, comme les draperies ; les doublures peuvent être placées à contre-sens du droit fil de l'étoffe, et l'on fait les glacis dans le sens des rayons formés par les plis.

Le droit fil en long de l'étoffe est toujours placé verticalement suivant le montant des retours, de sorte que le droit fil des plis les plus élevés, dans les chutes formées comme celle fig. 8 (pl. 45), se trouve être de biais, effet qu'il n'est guère possible d'éviter. Dans les chutes dont le haut est formé par un pli se joignant à un feston à l'antique ou à un feston ordinaire, il est beaucoup mieux d'arrêter le développement de la chute derrière ce pli, de couper le pli séparément ou de le laisser après le feston, suivant le cas, comme on le verra dans les démonstrations des festons.

### CHUTE SUR UN GRAND EMPLISSAGE.
#### (Fig. 1 et 2, pl. 45.)

Les chutes de cette figure sont la continuation de la draperie et doivent par conséquent avoir une assez grande ampleur ; pour leur donner une ampleur convenable on en trace ainsi le développement :

Dessiner comme fig. 2 le trait des contours de la chute de droite ; tracer l'horizontale A B, ligne du haut de la coupe ; porter en E, 20 cent. pour la largeur du retour, abaisser les verticales A F, E G, de la longueur du derrière de la chute ; puis toujours sur l'horizontale A B et à partir du point E porter les mesures du bas des plis comprises entre les points 9-8, 8-7, 7-6, 6-5, 5-4, 4-3, 3-2, 2-1, mesures un peu augmentées, s'il est nécessaire, suivant le genre de l'étoffe, et abaisser de chacune de ces divisions des verticales ; des points 8, 7, 6, 5, 4, 3, 2, 1, tracer des horizontales qui rencontreront les verticales abaissées de la ligne A E B, et l'intersection de ces lignes donnera les points 8, 7, 6, 5, 4, 3, 2, 1, correspondants à ceux du tracé de la chute; puis joindre ces points entre eux, ce qui donnera la ligne de coupe du bas des plis; on la rectifiera si on le juge nécessaire, suivant la ligne ponctuée indiquée du point 4 au point 8.

Le développement complet de la coupe de cette chute sera donc donné par les points A, E, B, C, G, F.

On obtiendra la coupe de la chute de gauche de cette même figure de la même manière, ainsi que celle de la fig. 3.

CHUTE SUR UN EMPLISSAGE EN BIAIS.

(Fig. 3, pl. 46.)

Ce genre de chute se développe comme la précédente en proportionnant l'ampleur à la draperie qu'elle accompagne.

Sur une horizontale B C, porter successivement du point B 1 la largeur nécessaire à chaque pli, on aura ainsi les points *h, i, j, k, l, m, n, o, p,* et de *p* en C porter la largeur du retour; par chacun de ces points faire passer des verticales indéfinies: des points, 1, 2, 3, 4, 5, 6, 7, 8, 9, 10, 11 indiqués sur les plis de la chute, tracer des horizontales qui rencontreront les verticales tracées sur la ligne B C; l'intersection de ces lignes donnera les points, 2, 3, 4, 5, 6, 7, 8, 9, 10, 11, points correspondants à ceux du tracé de la chute. Joindre ces points entre eux, on aura la ligne B G qui sera la coupe du bas de la chute.

Pour tracer la coupe de la partie en biais qui se fixe à la draperie et dont la jonction se cache par un cablé on opère ainsi :

Du haut de chaque pli du dessin de la chute tracer des horizontales qui donneront les points A, 12, 14, 16, 18, D, sur les verticales 2 *h*, 4 *j*, 6 *l*, 8 *n*, 10 *p*; les points D E détermineront le haut du retour. Les échancrures indiquées par les points 13, 15, 17, 19 sur les verticales 3 *i*, 5 *k*, 7 *m*, 9 *o* se trouvent de la même façon ou s'obtiennent en coupant l'étoffe lorsque l'on a formé les plis.

Le développement complet de cette chute sera donc compris entre les points A, D, E, C, G, B, développement qui est tracé à l'envers pour en faciliter la démonstration; il faudrait donc faire le tracé de cette coupe à l'envers de l'étoffe pour obtenir l'effet du dessin.

### CHUTE FORMÉE PAR UNE ÉTOFFE COUPÉE EN RECTANGLE.
#### (Fig. 4, pl. 45.)

Le dessin et le développement de cette figure sont donnés pour faire comprendre la démonstration de la coupe des chutes en général.

Si l'on suspend un morceau d'étoffe rectangulaire A C B D par un de ses angles, il retombera naturellement en faisant des plis, dont l'extrémité inférieure formera une ligne plus ou moins mouvementée suivant le nombre de ces plis.

Ainsi le côté gauche du rectangle A C B D suspendu par le point A forme sept plis et le côté droit en forme quatre. Si du point A, extrémité du haut de la chute, comme point de centre, l'on trace des arcs de cercle partant des points 1, 2, 3, 4, 5, 6, extrémités inférieures de chacun des plis, à la rencontre de la ligne oblique C B côté du rectangle, on aura sur cette ligne les points correspondants 1, 2, 3, 4, 5, 6 ; si de ces points l'on trace des lignes au point de centre A, ces lignes formeront des triangles qui représenteront chacun un pli de l'étoffe. Ainsi, pour faire le développement d'une chute d'après un dessin, il faudrait tracer chacun des triangles formés par les plis, mais nous simplifions beaucoup la manière d'opérer, comme on s'en rendra compte par les démonstrations des figures qui suivent.

Pour modifier et dégager le contour du bas des plis on pourrait s'y prendre ainsi : tracer du point G, sur le côté C A, côté du rectangle et du premier pli, une ligne mouvementée venant rejoindre la ligne C B au point 5 ; cette ligne G 5 en passant sur les obliques 2 A, 3 A, 4 A, donnera les points $b, c, d$ ; si des points $a, b, c, d$, et toujours du point A comme centre, on trace des arcs de cercle à la rencontre des obliques 1 A, 2 A, 3 A, 4 A qui déterminent les plis de la chute, on aura les points correspondants $a, b, c, d$, 5 sur la chute par lesquels on fera passer la nouvelle ligne de coupe, qui sera plus gracieuse et dégagera le bas des plis. De même si l'on coupait le bas du côté droit de cette figure suivant la ligne courbe H B on obtiendrait un meilleur effet.

Peu de chutes ont leur emplissage sur un seul point comme celui de cette figure, le haut de la chute ne commence le plus souvent qu'à peu près suivant l'arc F E de cette même figure.

CHUTE FORMÉE SUR UN SEUL POINT.<br>(Fig. 7 et 8, pl. 45.)

Le dessin fig. 7 représente une chute d'étoffe légère ou de dentelle ; on remarquera que la ligne en zigzag du bas des plis s'élargit en descendant et que les plis s'élargissent dans le sens vertical jusqu'au huitième pli ; les trois derniers diminuant au contraire jusqu'aux bas du retour ; c'est ainsi que se tracent généralement les chutes ordinaires.

Pour tracer le développement de cette chute on opère ainsi :

Sur la verticale A B (fig. 8) reporter le trait formé par les contours de la chute fig. 7 ; porter de A en C la largeur du retour, tracer la verticale C $a$, joindre ce point $a$ au point $b$, ce qui donnera la coupe du bas du retour ; puis des points $b, c, d, e, f, g, h, i, j, k, l, m, n$ qui indiquent l'extérieur et l'intérieur des plis, tracer en prenant le point A comme centre des arcs de cercle indéfinis. Pour trouver le développement de l'étoffe nécessaire à la chute, prendre une ouverture de compas égale à la grandeur $b c$, dernier pli de la chute et la porter, en restant sur le point $b$, sur le petit arc de cercle partant du point $c$ de la chute, on aura le point correspondant $c$ ; prendre une ouverture de compas égale à $c d$, deuxième pli du bas de la chute, la porter du point $c$ que l'on vient de trouver sur l'arc de cercle partant du point $d$ de la chute, on aura le point correspondant $d$ ; prendre la mesure du troisième pli du bas de la chute $d e$ et la porter du point $d$ que l'on vient de déterminer à la rencontre de l'arc de cercle partant du point $e$ de la chute, on aura le point correspondant $e$ ; continuer en prenant la mesure du quatrième pli du bas de la chute $e f$ et la porter du point $e$ que l'on vient de déterminer à la rencontre de l'arc de cercle partant du point $f$ de la chute, on aura le point correspondant $f$ ; continuer encore en prenant la mesure du cinquième pli du bas de la chute $f g$ et la porter du point $f$ que l'on vient de déterminer à la rencontre de l'arc de cercle partant du point *g* de la chute, on aura le point correspondant *g*; prendre successivement les mesures du bas des autres plis *g h, h i, i j, j k, k l, l m, m n*, et les porter comme on a fait pour les cinq premières sur les arcs de cercle tracés des points *h, i, j, k, l, m, n* du dessin de la chute ; l'on joindra entre eux tous les points trouvés sur ces arcs de cercle, ce qui donnera le contour extérieur du développement de la chute *n, m, l, k, j, i, h, g, f, e, d, c, b, a* ; on pourra joindre tous ces points au point de centre A par des lignes obliques comme nous l'avons tracé dans la fig. 10, ce qui facilitera la formation des plis] suivant le dessin fig. 7. On joindra ensuite le point *n* au point A, tout le tracé de l'étoffe nécessaire à la chute avec son retour sera exécuté ; on formera les plis en commençant toujours par le retour et les plis du bas.

Mais, ce n'est que dans certains cas, et faut-il que l'étoffe de la chute soit très légère pour qu'elle ait son emplissage sur un seul point A comme dans cette figure.

CHUTE SUR UN EMPLISSAGE PLUS OU MOINS LARGE.
(Fig. 9, 10, 11, pl. 45 et fig. 1 et 5 pl. 46.)

Pour donner à l'emplissage d'une chute une largeur plus ou moins grande proportionnée à la draperie qu'elle accompagne, on élève ou abaisse à volonté le point A centre des arcs de cercle servant à faire son développement.

Pour faire le tracé du développement de la chute fig. 9, indiquer le trait des contours sur la verticale A B, fig. 10, et placer le point A centre des arcs de cercle, à 45 cent. du point D, ligne d'emplissage ; porter de D en C la largeur de retour ; abaisser de ce point C une verticale au point *a* longueur de ce retour et indiquer de *a* en *b* la coupe du bas. De chaque point de la chute *b, c, d, e, f, g, h, i, j*, X, *k, l, m, n* tracer des arcs de cercle avec le point A comme centre ; tracer également du point D un arc de cercle qui sera la ligne de coupe de l'emplissage de la chute. Reporter ensuite, comme on l'a fait pour la figure précédente, chaque mesure du bas des plis sur les arcs tracés des angles de la chute, puis joindre tous ces points entre eux, on aura le contour *n m l k* X *j i h g f e d c b a* extérieur de la coupe ;

tracer une ligne du point *n* au point A, cette ligne rencontrera l'arc tracé du point D et déterminera le point E, la ligne E *n* sera le côté de la coupe.

Nous avons tracé de chaque point donnant la coupe extérieure, des lignes obliques au point de centre A pour indiquer la formation de chaque pli, d'après le principe démontré fig. 4 ; on pourra former les plis suivant le dessin de la fig. 9, ou suivant celui de la fig. 11, si l'on veut les faire irréguliers, ce qui n'en est que mieux.

L'extrémité des plis d'une chute peut se découper de différentes façons suivant les contours des draperies qu'elle accompagne comme les fig. 1 et 5 de la pl. 46.

La chute fig. 1 (pl. 46), dont les plis sont terminés par des dents découpées en pointes, se développe comme la précédente, seulement le point de centre des arcs de cercle se trouve à 1 mètre 27 cent. du point A, emplissage de la chute, ce qui lui donne une grande ampleur.

### CHUTES DOUBLES.
(Fig. 6, 12, 5, pl. 45.)

Le développement de ces chutes se trace toujours d'après le même principe ; nous avons laissé le dessin au milieu de la coupe afin de la tracer facilement : indiquer sur le dessin (fig. 6) une verticale indéfinie, puis chercher à quelle distance sur cette verticale s'arrêtent les lignes obliques formant les côtés extérieurs des plis ; dans cette figure ces lignes s'arrêtent au point A, à 47 cent. environ du haut de la chute.

Du point A comme centre tracer l'arc C D qui sera le haut de la coupe et ligne d'emplissage, puis des points 1, 2, 3, 4, 5, 6 de chaque côté de la double chute, tracer des arcs de cercle ; les points 6, 5, donneront les contours du bas, des points 5 on portera les mesures 5-4 sur l'arc tracé des points 4, puis l'on portera, comme il a été fait pour les autres figures, chaque mesure du bas des plis sur les arcs de cercle tracés de leurs extrémités ; on aura donc les points 6, 5, 4, 3, 2, 1 E, 1 F, comme contours extérieurs de la coupe du bas de la chute double ; joindre ensuite les points E, F au point A, ces lignes rencontreront l'arc C D, emplissage de la chute, le développe ment de la double chute sera donc compris entre les points C, D, E, F, B.

Le développement de la chute double (fig. 12), dont le premier pli forme tuyau, est encore fait d'après les mêmes principes ; la coupe de l'étoffe nécessaire est comprise entre les points C, D, F, 5, 4, 3, 2, 1, 1, 2, 3, 4, 5, E.

La chute double, fig. 5, dont les côtés ne sont pas égaux, se développe comme celle fig. 6, mais chaque côté de la coupe varie suivant le dessin donné.

CHUTES IRRÉGULIÈRES.
(Fig. 2, 4, 6, 7, pl. 46.)

Ces chutes irrégulières sont composées d'un assez grand nombre de plis d'inégales longueurs, elles emploient, il est vrai, plus d'étoffe que les chutes ordinaires, mais leurs combinaisons, que l'on peut varier, sont d'un bel effet.

Le développement du dessin, fig. 2, se trace absolument de la même manière que celui des figures précédentes et il est facile d'en refaire le tracé en se reportant aux numéros correspondants du dessin de la chute et du développement ; on y ajoute un retour s'il est nécessaire, comme nous l'indiquons en D C et B G, et l'on forme les plis en commençant toujours par le côté du retour.

La chute fig. 4 a un retour composé de trois plis, qui se développe jusqu'au point 4 verticalement, comme celle fig. 2 (pl. 45). Cette partie une fois développée on trace la verticale indéfinie A D B. Le point A, centre des arcs de cercle pour faire le tracé du développement, se place à la distance convenable, suivant l'importance que l'on donne à l'emplissage, puis l'on reporte par des parallèles horizontales les points 7, 5, 8, 4, 9, 10, 15, 11, 14, 12, 13 sur la verticale A D B ; l'on trace les arcs de cercle, on porte chaque largeur du bas des plis comme précédemment et l'on indique les triangles formés par les plis. On plisse ensuite l'étoffe selon ces triangles en commençant par le retour.

Les développements des fig. 6 et 7 s'obtiendront toujours de la même manière.

# FESTONS DRAPÉS A L'ANTIQUE.

## PLANCHE 47.

### FESTON DRAPÉ SUR UNE LIGNE HORIZONTALE.
(Fig. 1, 2 et 13, pl. 47.)

Pour tracer la coupe de ce feston, indiquer d'abord sur le dessin fig. 1, la verticale A B qui le divise également, puisque ses emplissages se trouvent sur la même ligne horizontale C D, et tracer aussi les galbes C B, D B.

*Développement* (fig. 2) : Sur une verticale qui marquera le milieu du feston et le droit fil en long de l'étoffe, porter de G en H la hauteur du feston tout drapé, puis de H en I l'ampleur que l'on veut lui donner, ou bien mesurer la ligne sinueuse de la fig. 1 qui représente le creux et la saillie des plis, et la porter de G en I. Du point G porter sur une horizontale en J et en K les longueurs A C et A D du galbe du haut du feston (fig. 1); abaisser les verticales J Z, K Z; du point I sur une horizontale parallèle à J K, porter en L la mesure du développement du bas du feston (fig. 1) côté gauche et de la moitié du pli, comprise entre les points B et E; porter également au point M la mesure du développement du bas du feston côté droit et de la moitié du pli comprise entre les points B et F; tracer sur ces points L, M des verticales, porter sur ces verticales les hauteurs E C, F D des plis (fig. 1) aux points N et S; mais comme il est nécessaire de creuser un peu le bas des plis pour les dégager on reporte en P et en R ces hauteurs; les galbes I P, I R correspondent à ceux B C, B D de la fig. 1.

Pour donner un peu plus d'ampleur à ce feston, on reporte en O, O le milieu de chaque pli; les côtés de ces plis sont indiqués par les obliques P V, R V et se creusent à partir des points Z placés à l'aplomb des points J, K, déterminant le haut du feston : on joint le point P au point J et le point R au point K, ce qui donne les lignes d'emplissage sur lesquelles on fronce l'étoffe, pour former les plis suivant le dessin (fig. 1).

Le chou complétant le pli se rapporte dans ce cas. Le pli vertical qui fait partie du développement peut se couper à part (comme fig. 7), si on le juge convenable suivant l'assemblage des lés.

La coupe fig. 13 représente le développement d'un des festons de la fig. 8 (pl. 62), ce sont des festons drapés à l'antique et découpés dans le bas. Cette coupe se trace exactement comme celle précédente (fig. 2), seulement la coupe du bas du feston, au lieu d'être sur une ligne horizontale, se découpe suivant le dessin donné ; nous ferons remarquer que le bas des plis devrait réellement se trouver aux points X, X, sur les verticales O, O milieux des plis, mais on les place dans ce cas toujours un peu plus bas, ainsi que nous l'avons fait, parce qu'il est facile une fois les plis du feston formés sur les lignes d'emplissages de relever, à volonté, les plis verticaux des extrémités, et par conséquent les côtés du bas du feston, ce qui contribue, du reste, au bon effet de l'exécution.

FESTON DRAPÉ A L'ANTIQUE ET RELEVÉ INÉGALEMENT.
(Fig. 3, 4, 8 et 9, pl. 47.)

La ligne verticale A B sur le dessin fig. 3 indique l'aplomb du droit fil en long de l'étoffe, et sert de base à l'opération du développement de ce feston ; cette ligne, portée un peu sur la droite, n'en figure pas moins le milieu du feston, puisqu'il est irrégulier.

*Développement* (fig. 4) : Porter sur une horizontale du point 1 au point 2, la mesure C A du haut du feston (fig. 3), et du point 2 au point 3 la grandeur A D du côté droit de ce feston ; tracer l'horizontale 4 K distante de la ligne 1-2-3 de la grandeur D X, différence existant entre les deux lignes d'emplissage du feston (fig. 3) ; tracer du point 1 comme centre des arcs de cercle des points 2 et 3, on aura d'abord le point K que l'on joindra au point 1 ; ensuite l'arc tracé du point 2 donnera sur cette oblique le point G, et cette oblique 1 G K sera le haut de la coupe du feston. Abaisser des verticales de ces points ; la verticale abaissée du point G correspond à celle A B du dessin (fig. 3) qui indique l'aplomb du feston ; de G en H porter la hauteur du feston drapé et de H en J l'ampleur nécessaire. Tracer l'oblique Z 1 Z qui sera la ligne de coupe du bas du feston parallèle à celle J G K, car il est nécessaire dans les festons à l'antique que l'ampleur soit la même dans l'ensemble du feston. Des points Z, Z, tracer des horizontales à droite et à gauche, puis porter de I en L la mesure du développement du bas du feston (fig. 3) côté gauche et de la moitié du pli comprise entre les points B et E; porter également au point M la mesure du développement du bas du feston côté droit, et de la moitié du pli comprise entre les points B et F; tracer sur ces points L, M des verticales, porter sur ces verticales la hauteur des plis E C, F D (fig. 3), ce qui donnera les points N, S; mais comme pour la figure précédente reporter aux points P et R la ligne du haut des plis afin de les dégager par le bas; les galbes I P, I R, correspondent à ceux B C, B D de la fig. 3, ce qui vérifie la justesse du tracé, on portera ensuite en O, O le milieu de chaque pli; ces plis sont indiqués par les obliques P V, R V et se creusent comme dans la figure précédente, à partir des points Z, Z placés à l'aplomb des points J, K, extrémités de la ligne de coupe du haut du feston; joindre le point P au point J et le point R au point K, les deux lignes d'emplissages seront tracées; on froncera l'étoffe pour former les plis sur les points C et D, suivant le dessin fig. 3. Nous avons ajouté à droite du pli R S V le développement de la chute, qui termine ce feston, chute tracée d'après les principes démontrés fig. 2 (pl. 45).

La coupe fig. 9 est le développement de la draperie à l'antique, fig. 8; elle se trace comme la figure précédente, dont l'explication peut servir à faire cette nouvelle coupe, les lettres des deux figures correspondant entre elles.

## FESTONS A L'ANTIQUE DRAPÉS SUR DES RAMPES D'ESCALIERS.

### (Figures 1 et 2, page suivante.)

Si l'on a à garnir une rampe d'escalier droit de festons drapés à l'antique (fig. 1), il faut tracer sur l'établi ou sur le tableau le dessin des festons suivant l'inclinaison de la rampe, en indiquant l'aplomb du droit fil en long; puis l'on fait le développement, comme il a été démontré pour les figures précédentes, avec l'ampleur que l'on juge nécessaire, ce qui donnera la figure 2 ci-dessous. On peut couper séparément les festons ou plusieurs ensemble, suivant la largeur de l'étoffe employée.

Lorsqu'il faut décorer une rampe à jour d'escalier tournant de festons à l'antique ou de tout autre genre de draperies, le haut des coupes de ces festons ou draperies sera toujours donné par l'inclinaison de cette rampe.

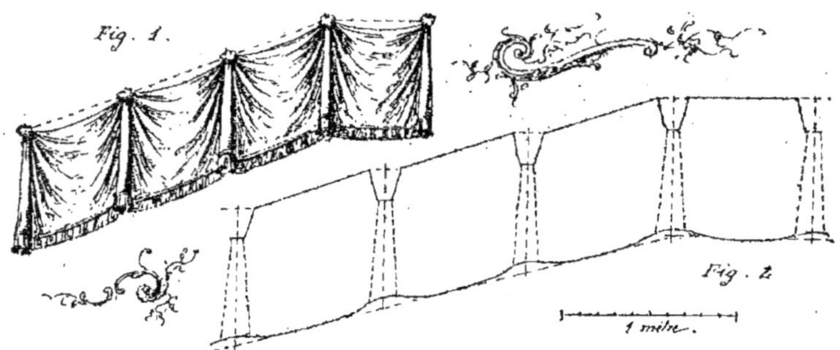


Festons à l'antique drapés sur une rampe d'escalier.

### FESTONS A L'ANTIQUE DRAPÉS DANS UNE ARCHIVOLTE.
### (Fig. 10, 11, 12 (pl. 47.)

Le feston du milieu se développe comme celui fig. 1 de cette planche, puisque ses emplissages et ses plis sont à la même hauteur; la fig. 11 donne la moitié de la coupe de ce feston.

Celui du côté gauche se développe comme celui fig. 3, puisque ses emplissages et ses plis sont à deux hauteurs différentes. Tracer d'abord la verticale A B comme milieu du feston et les lignes ponctuées qui indiquent les galbes de chaque côté.

*Développement* (fig. 12) : porter sur une horizontale du point 1 au point 2 la mesure du côté droit du haut du feston drapé (fig. 10) comprise entre le point A et le point le plus élevé du feston, puis du point 2 au point 3 la mesure du côté gauche du point A à la partie la moins élevée, mesures générales du haut du feston; tracer l'horizontale 4 J, distante de la ligne 1-2-3 de 50 cent., différence de hau-

teur qui existe ici entre les points d'attache de chaque pli et en
même temps points d'emplissage du feston. Tracer du point 1 comme
centre des arcs de cercle des points 2 et 3 ce qui donnera d'abord
le point J, que l'on joindra au point 1 ou point K; l'arc tracé du
point 2 donnera sur cette ligne oblique le point G et cette oblique
KGJ, sera le haut de la coupe du feston. Abaisser des verticales de
ces points ; la verticale abaissée du point G correspond à celle AB du
dessin (fig. 10) qui indique l'aplomb du feston. De G en H porter la
hauteur du feston drapé, et de H en I l'ampleur convenable ; tracer
l'oblique ZIZ qui sera la ligne de coupe du bas du feston, parallèle à celle JGK, car il est nécessaire, dans les festons à l'antique,
comme nous l'avons déjà dit, que l'ampleur soit la même dans l'ensemble du feston. Des points Z, Z, tracer des horizontales à droite
et à gauche, puis porter du point I au point L la mesure du développement du bas du feston et de la moitié du pli du côté gauche,
comme on a fait pour la fig. 4 ; porter également au point M la
mesure du développement du bas du feston côté droit et de la
moitié du pli toujours comme on a fait pour la fig. 4 ; ces mesures
sont portées ici en suivant l'oblique IZ et les horizontales tracées
des points Z. Tracer sur les points L, M des verticales, porter sur
ces verticales la hauteur des plis de la fig. 10, on aura les points
N, S, que l'on reportera en P et R, comme il a été fait précédemment pour pouvoir les échancrer dans le bas comme l'indique cette
figure.

Les galbes IP, IR doivent correspondre également ici aux galbes
tracés dans le feston gauche de la fig. 10.

Porter en O, O le milieu de chaque pli ; ces plis sont indiqués par
les obliques PV, RV et se coupent suivant ce tracé. On joint les
points PJ, RK ce qui donne les lignes d'emplissages.

Suivant cette coupe, le feston n'aura que l'étoffe nécessaire pour
être drapé comme le dessin, et le droit fil en long de l'étoffe restera
d'aplomb.

# FESTONS RÉGULIERS.
### PLANCHES 24, 48, 49 et 50.

La coupe des festons réguliers, c'est-à-dire ceux dont les emplissages sont à la même hauteur, se fait pour un seul côté du feston, on plie ensuite le molleton ou l'étoffe par le milieu, et l'on coupe l'autre côté semblable.

### FESTONS ORDINAIRES.
#### (Fig. 1, 2, 12, 13, pl. 48 et 8, pl. 24.)

Ce feston fig. 1 (pl. 48) a ses emplissages aux points C, D placés à la même hauteur, le pli formant le haut de la draperie se creuse sous la galerie en formant le galbe CED.

*Développement* (fig. 2) : Porter sur une verticale de F en G la hauteur EB du feston drapé (fig. 1) et de G en H l'ampleur qui varie suivant le genre de l'étoffe et le nombre des plis que l'on veut former.

L'ampleur donnée pour ce feston, moins grande d'un cinquième que la hauteur EB du feston drapé, est la proportion la plus grande employée généralement pour les festons d'étoffe un peu ferme.

Tracer de chaque côté du point F une horizontale, porter de F en J la grandeur CE moitié du galbe du haut du feston (fig. 1) et de F en I le galbe ED autre moitié du haut de ce feston.

Tracer une horizontale de chaque côté du point H et porter de H en L la grandeur prise avec un fil, du grand galbe CB contour extérieur du feston (fig. 1), porter également au point K la même grandeur puisque le galbe BD du côté droit du feston est le même que celui CB.

Tracer une horizontale de chaque côté du point G, puis du point H, comme centre tracer les arcs de cercle LM, KN, joindre les points MJ, NI qui seront les lignes d'emplissage du feston.

Pour tracer les arcs de cercle formant les contours extérieurs du feston, porter aux points O, O, environ 15 cent. de chaque côté du point H, et joindre ces points aux points N, M ; pour trouver le centre

des arcs qui passeront par ces points il faut élever sur le milieu des
lignes O M, O N des perpendiculaires indéfinies ; pour cela, des points
O, M, O, N avec une ouverture de compas assez grande, croiser des
arcs de cercle ce qui donnera les points S, S, par lesquels on fera
passer les perpendiculaires partant du milieu des lignes O M, O N.

Les arcs formant les contours extérieurs du feston en comprenant
la partie O H O doivent avoir la même grandeur que les galbes C B,
B D du feston drapé ; il ne faut donc pas tracer des arcs quelconques passant par ces points, mais, avec un mètre pliant ou une
règle plate très souple sur laquelle on marque les mesures des
galbes prises sur le feston (fig. 1) tracer approximativement les arcs
en mettant la règle ou le mètre sur les points N, O, M, O ; il est facile
alors en suivant ce trait de trouver les points de centre exacts des
arcs qui sont à 1 m. 10 cent., environ, aux points R, R sur le prolongement des perpendiculaires élevées sur les lignes O M, O N. On
trace exactement l'arc compris entre les points O, H, O, qui continue ceux de chaque côté et qui forme une ligne méplate nécessaire
au bas du feston, qui tend toujours à former la pointe une fois
drapé.

REMARQUE.

Les points M, N, (fig. 2, pl. 48), qui servent à déterminer les lignes
d'emplissage et le départ du grand galbe de ce feston, ont été trouvés sur l'horizontale passant au point G par les arcs tracés des
points L et K. Cette horizontale M G N est distante de celle J F I,
bord du haut du feston, de la hauteur de ce feston tout drapé ;
l'ampleur nécessaire ayant été portée de G en H.

Ce feston ainsi coupé et mis en place fait bon effet, son ampleur
et ses emplissages étant bien proportionnés et le galbe du bas tracé
exactement ; nous concluons donc que la coupe de ce feston peut
servir de base générale pour toutes sortes de festons.

L'ampleur des festons, variant suivant leur dimension et le genre
d'étoffe, sert donc à déterminer les points M, N, commencement des
emplissages et du grand galbe.

On peut donc couper sûrement les festons d'après ce principe, a très peu d'exceptions près, comme on le verra dans les développements qui suivent, et on aura toujours l'étoffe nécessaire pour diminuer un peu les emplissages et rectifier le galbe en le remontant au-dessus des points M, N, s'il est besoin.

Dans les fig. 2, 13, 17 (pl. 48), nous avons indiqué sur les emplissages les encoches des festons lorsqu'ils ont été drapés, encoches qui ne peuvent se tailler à l'avance et ne s'obtiennent qu'en coupant l'étoffe lorsque l'on a formé les plis.

Le développement, fig. 8 (pl. 24), est la moitié de la coupe du feston dessiné dans la fig. 3 (pl. 24); ce feston, quoique très léger, se taille suivant le principe précédent.

Le feston (fig. 12, pl. 48) est drapé sur une ligne horizontale C A D.

*Développement* (fig. 13) : Porter sur une verticale de E en F la hauteur du feston drapé, puis porter de F en G l'ampleur nécessaire, ou bien porter de suite de E en G la mesure de la ligne sinueuse A B (fig. 12) qui donne la saillie et la profondeur des plis. Tracer par les points E, F, G, des horizontales ; porter de E en H la grandeur A C, moitié du haut du feston et de E en I celle A D ; porter aux points J et K les mesures des galbes B C, B D contours extérieurs du feston ; tracer du point G comme centre les arcs de cercle J L, K M, joindre les points L H, M I, ce qui donne les lignes d'emplissage ; joindre les points G L, G M ; de chacun de ces points comme centre, tracer des arcs qui se croiseront aux points S, S, tracer les perpendiculaires partant du milieu des obliques G L, G M ; porter comme on l'a fait pour la figure précédente, approximativement, les arcs G L, G M, égaux aux galbes B C, B D, (fig. 12), puis les rectifier au compas, une fois les points de centre T, T, trouvés sur les perpendiculaires. C'est le même développement que pour la figure précédente, seulement dans une draperie de petite dimension comme celle-ci, les arcs G L, G M se croisent au même point G et donnent le contour du bas du feston, contour qui se modifie s'il y a lieu lorsque l'on drape le feston.

## FESTON AVEC PLIS AU MILIEU.
### (Fig. 6, 7, pl. 48.)

Les côtés de ce feston ainsi que son pli du milieu sont drapés sur une ligne horizontale.

*Développement* (fig. 7) : Porter sur une verticale de A en G la hauteur du feston, de G en B l'ampleur nécessaire : tracer des horizontales de ces points ; porter de chaque côté du point A, 4 cent. en largeur et 8 cent. en hauteur pour l'échancrure qui servira d'emplissage aux plis du haut ; puis porter de D en C et de E en F chaque galbe du haut du feston. Prendre, comme on l'a fait pour les autres figures, les galbes extérieurs du feston, les porter de B en I et de B en H, puis tracer les arcs IJ, HK, joindre les points JC, KF qui donnent les lignes d'emplissage ; joindre les points BJ, BK, puis tracer les perpendiculaires pour trouver le centre des arcs, comme il a été fait pour les figures 2 et 13.

## FESTON A TÊTE FLAMANDE AVEC PLIS AU MILIEU ET PLIS VERTICAUX
### SUR LE COTÉ (fig. 3, 4 et 5, pl. 48).

On peut faire la coupe de ce feston sans la partie qui reçoit les têtes flamandes, ou avec cette partie, suivant le genre de travail et de l'étoffe employée.

*Développement* (fig. 4) : Porter de A en I la hauteur du feston drapé et de I en B l'ampleur nécessaire, ampleur moindre dans ce cas que pour les autres festons, mais elle pourrait tout aussi bien être plus importante, selon la nature de l'étoffe employée, c'est au tapissier à déterminer exactement l'ampleur nécessaire.

Tracer les horizontales passant par les points A, I, B, porter de chaque côté du point A 4 cent. pour l'échancrure ; élever sur ces points les verticales D, E, égales à la hauteur de la tête flamande ; tracer les horizontales D C, E F de la longueur de chaque pli du haut du feston ; abaisser de ces points des verticales, ce qui donnera les points G, H. Prendre les mesures des galbes du bas de chaque côté du feston (fig. 3), comme s'il n'y avait pas de plis verticaux, et les porter de B en J et de B en K ; tracer du point B comme centre des arcs des points J, K dépassant l'horizontale tracée par le point I de 10 cent. environ, ce qui déterminera les points L, M ; joindre ces points au point B et tracer les perpendiculaires sur lesquelles on trouvera les points de centre T, T, pour tracer exactement les arcs comme il a été démontré dans les figures précédentes. Une fois les arcs B L, B M définitivement arrêtés, tracer de L en O et de M en N des obliques de la longueur du fond des plis verticaux découpés, comme fig. 5, que l'on adapte sur ces lignes obliques.

Pour draper ce feston, on fixe d'abord les points D, E, à côté l'un de l'autre, puis les points C, F, G, H ; on fronce l'étoffe sur l'échancrure de chaque côté pour former les petits plis du milieu, on forme ensuite les grands plis sur les lignes d'emplissage et l'on place les plis verticaux bien d'aplomb.

FESTON LOUIS XVI SUR UN GRAND EMPLISSAGE.

(Fig. 16 et 17, pl. 48.)

Ce feston de 39 cent. de large sur 46 cent. de hauteur sans la frange, a 23 cent. d'emplissage vertical ; on doit donc lui donner une ampleur proportionnée.

*Développement* (fig. 17) : Tracer la verticale A B, porter de A en G la hauteur du feston, puis de G en B, les trois quarts de cette hauteur, ce qui donne 74 cent. que nous répartissons ainsi pour former les quatre plis de ce feston ; 14 cent. jusqu'aux-dessus du premier pli, 12 cent. jusqu'au second pli, 14 cent. jusqu'au troisième, 16 cent. jusqu'au quatrième et 18 cent. pour le quatrième et le bas du feston.

Porter sur une horizontale de A en C et de A en D la mesure du haut du feston, tracer des horizontales du point G, et du point B ; porter au point E la moitié du galbe du bas du feston, tracer du point B comme centre un arc de cercle partant du point E, s'arrêtant à 8 cent. environ sous l'horizontale G H ce qui donne le point F, et joindre ce point au point D ; F D sera donc l'emplissage de cette petite draperie. Le contour du bas se trace par un seul arc, dont le centre T par conséquent est sur la verticale A B milieu de la figure, centre qu'il est facile de trouver, puisqu'il faut que l'arc parte du point F et passe par le point B.

Ce feston se drape comme fig. 16, en tenant compte des répartitions d'ampleurs indiquées plus haut.

### GRANDS FESTONS SUR DES EMPLISSAGES HORIZONTAUX.
### (Fig. 14, 15, 8 et 9, pl. 48, et 5 pl. 24.)

Le grand feston (fig. 14) est retenu sur une galerie ou sur un bâton par les emplissages D E, F G, ayant 15 centimètres.

*Développement* (fig. 15) : Sur une verticale porter de H en I la hauteur C B du feston (fig. 14), et de I en J l'ampleur nécessaire ; tracer par les points H, I, J, des horizontales ; porter de H en K la grandeur C E moitié du galbe du haut du feston, et de H en L l'autre moitié C F ; porter de J en P la grandeur du galbe extérieur B D du feston (fig. 14) puis de J en R l'autre mesure du galbe B G ; du point J, comme centre tracer des arcs des points P, R, on aura les points M, N sur l'horizontale passant par le point I ; joindre le point M au point K et le point N au point L ce qui donnera les lignes d'emplissages. Porter de chaque côté du point J en O, O, 8 cent. environ pour la partie méplate du bas du feston ; joindre ces points aux points M, N, élever les perpendiculaires pour trouver les points de centre des arcs des contours, et tracer ces arcs comme nous l'avons expliqué fig. 2.

Ce feston se coupe donc suivant les mêmes principes que ceux précédents, tout en ayant des emplissages plus importants afin de s'attacher comme fig. 14.

Le grand feston (fig. 8) se développe de la même manière que le précédent, la moitié de la coupe en est donnée fig. 9, il est donc facile de la refaire.

Le développement fig. 5 (pl. 24) donne la coupe du grand feston de droite du dessin fig. 4 (pl. 24), coupe faite avec une grande ampleur.

La fig. 6 donne la coupe du petit feston de gauche même dessin.

### GRAND FESTON RELEVÉ PAR UN CABLE.
#### (Fig. 10 et 11, pl. 48.)

Ce feston peut s'employer dans des combinaisons de draperies comme celle fig. 2 (pl. 44) ou se placer au milieu d'une décoration plus ou moins compliquée pour en varier les effets.

*Développement* (fig. 11) : Porter sur une verticale de F en H, la hauteur A B du feston drapé, et de H en I l'ampleur nécessaire ; tracer des horizontales des points F, H, I, porter de F en G la mesure A C du galbe intérieur du feston (fig. 10) ; porter de I et J la mesure du galbe B D extérieur du feston ; du point I comme centre, tracer du point J un arc de cercle, ce qui donne le point K sur l'horizontale tracée du point H ; joindre le point K au point G, ce qui donne la ligne d'emplissage ; joindre le point K au point I, puis tracer la perpendiculaire sur le milieu de cette ligne, tracer l'arc de cercle I K, comme il a été fait pour la fig. 2 ; porter du point I au point L la grandeur du galbe B E, du feston (fig. 10) et de L en K la grandeur du galbe E D, tracer les perpendiculaires et tracer les arcs de cercle qui sont compris entre celui indiqué du point I au point K.

Le contour coupé suivant les deux arcs K L, L I fera bien l'effet de celui B E D (fig. 10) lorsque le feston sera entièrement drapé.

On remarquera que cette coupe (fig. 11) est tracée dans le sens opposé au dessin fig. 10 ; on n'aura donc qu'à retourner cette fig. 11, pour avoir la coupe dans le sens de la fig. 10.

### FESTON A CONTOUR DÉCOUPÉ ET PLIS VERTICAUX SUR LES CÔTÉS.
#### (Fig. 5 et 6, pl. 49.)

Ce feston se développe comme les précédents ; une fois les points L, J déterminés, et l'arc du contour du bas tracé, on place sous ce contour, soit avec un calque, soit en les dessinant, la ligne L N du fond du pli et la partie découpée N O, en ayant soin de les tracer le long de ce contour bien à la même distance qu'ils le sont autour du galbe B C dans la fig. 5.

14

## FESTON AVEC PLIS AU MILIEU DONT LES EMPLISSAGES SONT PLUS ÉLEVÉS QUE CEUX DES CÔTÉS.

### (Fig. 2 et 3, pl. 50.)

Ce genre de feston trouve son application dans bien des cas ; il est nécessaire pour le draper convenablement de ne mettre que l'ampleur suffisante ; l'emplissage des plis du milieu étant plus élevé que celui des côtés, il faut que le haut de l'étoffe soit coupé suivant un biais proportionné à cette différence de hauteur.

*Développement* (fig. 3) : Porter sur une verticale de A en J la hauteur A B du feston (fig. 2) et de J en K l'ampleur nécessaire ; tracer des horizontales des points A, J, K. Sur l'horizontale partant du point A porter de ce point en E, 4 centimètres pour l'échancrure, puis de E en F la grandeur du galbe C A du feston (fig. 2) : tracer une autre horizontale distante de la première de la différence de hauteur qui existe entre le point C et le point A emplissages des plis du feston, soit à 10 centimètres environ ; du point E comme centre tracer un arc du point F, ce qui donnera le point G sur cette dernière horizontale ; joindre le point G au point E, l'oblique donnée sera le haut de la coupe du feston ; tracer de E en I l'échancrure de 8 centimètres environ.

Porter de K en L le galbe extérieur B C du feston (fig. 2), tracer du point K comme centre un arc de cercle du point L, on aura le point M sur l'horizontale partant du point J   joindre le point M au point G, ce qui donne la ligne d'emplissage ; tracer l'arc K M, coupe du contour du feston comme il a été fait pour la fig. 2 (pl. 48) ; la moitié de la coupe de ce feston sera donnée par le tracé compris entre les points G, E, I, J, K, M. La partie du milieu de la coupe a plus d'ampleur que celle du côté, puisqu'elle se drape sur un point plus élevé.

### REMARQUE.

Nous avons abrégé dans toutes ces figures la démonstration du tracé des arcs formant les contours des festons, car il est facile de se reporter à la fig. 2 (pl. 48) pour laquelle ce tracé est démontré complètement.

# FESTONS IRRÉGULIERS.
## PLANCHES 49 ET 50

Nous désignons sous le nom de festons irréguliers ceux dont les emplissages ne sont pas sur une même ligne horizontale.

### FESTON IRRÉGULIER ORDINAIRE.
#### (Fig. 13, 14 et 15, pl. 49.)

Nous donnons d'abord la coupe de ce feston sans la partie de gauche formant pli que l'on peut ajouter à volonté ou tailler avec le feston, comme on le verra dans les exemples qui suivent.

*Développement* (fig. 14) : Sur une horizontale porter de F en G la mesure du galbe D A du feston (fig. 13), puis de G en H celle A C; abaisser du point F une verticale, et porter sur cette verticale au point 4 la grandeur C E (fig. 13), différence de hauteur des emplissages du feston; tracer de ce point 4 une horizontale, du point F comme centre tracer des points G et H des arcs de cercle; l'arc partant du point H donnera sur l'horizontale venant du point 4 le point I, joindre ce point au point F, la ligne oblique I F sera la ligne de coupe du haut du feston; l'arc tracé du point G donnera sur cette oblique le point J.

De ce point J abaisser une verticale sur laquelle on portera en K la hauteur A B du feston drapé (fig. 13); puis de K en L porter l'ampleur nécessaire, ampleur qui est toujours moindre que la hauteur du feston drapé. Cette verticale J K L correspond à celle A B tracée sur le feston (fig. 13), qui indique le milieu du feston, c'est-à-dire son aplomb, puisqu'il est irrégulier; la verticale J K L indique donc le droit fil en long de l'étoffe, et sert de base au tracé de la coupe. Tracer à gauche du point K une horizontale et une autre des deux côtés du point L; porter de L en N la mesure du galbe B C du feston (fig. 13); tracer du point L comme centre un arc de cercle qui donnera le point U sur l'horizontale tracée du point K; joindre le point U au point I, ce qui donnera la ligne d'emplissage du côté gauche; pour tracer exactement l'arc de cercle formant le contour de ce côté

du feston, joindre les points U et L et de ces points avec une ouverture de compas assez grande tracer des arcs qui donneront le
point S ; tracer la perpendiculaire passant par ce point et tombant
sur le milieu de l'oblique U L ; prendre sur une règle flexible la
mesure du galbe C D côté gauche du feston, la porter entre les
points U, L, tracer l'arc approximatif dont on cherchera le point de
centre sur la perpendiculaire que l'on vient d'élever et qui se trouve
au point T ; rectifier l'arc de cercle, la coupe du côté gauche de ce
feston sera trouvée.

Pour terminer la coupe du côté droit on continue ainsi :

Porter au point M sur la verticale F 4 prolongée la grandeur J K
hauteur du feston drapé ; du point K et par le point M tracer une
ligne oblique qui sera parallèle à celle du haut de la coupe I J K.
Prendre la mesure du galbe B D côté droit du feston drapé (fig. 13)
et la porter sur une horizontale du point L en O ; on aurait aussi
bien pu porter cette mesure au point P sur une oblique partant du
point L et parallèle à celle K M ; du point L comme centre tracer un
arc de cercle partant du point O qui donnera sur l'oblique K M prolongée le point R ; joindre le point R au point F ce qui donnera la
ligne d'emplissage de ce côté.

Pour tracer l'arc de cercle formant la coupe de ce côté du feston,
joindre le point L au point R, tracer la perpendiculaire comme il a
été fait pour l'autre côté, porter la mesure du galbe B D un peu
augmentée avec une règle pliante entre les points L, R et tracer définitivement l'arc de cercle lorsque l'on a trouvé le point T sur la perpendiculaire à l'oblique L R. On rectifiera suivant la ligne ponctuée
le bas de la coupe au point L.

Le tracé complet de la coupe sera fait, il n'y aura que l'étoffe
nécessaire pour former convenablement les plis et par le fait de la
coupe en biais du haut, le droit fil de l'étoffe restera d'aplomb, ainsi
que tout le feston lorsqu'on formera les plis ; aplomb indispensable
à conserver de toute façon et surtout si l'on emploie une étoffe à
rayures ou à dessins.

La fig. 15 donne la coupe de la chute, du pli et de la petite partie venant s'ajouter au feston pour faire l'effet complet de la fig. 13, mais lorsque l'on veut avoir cet effet, il faut laisser après la coupe du feston la petite partie qui le relie au pli, du reste comme on a fait pour les festons drapés à l'antique.

### GRAND FESTON IRRÉGULIER AYANT UN COTÉ A EMPLISSAGE HORIZONTAL.
#### (Fig. 4 et 5, pl. 50.)

La verticale A B (fig. 4) indique l'aplomb du droit fil du feston, le point C l'emplissage ordinaire et les points D et E la largeur de l'emplissage horizontal.

*Développement* (fig. 5) : Sur une horizontale porter de F en G la mesure du galbe D A du feston (fig. 4), puis de G en H celle A C, abaisser du point F une verticale et porter sur cette verticale au point 4, la mesure C 2 (fig. 4) différence de hauteur des emplissages du feston ; tracer de ce point 4 une horizontale ; du point F comme centre tracer des points G et H des arcs de cercle ; l'arc partant du point H donnera sur l'horizontale venant du point 4 le point I, joindre ce point au point F ; la ligne oblique I F sera la ligne de coupe du haut du feston ; l'arc tracé du point G donnera sur cette oblique le point J.

De ce point J abaisser une verticale sur laquelle on portera en K la hauteur A B du feston drapé (fig. 4), puis de K en L porter l'ampleur nécessaire. Cette verticale J K L correspond à celle A B tracée sur le feston (fig. 4) qui indique l'aplomb du droit fil du feston.

Tracer à gauche du point K une horizontale et une autre des deux côtés du point L ; porter de L en N la mesure du galbe B C du feston, tracer du point L comme centre un arc de cercle qui donnera le point V sur l'horizontale tracée du point K ; joindre le point V au point I, ce qui donne la ligne d'emplissage du côté gauche ; pour tracer l'arc de cercle formant le contour de ce côté du feston, porter du point L au point X 9 à 10 cent. pour former la partie méplate ; joindre le point X au point V, de ces points tracer des arcs qui se croiseront en S, tracer la perpendiculaire sur le milieu de VX et passant par ce point S ; porter le galbe B C du feston (fig. 4), avec une règle flexible, du point L au point V et indiquer la partie de ce galbe comprise entre V, X ; rechercher sur la perpendiculaire avec le compas le point de centre T de l'arc pour le rectifier ; la coupe du côté gauche de ce feston sera trouvée.

Pour terminer la coupe du côté droit on continue ainsi :

Porter au point M sur la verticale F 4 prolongée la grandeur J K, hauteur du feston drapé ; du point K et par le point M faire passer une ligne oblique qui sera parallèle à celle du haut de la coupe I J F. Prendre la mesure du grand galbe B E côté droit du feston drapé (fig. 4) et la porter du point L en O ; comme pour la figure précédente on aurait pu tracer du point L une oblique parallèle à celle K M et porter au point P la mesure du galbe B E ; du point L comme centre tracer un arc de cercle partant du point O, qui donnera sur l'oblique K M prolongée le point U, point d'où l'on pourrait tracer l'oblique rejoignant le point L, sur laquelle on élève la perpendiculaire pour trouver le point de centre de l'arc ; mais dans les festons dont les emplissages sont si différents de hauteur, et dont l'emplissage horizontal n'est pas très large comme celui-ci, on peut diminuer la argeur de cet emplissage en reportant de quelques centimètres au point R le point de départ de l'arc ; joindre donc ce point R au point L, tracer la perpendiculaire, porter sur une règle pliante la mesure du galbe B E un peu agrandie ; tracer l'arc R L approximatif d'abord, puis chercher le point T qui se trouve à 1 m. 25 cent. sur la perpendiculaire et tracer l'arc exactement.

Le tracé de la coupe de ce feston ne diffère presque pas du tracé de celui qui précède ; la grandeur des emplissages variant seule suivant leurs dispositions et la grandeur du feston.

## GRAND FESTON DRAPÉ D'UN CÔTÉ A L'ANTIQUE ET DE L'AUTRE A GRAND EMPLISSAGE.

### (Fig 6 et 7, pl. 50.)

Ce feston se composant d'un côté relevé à l'antique et d une partie formant draperie relevée sur un large emplissage se coupe suivant les principes déjà démontrés pour ces deux cas.

Les deux emplissages étant sur la même ligne horizontale le haut de la coupe reste horizontal.

*Développement* (fig. 7) : Sur une verticale porter de F en L la hauteur A B du feston drapé (fig. 6) et de L en G l'ampleur nécessaire, tracer des horizontales des points F, L, G ; porter de F en H la mesure du galbe A C du haut du feston puis de F en I celle A D. Abaisser du point H une verticale, porter du point G au point M la mesure du contour formant le bas du côté à l'antique, comprise du point B jusqu'au milieu du pli ; tracer une verticale sur le point M, porter sur cette verticale au point N la hauteur du pli, mais comme il vaut mieux le creuser un peu dans le bas, reporter cette mesure au point P ; si de ce point P on trace au point G une ligne galbée, cette ligne correspondra au galbe B C du feston (fig. 6), ce qui prouve la justesse de l'opération. Joindre le point P au point H, la ligne donnée sera l'emplissage de ce côté. Tracer le haut du pli du poin P dont le milieu se reporte en O pour avoir un peu plus d'ampleur ; tracer le contour du bas du pli qui peut se creuser un peu avant le point Z ce qui le dégage davantage.

Pour terminer la coupe de l'autre côté porter de G en J, la mesure du grand galbe B E du feston ; du point G comme centre tracer un arc du point J, on aura le point K sur l'horizontale partant du point L ; joindre ce point K au point I on aura la ligne du grand emplissage : joindre le point K au point G, élever le perpendiculaire et tracer l'arc comme il a été fait pour toutes les figures précédentes. La coupe entière de ce feston sera tracée.

GRAND FESTON IRRÉGULIER DRAPÉ À L'ANTIQUE ET A LARGE EMPLISSAGE.
(Fig. 8 et 9, pl. 50.)

Ce feston, composé d'une partie drapée à l'antique et d'une autre partie relevée sur un emplissage horizontal, diffère du précédent par la hauteur de ces emplissages. Il faut donc que la coupe du galbe du haut du feston soit taillée en biais, un côté du feston coupé suivant le principe des festons à l'antique, l'autre suivant le principe des festons irréguliers.

*Développement* (fig. 9) : Sur une horizontale porter de D en E et de E en F le galbe du haut du feston, du point D abaisser une verticale, porter sur cette verticale au point 4 la différence de hauteur des emplissages, tracer de ce point 4 une horizontale ; du point D, comme centre, tracer des points E et F des arcs de cercle ; l'arc tracé du point F donnera le point G sur l'horizontale venant du point 4 ; joindre le point G au point D, cette ligne oblique G D sera la ligne de coupe du haut du feston ; l'arc tracé du point E donnera le point A ; du point A abaisser une verticale sur laquelle on portera de A en B la hauteur du feston drapé (fig. 8), et de B en C l'ampleur nécessaire ; cette verticale A B C sera le milieu de l'opération et indiquera le droit fil en long de l'étoffe.

Abaisser du point G une verticale de la longueur de celle A B C, ce qui donne le point Z ; tracer par les points Z, C une oblique qui sera parallèle à celle G A D du haut du tracé. Du point Z tracer une horizontale, du point C porter au point M sur cette horizontale la mesure du développement de la partie drapée à l'antique ; tracer de ce point M une verticale et indiquer sur cette verticale la hauteur du pli en N, que l'on reportera au point P, comme il a été fait jusqu'à présent pour les festons à l'antique, afin de dégager le contour du bas du pli, et reporter au point O l'axe de ce pli ; le galbe tracé de P en C sera correspondant à celui indiqué sur le grand feston (fig. 8).

Joindre le point P au point G, ce qui donnera la ligne d'emplissage et tracer le contour inférieur du pli, la coupe de ce côté sera terminée.

On continuera ainsi pour le côté droit : porter au point K sur la verticale D 4 prolongée, la grandeur A B, hauteur du feston drapé ; du point B et par le point K faire passer une oblique qui sera parallèle à celle du haut de la coupe G A D. Prendre la mesure du grand galbe inférieur du côté droit du feston drapé, comme il a été fait pour la figure 5 et la porter soit en H soit en I ; du point C, comme centre, tracer du point H un arc de cercle, on aura le point J sur l'oblique tracée par B, K ; joindre le point J au point D, ce qui donne la ligne d'emplissage de ce côté. Pour tracer le grand arc de cercle, joindre le point J au point C, tracer comme il a été fait précédemment la perpendiculaire, indiquer provisoirement cet arc de cercle, en chercher le point de centre T placé à 1 m. 55 environ sur la perpendiculaire et le tracer exactement, toute la coupe sera trouvée.

### FESTON IRRÉGULIER AVEC PLIS VERTICAUX ET CONTOUR DÉCOUPÉ.
### (Fig. 11 et 12, pl. 49.)

Ce feston, fig. 11, fait partie d'un décor Louis XIV (fig. 7, pl. 63) Le tracé du développement de ce feston, quoique dérivant des principes déjà démontrés, en diffère en ce que nous avons d'abord placé l'ampleur nécessaire sur la verticale du milieu, cette ampleur étant dans ce cas peu importante.

Nous avons indiqué sur le dessin, fig. 11, la verticale A I B C, milieu du feston et aplomb du droit fil en long de l'étoffe et de D en E la différence de hauteur de l'emplissage ; la partie comprise entre la ligne courbe D F tête de ce feston, et la ligne D I F contour du premier pli, est une partie plate, dont la coupe se trace avec le reste du feston.

*Développement* (fig. 12) : Sur une horizontale porter de J en K le galbe F I (fig. 11) et de K en L le galbe I D, tracer du point J une verticale, porter sur cette verticale au point 4 la mesure E D (fig. 11) différence de hauteur des deux emplissages et tracer de ce point 4 une horizontale ; du point J comme centre, tracer des points K et L des arcs de cercle, celui tracé du point L donnera le point M sur l'horizontale venant du point 4 ; joindre le point M au point J, l'oblique M J sera la ligne du galbe du premier pli et serait la ligne de coupe du haut du feston si ce feston était creux, mais puisque dans ce cas le haut du feston suit le contour de la galerie, on ajoute sur l'oblique M J la partie M K 2 J, nécessaire pour garnir l'emplacement compris entre la ligne courbe D F et celle D I F (fig. 11) ; donc cette courbe M K 2 sera la ligne du haut de la coupe.

L'arc de cercle tracé du point K donnera sur l'oblique M J le point N ; tracer de ce point une verticale sur laquelle on portera au point O la mesure de l'ampleur que l'on donne à ce feston, ampleur

qui n'est que de 26 cent. pour la hauteur de 60 cent. hauteur du
feston, proportion moyenne que l'on donne à ce genre de feston
drapé. Abaisser du point M une verticale sur laquelle on portera
26 cent., ce qui donne le point P; de ce point P tracer à gauche une
horizontale. Prolonger la verticale J, 4 à 26 cent., ce qui donne le
point R, puis faire passer une oblique par les points P, O, R, cette
oblique sera parallèle à celle M N J.

Du point O au point S porter 60 cent. hauteur du feston drapé,
puis de chaque côté du point S tracer une horizontale. Prendre la
mesure du galbe B D, côté gauche du feston (fig. 11), qui représente
le contour d'un feston ordinaire et la porter de S en T; puis du
point S, comme centre, tracer du point T un arc de cercle qui
viendra rencontrer l'horizontale partant du point P, ce qui donnera
le point V, joindre ce point V au point M; cette jonction donnera
la ligne d'emplissage de ce côté. Du point V au point S porter avec
une règle souple le galbe D B du feston (fig. 11) et le tracer comme
dans cette figure 12.

Prendre la mesure du galbe B F, côté droit du feston (fig. 11) et
la porter de S en U, puis du point S, comme centre, tracer du point
U un arc de cercle qui rencontrera l'oblique passant par les points
O, R, au point X; joindre ce point X au point J, ce qui donnera la
ligne d'emplissage de ce côté du feston. Du point X au point S avec
une règle souple, comme on a fait pour l'autre côté, porter le galbe
F B du feston (fig. 11) et le tracer comme dans cette figure 12.

Pour terminer la coupe, il faut tracer maintenant les contours du
bas du feston et les côtés qui doivent recevoir les plis; pour cela
porter du point S en Y (fig. 12) sur l'horizontale S T la mesure du
développement formant le bas du feston du côté gauche (fig. 11),
de C en H; puis sur l'horizontale S U porter de S en Z la mesure du
développement du côté droit de C en G; tracer du point S comme
centre, et des points Y, Z des arcs de cercle à la rencontre des galbes
du feston; ces arcs indiqueront, en dehors de ces galbes, le commencement du bas des plis verticaux.

Pour tracer les contours découpés on peut prendre sur le dessin
(fig. 11) un calque exact comprenant le fond des plis jusqu'aux

points D et F. On portera ce calque autour des galbes V S, S X, en le plaçant bien exactement comme le dessin, fig. 11, mais en tenant compte du développement de l'étoffe; les arcs tracés des points Y, Z aideront à bien placer ce contour; si l'on traçait le contour du côté gauche comme il se trouve lorsque le feston est drapé, il viendrait se placer comme nous l'indiquons au point 3, il faut donc le coucher un peu sur la gauche. Les lignes V Y, X Z, donnent la place où viennent se fixer les plis verticaux.

On ajoutera à cette coupe les plis de chaque côté et l'on pourra draper facilement le feston qui restera d'aplomb suivant la ligne verticale N O S, et le contour du bas fera naturellement l'effet du dessin (fig. 11).

### PETITS FESTONS IRRÉGULIERS.
#### (Fig. 2, 7, 8, 9, 10, pl. 49.)

Le développement (fig. 2) donne la coupe de la petite draperie irrégulière, faisant partie du manteau ducal (fig. 6, pl. 78).

Ce genre de feston que l'on emploie très fréquemment n'ayant pas beaucoup d'ampleur se coupe suivant les principes de la figure précédente, mais avec quelques modifications afin d'avoir des emplissages un peu larges.

Sur une horizontale (fig. 2) porter de C en D la première partie du galbe du haut, puis de D en E la seconde partie, et du point C comme centre tracer des points D, E des arcs de cercle; porter de E en F la différence de hauteur des emplissages, puis du point F mener une oblique au point C ce qui donne le haut de la coupe du feston. L'arc abaissé du point D donne le point A sur l'oblique F C et de ce point A abaisser une verticale qui sera la ligne d'aplomb du feston. Abaisser des points F, A, C, des verticales de 20 cent. ampleur nécessaire, on aura les points G, H, I, par lesquels on fera passer une oblique parallèle à celle F A C. Porter de H en B sur la verticale abaissée au point A la hauteur du feston drapé; par le point B, on fera encore passer une oblique parallèle aux deux précédentes; porter de B en L et de B en M sur cette dernière oblique, la mesure des deux côtés du galbe inférieur du feston. Du point B comme centre, tracer du point L un arc de cercle qui donnera le point K sur la seconde oblique parallèle ; du point B comme centre, tracer du point M un arc de cercle qui donnera le point J sur une petite horizontale qu'il faudra tracer du point J ; joindre les points K, F et J, C qui seront les lignes d'emplissages qu'il est nécessaire de tracer, comme nous venons de l'indiquer, afin de les avoir à peu près de la même grandeur.

Les fig. 8 et 9 donnent le développement des petits festons de la fig. 7, développements établis suivant les principes des deux figures précédentes, en tenant compte du mouvement de la partie formant tête.

La fig. 10 donne le développement d'un des festons irréguliers de la fig. 9 (pl. 43) et il est accompagné du pli et du retour.

### FESTONS IRRÉGULIERS DE LA PLANCHE 24.

La fig. 10 (pl. 24) donne la coupe de la draperie jetée placée en travers du lambrequin fig. 9 (pl. 24), cette coupe est faite suivant les principes précédents.
La fig. 11 (pl. 24) est la coupe de la petite partie drapée placée à droite et faisant suite à cette draperie.

La fig. 13 (pl. 24) donne la coupe de la draperie jetée et dessinée fig. 12, même planche. Ce développement est fait sur une horizontale C A D avec une grande ampleur, vu l'effet qu'il faut obtenir sur le milieu de la galerie, car on ne peut guère considérer cette draperie comme un feston irrégulier.
La fig. 14 (pl. 24) est la coupe de la draperie du côté gauche de la fig. 12, avec une partie H K J I disposée de façon à laisser voir l'envers rejoignant le jeté de droite.

# CHAPITRE XIV

## LAMBREQUINS, CANTONNIÈRES, DESSINS ET COUPES

PLANCHES 25, 44, 49, 52, 53, 54, 55, 56, 57, 58, 59, 60, 61, 62, 63, 68, 69, 70, 78.

'EMPLOI des lambrequins remonte à une époque assez éloignée, et comme nous le disions au chapitre précédent, les lambrequins dérivent des bandeaux entourant les fenêtres. Ces bandeaux s'appelaient pentes au moyen âge, puis on leur a appliqué le mot de lambrequin, qui se donnait aux étoffes découpées accompagnant les armoiries, et aux housses des chevaux.

Les pentes du moyen-âge se sont donc transformées successivement en lambrequins plus ou moins riches d'ornementations et de passementeries, tout en gardant le style particulier de chaque époque.

Les lambrequins s'emploient aujourd'hui dans tous les styles, et, mélangés de draperies, ils se prêtent à une infinité de combinaisons, ce qui facilite la variété que l'on peut donner aux décors d'intérieurs.

On en fait avec toutes sortes d'étoffes, soit à dessins, soit unies ; sur ces dernières on fait des applications de draps, de velours, de satins, de galons.

Les lambrequins se font soit à plat avec ou sans plis verticaux, soit à dents découpées, soit drapés, les côtés plus ou moins longs suivant le style et la proportion de la fenêtre.

Le lambrequin drapé est un genre de décoration des plus heureux lorsqu'il est bien réussi.

Dans le style Louis XVI les lambrequins se font généralement à plat ; on en fait quelquefois de légèrement drapés, mais on n'emploie jamais dans ce style de plis verticaux à tuyaux.

Des lambrequins, on a fait les cantonnières dont les côtés descendent jusqu'à terre en retombant d'aplomb, ou se drapant en formant quelques plis sur l'embrasse.

La beauté d'un lambrequin, de quelque genre qu'il soit, consiste dans sa composition, dans le dessin de ses contours dont le tracé doit être fait très correctement et dans les détails d'ornementation qui doivent être bien proportionnés à son ensemble.

Les lambrequins peuvent se placer avec ou sans galerie de bois apparent suivant l'importance de la décoration ; si l'on ne met pas de galerie, il faut que le haut soit terminé par un gros câblé. Les galeries à moulures ou sculptées doivent toujours être à feuillures apparentes afin de poser commodément les lambrequins qui doivent tomber parfaitement droits ; ces feuillures servent également pour fixer les plis des lambrequins drapés, et ce, lorsque les galeries sont en place.

Les lambrequins sans plis se contre-doublent de toile forte, de toile à lambrequin, de bougran, suivant leur importance ; ceux drapés se contre-doublent de molleton ou de finette suivant le genre de l'étoffe, et si l'on veut donner de la raideur aux plis verticaux, on les double de bougran.

Il est bien difficile d'établir la proportion à donner aux lambrequins, proportion qui peut varier du cinquième au septième de la hauteur totale de l'ensemble du décor de la fenêtre. Cette proportion varie suivant chaque grandeur de fenêtre et chaque genre de lambrequin ; le tapissier doit chercher celle qui convient le mieux, de façon à ne pas retirer trop de jour tout en garnissant la fenêtre convenablement.

Nous passons en revue, dans ce chapitre, tous les genres de lambrequins, suivant leur style, mais nous nous bornons à indiquer la manière générale de les tracer correctement, car tous dérivent du même principe ; nous pensons, du reste, que les nombreux modèles de cet ouvrage fourniront aux tapissiers tous les documents nécessaires pour les décors qu'ils auront à composer.

Nous nous étendons sur les tracés des coupes des lambrequins drapés, coupes très intéressantes qui n'ont pas encore été présentées de cette manière, qui est la plus simple cependant, et qui donne toujours les meilleurs résultats.

# PLIS VERTICAUX DES LAMBREQUINS

## PLANCHES 24 et 25.

Dans le chapitre 10, nous avons déjà parlé des lambrequins plats à plis (page 155). Nous avons démontré le développement de ces lambrequins dessinés dans les planches 24 et 25 pour former les plis à même l'étoffe ; mais il est bien des cas où il faut les tracer séparément, et on assemble les plis à chaque fraction du lambrequin comme il est indiqué fig. 7 (pl. 24), figure qui donne le développement du lambrequin (fig. 3) même planche.

Dans la plupart des lambrequins, dont nous parlons dans ce chapitre, les plis sont rapportés afin d'être plus évasés dans le bas. Ces plis simples ou doubles sont employés aux différents styles, excepté aux lambrequins de style Louis XVI.

Le développement de ces plis dérive de celui des chutes doubles démontré dans la planche 45 ; une fois le dessin du pli simple ou double tracé, on continue le trait formant les côtés jusqu'à leur rencontre sur la verticale élevée du milieu du pli, comme nous l'indiquons fig. 5 (pl. 25) par le point 0 ; de ce point comme centre, on trace des arcs de cercle des points 1, 2 et 3 du contour du pli, tracé qui peut se faire d'un seul côté d'abord ; on a donc de *a* en *b* la coupe du dessus du pli, de *b* en *c* la partie de pli comprise entre le point *b* et le point 1 ; de *c* en *d* la partie comprise du point 1 au point 2 et de *d* en *e* celle comprise entre le point 2 et le point 3 ; on joint le point *e* au point de centre 0, on trace l'arc de cercle à la hauteur du pli, on replie l'étoffe et l'on coupe l'autre moitié sur ce côté.

Lorsque ces plis sont sur les côtés, ils se terminent le plus souvent en chutes ; on les développe soit avec la chute, soit séparément comme il a été dit au chapitre précédent.

Les plis doubles sont d'un bon effet et donnent de l'importance à un lambrequin ; tous ces plis se contre-doublent de bougran ou de toile forte et on les attache par derrière afin de les maintenir bien verticalement.

## LAMBREQUINS STYLE MOYEN AGE

### PLANCHE 52.

Nous donnons dans cette planche une série de lambrequins composés d'après des documents moyen-âge, mais en rapport avec nos ressources d'exécution moderne. Ces lambrequins sont combinés avec des galeries qui motivent les points d'attache des plis ; les galeries s'exécutent en bois de chêne ou noyer, ou bien en bois noir ; on peut les décorer de filets d'or ou de couleurs assorties à la décoration de la pièce.

Les doubles lambrequins dessinés fig. 1 et 6 conviennent bien à ce style, ainsi que la forme des dents découpées en écussons.

Les lambrequins fig. 2, 4, 8, sont formés avec l'étoffe se repliant sur elle-même, effet facile à obtenir. Le développement de ces figures est donné par moitié planche 51 dans les figures 5, 6, 7 ; développement qui consiste à porter l'une après l'autre les mesures des parties saillantes et des parties rentrantes, et qui se complète par la coupe du bas de chaque partie exactement pareille à celle du lambrequin formé, et en dégageant le bas des plis.

Les figures 6 et 7 (pl. 51) ont de plus un emplissage pour former les plis galbés, emplissage que l'on peut faire plus important suivant l'effet à obtenir.

Les lettres M, M, des fig. 5 et 6 (pl. 51) indiquent le milieu des plis en saillie, plis qui se rapportent au besoin, et que l'on coupe comme il a été expliqué au paragraphe précédent.

La partie du milieu du lambrequin fig. 9 (pl. 52) se développe comme un feston à l'antique et les côtés comme ceux des lambrequins Louis XIV dont nous donnons la coupe dans la planche 59 ; on rapporte les doubles plis séparément.

La forme du lambrequin fig. 5 (pl. 52) convient très bien à une décoration de style gothique ; la coupe de ce lambrequin est donnée fig. 3, 4 et 5 (pl. 59).

Ces lambrequins se bordent de galons ou de franges ; si l'on ne veut y mettre des broderies ou des applications, ils se font de toutes sortes d'étoffes soit unies ou à dessins courants.

## LAMBREQUINS STYLES RENAISSANCE ET LOUIS XIII.

### PLANCHES 53, 54, 55, 56, 57, 58.

Nous plaçons sous la même rubrique les lambrequins de style Renaissance et ceux de style Louis XIII, car la forme des uns et des autres s'emploie indifféremment. C'est surtout dans les détails d'ornementation que porte la différence des deux styles ; en principe, un lambrequin Louis XIII doit être plus sévère d'aspect que celui Renaissance. Ces lambrequins conviennent principalement pour les salles à manger, les cabinets de travail et toute pièce devant conserver un caractère sérieux.

On emploie bien des sortes d'étoffes pour faire ces lambrequins : des velours, draps, reps de soie, etc., que l'on décore soit d'applications d'étoffes différentes ou d'encadrements de galons et de passementeries ; on obtient toujours un effet décoratif en encadrant un lambrequin d'un champ d'étoffe plus foncée que celle du fond et d'une étoffe différente de couleur.

15

Les lambrequins de ces styles se font généralement à plat et sans plis verticaux, mais à toute règle il y a des exceptions, et on peut aussi en faire qui soit légèrement drapés; ils se développent alors, d'après les principes des festons drapés à l'antique; quelques tapissiers mettent également des plis aux extrémités de ces lambrequins.

Tous les lambrequins du reste de la planche 52 peuvent servir au style Renaissance en modifiant les détails d'ornementations et en changeant les galeries qui sont de style gothique. Le lambrequin à cinq plis, fig. 5 (pl. 52) dont la galerie est de style Renaissance, convient parfaitement à ce style. Nous en donnons le coupes fig. 3, 4, 5 (pl. 59).

Le tracé de ces coupes est fait d'après les principes expliqués pour la figure 11 de la planche 59, et en laissant l'ampleur suffisante en haut des festons pour tracer les échancrures nécessaires à la formation des petits plis.

Lorsque les lambrequins sont surmontés de galeries, il est nécessaire que ces galeries soient dessinées de façon à les accompagner convenablement, en en motivant les différentes parties; si l'on met une galerie avec une partie cintrée, il faut que la partie cintrée du lambrequin soit moins large que celle de la galerie, ainsi que nous l'indiquons dans le tracé géométrique du lambrequin Louis XIII (pag. 17). Si l'on emploie une galerie avec une partie de milieu comme celle fig. 4 (pl. 53), la partie du milieu du lambrequin doit bien correspondre à celle-ci, en un mot la galerie et le lambrequin doivent former un tout bien proportionné l'un à l'autre.

Lorsqu'on ne veut pas mettre de galerie en bois apparent, on peut toujours dessiner le haut du lambrequin d'après les mouvements donnés dans nos modèles; on le pose sur une galerie bois blanc découpée suivant la forme adoptée et l'on termine la tête de ce lambrequin par un fort cablé accompagné au besoin d'une crête en passementerie.

# TRACÉ DES LAMBREQUINS.

## PLANCHE 58.

Le tracé des lambrequins en grandeur d'exécution doit être fait du té et à l'équerre, après en avoir fait le dessin à une petite échelle, afin de se rendre compte de la proportion générale.

Tous les contours formés de parties courbes doivent être tracés au compas, ainsi qu'il est démontré planche 58, dans le lambrequin fig. 2, du style Louis XIII. Dans cette figure, nous avons indiqué les points de centre des arcs de cercle par des croix : c'est avec la plus grande attention qu'il faut tracer les contours lorsque l'on emploie des galons ou des bandes d'étoffe découpées formant encadrement, en contournant le lambrequin ; ainsi, dans cette fig. 2, après avoir déterminé la proportion générale du lambrequin, il faut tracer ensemble le contour extérieur de la partie du milieu, et le galon la contournant à 5 centimètres de distance, parce que intérieurement et extérieurement, ces deux galons ne doivent dépasser la demi-circonférence ; pour l'arc de cercle formant l'angle avant la retombée du lambrequin, il doit être formé d'un quart de cercle complet pour le contour extérieur, et il en est de même pour la partie inférieure.

De toute façon, le même point de centre doit servir à tracer l'arc formant les contours et le galon placé à quelques centimètres, ainsi, lorsque l'on a à tracer des dents comme celles fig. 3 (pl. 58) il faut d'abord tracer la demi-circonférence formée par le galon intérieur, puis les arcs de cercle de la bande d'étoffe, puis le contour du galon extérieur. On comprendra facilement que si l'on avait tracé d'abord le galon extérieur par une demi-circonférence, on n'aurait pu placer ceux de l'intérieur.

On tiendra compte de cette observation pour le tracé des pendentifs fig. 12 et fig. 13 ; celui fig. 12 est tracé comme nous venons de l'expliquer, tandis que celui fig. 13 a le point de centre placé

trop bas, ce qui donne une forme trop allongée à la partie formée
par le galon intérieur.

Pour les pendentifs fig. 14 et 15 on les trace le plus souvent
comme nous l'avons fait afin d'allonger la partie du bas.

Le pendentif de la fig. 2 a son point de centre sur la même ligne
que le retour du galon, tracé correct également, mais qui peut
paraître un peu court une fois le lambrequin en place.

L'ornement fig. 8 de cette planche, peut s'employer pour un
milieu de lambrequin Renaissance, et les fig. 9 et 10 même planche
pour un lambrequin Louis XIII.

Chaque forme d'un lambrequin doit être raisonnée, et ce n'est pas
parce que l'on emploie de l'étoffe souple par elle-même, qu'elle doit
se prêter à n'importe quelle combinaison; ainsi les contours d'un
lambrequin ne doivent jamais revenir sur eux-mêmes, comme ceux
de la figure de gauche ci-dessous.

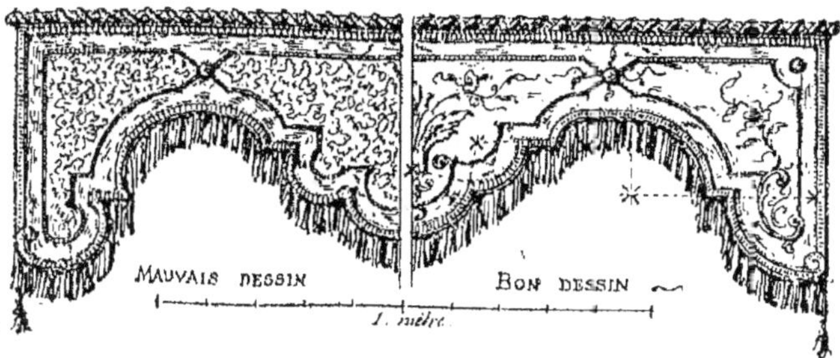


Il faut qu'ils soient dessinés comme ceux de la figure de droite,
comparaison qui fera comprendre le principe qui s'applique à toutes
sortes de lambrequins.

Dans un lambrequin de style mauresque, ou tout à fait de fantaisie, on pourrait admettre, à la rigueur, les contours de la figure
de gauche; mais encore faudrait-il qu'ils soient dessinés avec goût
et les arcs de cercle tracés au compas.

# CARTOUCHAGES, APPLICATIONS.

## PLANCHE 54.

Les lambrequins fig. 1, 2, 5, de cette planche sont de style Renaissance et sont composés de parties rapportées, découpées et recouvertes d'étoffe. Ce genre d'ornementation facile à exécuter se prête à beaucoup de combinaisons, il en est de même de l'emploi des cartouches gainés ainsi que nous l'avons fait pour les fig. 4, 5 et 6, même planche qui sont de style Louis XIII.

Les cartouches Renaissance et Louis XIII sont très intéressants à étudier, et les différentes manières de les placer, soit sur les galeries, soit suspendus par des câblés sur des portières ou sur des parties de tentures, permettent de faire de très beaux effets de décoration. (Fig. 1, pl. 12, et dessin de ce texte, page 162.)

Ces cartouches se font en carton découpé ou en toile à lambrequin, celle-ci se prêtant davantage aux enroulements ; on les recouvre de différentes étoffes de drap ou de peluche, que l'on colle avec soin ; la partie du milieu peut être d'un ton différent, puis l'on sertit le tout de ganses de couleur ou mélangées d'or. On peut placer au milieu des broderies, des chiffres ou des armoiries ; ces cartouches se font également en bois sculpté et on les fait recouvrir et agrémenter par le gainier.

La moulure supérieure des galeries fig. 3, 4 et 6 (pl. 54), s'exécute en bois doré, en chêne, ou en tout autre bois ; les cartouches et les moulures se terminant par des enroulements se font en bois, pour être recouverts par le gainier avec des étoffes ou des peluches, en rapport avec la richesse de la décoration ; les guirlandes se font en applications bombées et soutachées.

Le développement des cartouches 8, 26 et 27 (pl. 54), est donné par les parties qui dépassent les dessins en les comprenant aussi ; il est facile de se rendre compte de ces effets en reproduisant ces cartouches tels que, avec de la carte mince.

Les enroulements du haut de la fig. 1 (pl. 54), se développent ainsi :

Pour celui du milieu, le dessiner (sur un papier qui servira à découper le carton ou la toile à lambrequin), d'abord de face comme fig. 10, en A B, puis en tracer le profil comme fig. 11, en regard de la fig. 10, profil qui en donne exactement la saillie ; diviser ce profil en un certain nombre de parties soit en 13 parties ; de chacun des points de division (fig. 11) mener des horizontales à la rencontre de la fig. 10. ce qui donnera les mêmes points, mais placés suivant le dessin vu de face ; tracer une verticale sur le milieu de la fig. 10, puis à partir du point 1 tracer des horizontales distantes les unes des autres de la mesure prise entre chaque point de la fig. 11 ; de chacun des points indiqués sur l'enroulement (fig. 10), élever des verticales qui donneront les points 1, 2, 3, 4, 5, 6, 7, 8, 9, 10, 11, 12, 13, sur les horizontales parallèles, et joindre tous ces points entre eux, ce qui donne le développement comme fig. 10 ; le découpage intérieur s'obtient de la même manière ; le tracé fait d'un côté on plie le papier et l'on découpe l'autre partie.

Le développement de la fig. 9 se fait de la même façon que le précédent.

L'enroulement du côté de la fig. 1 se développe ainsi :

Le tracer, comme fig. 18, et le diviser en un nombre quelconque de parties soit en 12 ; à partir du premier point tracer une ligne oblique A placée dans le même sens que l'enroulement, puis tracer des parallèles à celle-ci distantes entre elles des mesures indiquées sur l'enroulement ; de chaque point de l'enroulement tracer des lignes qui rencontreront les précédentes, ce qui donnera les points par lesquels on fera passer la ligne de coupe ; la partie C reste le point de départ de l'enroulement.

Les fig. 7, 24 et 25 sont des fragments du lambrequin fig. 2, dont le cartouche et la couronne se découpent séparément comme les figures précédentes en leur donnant une épaisseur convenable.

Les fig. 13, 14, 15, 16, 17, 19 font partie du lambrequin fig. 5, ornements qui se découpent comme les précédents et se soutachent de ganses assorties à l'ensemble du lambrequin.

Le tracé fig. 23 est le développement, pour exécuter les rubans (fig. 22), qui accompagnent les guirlandes de la fig. 4.

Pour faire des nœuds de ruban comme fig. 20, on taille les coques comme l'indique la fig. 21.

## CANTONNIÈRES STYLES RENAISSANCE ET LOUIS XIII.

### (PLANCHES 55 ET 59.)

Les cantonnières ou lambrequins allongés jusqu'à terre, se coupent de différentes façons, soit comme fig. 12 (pl. 59), la partie de côté plus large dans le bas que du haut, afin de former quelques plis lorsque l'embrasse est serrée ; soit comme fig. 13 avec une partie arrêtée sous laquelle on place l'embrasse, qui en serrant légèrement, fait former des plis à la partie évasée du bas.

Les fig. 15, 16, 17 montrent différentes manières de couper et décorer les parties du bas.

La fig. 5 (pl. 55) est une cantonnière de style Louis XIII, dont les côtés sont coupés comme l'indique la fig. 12 (pl. 59).

On fait également des cantonnières dont les côtés tombent d'aplomb sans former de plis.

La partie du milieu des cantonnières peut se découper comme les lambrequins, mais généralement on n'emploie que les formes les moins compliquées ; cette partie se contre-double de toile à lambrequin et les côtés de molleton, lorsqu'ils doivent former des plis. Dans une décoration riche, on complète par des rideaux d'étoffe plus ou moins légère.

Une ornementation composée de galons et de motifs découpés, appliqués et sertis de ganses, convient fort bien aux cantonnières de ces styles.

# LAMBREQUINS STYLES LOUIS XIV ET LOUIS XV.

### (PLANCHES 51, 59, 60, 61, 62, 63, 58, 69, 70.)

Nous donnons dans ces planches de nombreux modèles de lambrequins de style Louis XIV et Louis XV, depuis ceux composés de dents régulières jusqu'aux lambrequins drapés ; nous n'expliquerons que quelques-uns de ces modèles, vu la grande diversité d'interprétations que le tapissier peut leur donner.

Les lambrequins Louis XIV sont composés de mouvements moins découpés et moins détaillés que ceux de style Louis XV. Les lambrequins Louis XIV, première époque, se rapprochent des formes du style Louis XIII.

Comme pour les décorations du style Louis XIII et Renaissance, il est essentiel que la galerie et le lambrequin forment un ensemble très étudié, ces galeries se composant de parties droites ou mouvementées d'où dépendent les formes principales des lambrequins.

Tout autant que pour les styles précédents, ces lambrequins doivent être dessinés correctement et les parties courbes qui forment les contours doivent être tracées au compas ; c'est le seul moyen pour conserver les contours aussi nets que possible, car ils tendent toujours à se déformer lorsque l'on coud les galons, les encadrements ou les passementeries.

La fig. 1 (pl. 58) est le tracé en plus grand du lambrequin fig. 3 (pl. 63) de style Louis XIV, première époque.

Le contour extérieur du milieu est formé par un demi-cercle ; le galon intérieur étant très étroit, se trouve en partie caché par les ornements, mais si l'on voulait avoir un champ plus grand, ou un galon plus large, il faudrait tracer ce contour dans le genre de celui de la fig. 2 (pl. 58). Pour le côté du lambrequin, on le trace comme il est indiqué en laissant un petit espace entre les deux quarts de cercle terminant le pendentif afin de l'allonger un peu en le rendant plus gracieux.

Le lambrequin fig. 5 (pl. 58) est un exemple pour l'emploi du galon d'encadrement intérieur, galon qui ne suit pas exactement les contours du lambrequin afin de rendre l'ensemble des formes plus agréables.

La fig. 6 (pl. 58) est le bas d'un lambrequin style Louis XV, démontrant la façon de tracer le contour ainsi que le large ruban formant encadrement.

La fig. 7 (pl. 58) est un exemple de galons placés parallèlement, galons qu'il faut tracer ainsi que le démontre la fig. 11, mais que l'on est forcé de modifier suivant les contours du lambrequin pour que l'espace compris entre eux reste aussi exactement que possible à la même distance.

La fig. 16 (pl. 58) est une dent de lambrequin à palmette Louis XIV et dont les parties du bas sont tracées au compas.

La fig. 17 (pl. 58) est une dent de lambrequin à palmette style Louis XV.

## CANTONNIÈRES STYLES LOUIS XIV ET LOUIS XV.

### (PLANCHES 55, 61, 70.)

On fait également des cantonnières de ces styles soit entièrement à plat comme fig. 14 et 18 (pl. 59), fig. 8 (pl. 61) et 3 et 4 (pl. 70), le bas évasé pour former quelques plis; soit entièrement drapé comme fig. 2 (pl. 70), en allongeant les côtés pour former rideaux.

Ce genre de cantonnières drapées se découpe suivant les principes donnés dans la pl. 60 pour le milieu et les côtés formant chutes des lambrequins drapés. Les cantonnières de ces styles se font le plus souvent à plat en tapisserie d'Aubusson, mais on en fait également avec des applications, des encadrements de galons, des champs de différentes nuances.

## LAMBREQUINS DRAPÉS.

### (PLANCHES 25, 44, 49, 59, 60, 62, 69, 78.)

Le tracé du développement des lambrequins drapés a une grande analogie avec celui des draperies, mais ces lambrequins comportent beaucoup moins d'ampleur, tout en se basant, comme proportion, sur la grandeur du lambrequin.

Ces développements sont aussi simples que faciles à exécuter et s'appliquent à toutes sortes de lambrequins. La plupart de ces développements sont tracés par moitié puisque l'on coupe la contre-partie sur celle développée, pour plus d'exactitude.

Les plis verticaux qui accompagnent quelques-uns de ces lambrequins se tracent et se coupent ainsi que nous l'avons expliqué précédemment dans le paragraphe spécial des plis.

Beaucoup de lambrequins drapés sont composés de festons à l'antique et découpés par le bas ; ils se développent donc d'après le principe expliqué dans le chapitre précédent.

#### LAMBREQUIN DRAPÉ, STYLE LOUIS XIV.
(Fig. 8, pl. 44 et coupes fig. 6, 7, 8, pl. 59.)

Le tracé fig. 6 (pl. 59) représente le grand feston drapé de la fig. 8 (pl. 44) qui a 1$^m$,10 cent. de largeur sur 1 mètre de hauteur. Sur la verticale du milieu de ce tracé nous avons indiqué de A en E la partie formant des plis et de E en B la partie unie, découpée, se plaçant tout autour des galbes CE, EFD.

On peut donner à ce grand feston formant lambrequin, un emplissage plus ou moins grand suivant l'effet que l'on veut obtenir.

Premier développement fig. 7 (pl. 59).

Tracer la verticale I J K P S; à 5 cent. à gauche de cette verticale, porter sur une horizontale de L en M la grandeur du galbe A D; tracer à 22 cent., différence de hauteur des emplissages A, D, une autre horizontale parallèle à la première; du point L comme centre tracer du point M un arc de cercle qui donnera le point N sur cette dernière horizontale; joindre le point N au point L, cette oblique sera la ligne de coupe du haut du feston; tracer de L en J sur la verticale une petite oblique de 15 cent. environ qui sera l'échancrure nécessaire pour former les plis du milieu; tracer sous le point N une verticale sur laquelle on portera 40 cent., ampleur que nous donnons à ce premier développement. Tracer l'horizontale qui donnera le point K sur la verticale du milieu; de ce point K au point P porter la grandeur H E de la fig. 6 qui réprésente la partie drapée du feston, de ce point P tracer une horizontale à gauche sur laquelle on portera la mesure du galbe E F D, ce qui donne le point T; tracer du point P comme centre et de ce point T un arc de cercle, on aura le point O sur l'horizontale tracée du point K; joindre le point O au point N, ce qui donne la ligne d'emplissage de ce côté; tracer du point O au point P, avec une règle flexible, une courbe qui représentera le galbe E F D un peu allongé; prendre avec un fil la mesure du galbe E G (fig. 6) et la porter de S en U; tracer, du point P comme centre, un arc de cercle du point U. Pour tracer le contour extérieur du feston et le fond du pli, prendre un calque exact de ce contour sur la fig. 6; placer le milieu de la dent du bas au point S qui correspond au point B (fig. 6); tracer la dent et le carré du côté, puis indiquer la place du fond du pli sur l'arc tracé du point U, ce qui donnera le point R; raccorder ensuite la partie cintrée du point R au coin de la dent, ce qui évase le tracé du contour du bas, mais ce contour sera redressé comme fig. 6, lorsque l'on formera les plis.

Second développement, fig. 8 (pl. 59) pour donner des emplissages plus importants au feston :

Tracer la verticale I J K P S; à 5 cent. du point I, tracer l'oblique L N, ligne de coupe du haut du feston, comme on a fait pour l'autre côté; porter du point L en J l'échancrure nécessaire; porter de J en K

50 cent. pour l'ampleur, ampleur qui peut varier selon l'importance
que l'on veut donner aux plis ; porter de K en P la hauteur H E de la
partie drapée du lambrequin (fig. 6) et tracer des horizontales des
points K et P ; porter de P en Z la mesure du galbe E F D, et du point
P comme centre tracer du point Z un arc de cercle que l'on arrêtera
à 20 cent. environ de l'horizontale tracée du point K au point Y ;
joindre le point Y au point N, ce qui donnera la ligne d'emplissage.
On remarquera que la ligne d'emplissage tracée de cette manière
est équivalente à la mesure prise du point L, extrémité de la coupe,
au point K, point d'où l'on a tracé une horizontale pour déterminer
l'ampleur nécessaire.

Porter du point Y au point P le galbe E F D de la fig. 6, comme on
a fait dans la démonstration précédente, ou bien pour le tracer plus
exactement, mener l'oblique Y P, et tracer la perpendiculaire, sur
laquelle on trouvera le centre de l'arc, centre marqué par une croix.

Pour indiquer le contour du bas, porter la mesure du galbe E G de
la fig. 6, de P en V ; tracer l'arc de cercle V X, et avec un calque
porter comme on a fait pour le premier développement du point S au
point Y, le contour découpé du feston et le fond du pli autour de l'arc
P Y ; l'emplacement du fond du pli sera donné par les points X, Y.

Par le fait du grand emplissage le contour du bas du feston se
trouve plus évasé que celui de la fig. 7, mais le feston une fois drapé
fera toujours l'effet de la fig. 6.


LAMBREQUIN DRAPÉ, STYLE LOUIS XV.

(Fig. 4, pl. 69). Coupes, fig. 9, 10 et 11 (pl. 59).


Ce lambrequin se compose de trois parties, réunies par des plis
verticaux ; l'ampleur que nous leur donnons est de 20 cent., ampleur
qui pourrait être moindre pour celle du milieu.


Développement de la partie du milieu, fig. 9 (pl. 59).

Sur une verticale, porter de A en B la hauteur de la partie lisse du
haut du lambrequin ; tracer une horizontale du point B, porter en E
la largeur du haut du lambrequin et tracer la courbe E A, extérieur

de cette partie. Porter de B en C, 20 cent. comme ampleur, et tracer une horizontale de ce point C. Porter de C en D la hauteur du feston, moins la partie déjà portée en A B ; du point D tracer une horizontale, porter en G la mesure du galbe prise du milieu de la partie du bas au haut du pli, galbe qui n'est pas tracé sur la fig. 4 (pl. 69), mais dont on peut facilement prendre la mesure ; du point D comme centre tracer du point G un arc de cercle jusqu'à la rencontre de l'horizontale venant du point C, ce qui donnera le point F ; joindre ce point au point E, ce qui indique la ligne d'emplissage. Tracer le galbe F B, autour duquel on tracera le fond du pli et du contour découpé du bas du feston, après avoir porté en H le développement de ce contour jusqu'au fond du pli, et après avoir tracé l'arc de cercle partant de ce point qui indiquera la place du bas de ce pli, ainsi qu'il a été fait pour les figures 7 et 8.

*Développement du côté* fig. 11 (pl. 59) : Tracer une verticale sur laquelle on portera de I en J l'ampleur égale à celle de la fig. 9, puis de J en L la longueur entière du lambrequin tout drapé ; tracer des horizontales par les points I, J ; de chaque côté du point I en M et en N porter la mesure du haut du lambrequin. Porter au point K sur la verticale I J L la hauteur de la partie drapée de ce lambrequin, la partie du bas de 30 cent. retombant d'aplomb sans former de plis ; tracer du point K une horizontale, porter de K en R la mesure du galbe de la moitié de la partie drapée et du point K comme centre tracer un arc de cercle du point R qui rencontrera l'horizontale menée du point J, ce qui déterminera le point O ; joindre ce point O au point M, ce qui donnera la ligne d'emplissage ; reporter ce point O au point P à droite et tirer la ligne d'emplissage P N.

Des points M et N abaisser des verticales, puis des points O et P porter à la rencontre de ces verticales aux points S et T la mesure des côtés du lambrequin qui reçoivent les plis, telle qu'elle est donnée par le dessin fig. 4 (pl. 69) ; tracer alors les obliques S O, T P et tracer ensuite la partie mouvementée du bas S L T.

La fig. 10 représente le pli qui s'adapte à la fig. 9, au point F et à la fig. 11 aux points T, P. Le pli ajouté du côté du retour, s'allonge en forme de chute et se développe, par conséquent, comme il a été déjà démontré.

### LAMBREQUIN STYLE LOUIS XIV A CHUTES DRAPEES (fig. 2, pl. 63).
#### (Coupes fig. 1, 2, 3 et 4, pl. 60.)

Nous avons dessiné fig. 1 (pl. 60), le lambrequin fig. 2 de la pl. 63 à l'échelle de 10 cent. pour un mètre, afin d'en tracer convenablement la coupe : ce lambrequin est d'un très bel effet lorsqu'il est bien proportionné dans toutes ses parties.

*Développement de la partie du milieu* (fig. 2, pl. 60) : Tracer la verticale M K milieu de la figure ; du point M au point O porter 5 cent. pour la largeur de l'échancrure qui sert de l gne d'empl ssage aux plis du milieu ; porter du point O au point N sur une horizontale la mesure du galbe B D (fig. 1) ; tracer une autre horizontale distante de la première de la hauteur J B différence de hauteur des emplissages ; du point O comme centre tracer du point N un arc de cercle qui donnera le point P sur l'horizontale, que l'on vient de tracer ; joindre le point P au point O, la ligne oblique P O sera la ligne de coupe du haut du feston.

Sous le point P tracer une verticale et porter au point R 25 cent., ampleur qu'il convient de donner à ce lambrequin ; tracer par le point R une petite horizontale ; du point R tracer une oblique parallèle à celle P O, cette oblique donnera le point L sur la verticale M K. Porter du point L au point K la mesure B A de la fig. 1, hauteur complète du feston.

Du point K tracer une horizontale et porter en V la mesure du galbe C D (fig. 1) ; du point K comme centre tracer du point V un arc de cercle qui donnera le point T sur la petite horizontale tracée du point R ; joindre le point T au point P, la ligne d'emplissage sera tracée. On aurait pu tout aussi bien tracer l'horizontale du point S, et de ce point comme centre décrire l'arc de cercle de la grandeur du galbe C D (fig. 1) ; mais dans le tracé actuel le point T est donné plus exactement en menant l'horizontale du point K et en traçant l'arc de cercle comme il a été fait.

Porter sous le point S, la mesure C A (fig. 1) comprenant la partie plate du contour découpé, puis du point S au point T tracer le galbe équivalent à celui C D (fig. 1).

Pour tracer le fond du pli et le contour découpé, porter de K en X la mesure du galbe A E (fig. 1), galbe extérieur du contour ; du point K comme centre, tracer un arc du point X ; prendre le calque exact sur la fig. 1, du fond du pli et du contour et le porter du point T au point K en le répartissant convenablement ; le fond du pli sera donné de T en U, ce dernier point ayant été obtenu par l'arc tracé du point X ; on pourra tracer au compas les parties formées par des cercles, dont nous avons indiqué du reste les points de centre par des petites croix.

*Développement* fig. 3 (pl. 60) *du côté de la fig. 1 formant chute drapée :* Le développement de cette partie de lambrequin donne une coupe des plus intéressantes, qui peut s'appliquer comme les différentes coupes de cet ouvrage à toutes les combinaisons possibles.

Sur une horizontale, porter (fig. 3) de A en B la mesure D I partie de droite du galbe du haut de la chute drapée, puis de B en C l'autre partie I F.

La verticale I G T (fig. 1) qui divise cette chute drapée indique, comme nous l'avons fait pour les festons irréguliers, l'aplomb du droit fil en long de l'étoffe.

Tracer (fig. 3) une horizontale distante de celle A B C de la hauteur F V (fig. 1), différence de hauteur des emplissages de cette partie drapée ; puis du point A comme centre, tracer des arcs des points B, C ; l'arc tracé du point C donnera le point K sur l'horizontale que l'on vient de tracer ; joindre ce point K au point A, ce qui donne la ligne de coupe du haut de cette partie, ligne qui doit être en biais, comme celle de tout feston dont les emplissages ne sont pas sur la même ligne horizontale.

L'arc tracé du point B donne sur l'oblique K A le point L correspondant au point I (fig. 1). Abaisser de ce point L une verticale sur laquelle on portera au point N l'ampleur nécessaire à cette partie drapée, ampleur équivalente à celle P R de la partie du milieu de la fig. 2 ; puis du point N au point S, porter la mesure I G, de la fig. 1, hauteur de la partie drapée de ce côté formant chute.

Du point K et du point A, abaisser des verticales sur lesquelles on portera en M et en O la grandeur L N, de l'ampleur donnée ; à gauche du point M tracer une horizontale, puis par les points M, N, O faire passer une oblique parallèle à celle K L A.

Pour déterminer les emplissages, prendre sur une règle flexible la mesure du galbe F G, côté gauche de la partie drapée (fig. 1), puis la porter et la tracer du point S à la rencontre de l'horizontale tracée du point M, ce qui donnera le point R ; pour trouver ce point, on pourrait également tracer du point S une horizontale sur laquelle on porterait la mesure du galbe et l'on tracerait un arc de cercle, comme on a fait pour toutes les figures précédentes ; cet arc de cercle rencontrerait l'horizontale tracée du point M et donnerait également le point R, mais c'est afin d'abréger que nous portons de suite le galbe du point S au point R ; joindre le point R au point K, ce qui donnera la ligne d'emplissage de ce côté. Pour trouver l'autre emplissage, prendre la mesure du galbe G D (fig. 1) que l'on portera de la même manière que le précédent, du point S au point P sur l'oblique prolongée et tracée par les points M, N, O.

Une fois les galbes indiqués on continue ainsi pour tracer la coupe de la partie qui termine cette chute drapée; prendre la mesure G X (fig. 1), l'augmenter de 5 cent. environ pour l'ampleur du pli, qui tombe obliquement vers le bas de la chute drapée et tracer avec cette mesure du point S (fig. 3) un petit arc de cercle en U; du point R, bas de l'emplissage, faire passer une oblique tangente à cet arc; cette oblique indiquera la limite de la coupe de ce côté et le fond du grand pli vertical; continuer cette oblique jusqu'au point Y mesure totale du côté du feston tout drapé. Du point S tracer en T une oblique parallèle à celle R U Y; cette oblique S T correspond à la verticale G T de la fig. 1 et reprendra la position verticale lorsque l'on aura drapé le feston.

Pour tracer le contour, en prendre le calque sur la fig. 1, le porter depuis le point W suivant l'inclinaison de l'oblique S T, le tracer tel que, et former les quarts de cercle au compas (les points de centre sont du reste indiqués par des croix), à partir du point W tracer le haut du contour suivant la distance nécessaire autour du galbe S P correspondant à celui G D de la fig. 1, la partie comprise entre les points W, H, est plus ouverte que sur le dessin (fig. 1), mais lorsque l'on formera les plis, elle se redressera, et la partie S U Y T reprendra l'aplomb vertical.

Le pli qui joint la partie du milieu donné par le développement fig. 2 à cette partie drapée fig. 3, se coupe comme fig. 4 et vient se placer de T en U fig. 2 et de P en H fig. 3. On ajoute alors le grand pli F X (fig. 1) accompagné du retour formant chute, sur le côté R U Y de la fig. 3.

### CHUTE DRAPÉE DE LAMBREQUIN STYLE LOUIS XV.
#### (Fig. 5 et 6, pl. 60.)

Cette chute drapée se développe exactement de la même manière que la précédente, elle ne diffère de celle-ci que par la différence de hauteur des emplissages F et D (fig. 5), ce qui place plus obliquement en A L K le haut de la coupe (fig. 6); cette coupe est faite du côté droit, mais il est facile d'en refaire le tracé en suivant la démonstration précédente, les lettres des deux figures correspondant exactement entre elles.

### LAMBREQUIN DRAPÉ ET A PLIS.
#### (Fig. 11, pl. 25.)

*Développements* (fig. 12, 13, 14, pl. 25). Ces développements sont tracés suivant le principe donné dans la fig. 11 (pl. 59) en tenant compte du mouvement de la galerie.

Les plis se forment comme il a été dit plus haut pour les fig. 3, 4, 5, (pl. 25.)

### LAMBREQUIN DRAPÉ STYLE LOUIS XIV (fig. 9, pl. 25) AVEC GALERIE
#### A ANSE DE PANIER.

Le développement (fig. 10, pl. 25) est établi d'après les principes déjà démontrés pour des lambrequins du même genre, et il est facile de tracer ceux des deux autres parties également d'après les figures précédentes. Les parties pendantes des extrémités ne comportent que peu d'ampleur; une fois le tracé fait en grandeur d'exécution tel que le représente la figure 9, on les élargit suivant l'ampleur nécessaire dans la partie touchant la galerie, afin de trouver des petits emplissages à côté de chaque extrémité des plis verticaux.

### LAMBREQUIN DRAPÉ STYLE LOUIS XIV.
#### (Fig. 4, pl. 62.)

*Développement* (fig. 1, pl. 59) : Le feston du milieu de ce lambrequin est développé comme un feston à l'antique et ceux des deux côtés d'après les principes donnés par la fig. 11 (pl. 59). La coupe de la chute accompagne ces développements.

### LAMBREQUIN DRAPÉ STYLE LOUIS XIV.
#### (Fig. 10, pl. 62.)

Le développement de ce lambrequin (fig. 2, pl. 59), procède de celui des festons à l'antique et de ceux que nous avons expliqués précédemment, le contour du bas est cintré légèrement; la coupe du pli double se développe suivant les indications données au paragraphe des plis verticaux et comme une chute double.

Cette fig. 2 ne donne que la coupe d'un côté du lambrequin, la partie du milieu se développant de même.

### LAMBREQUIN DRAPÉ STYLE LOUIS XIV.
#### (Fig. 9, pl. 62.)

*Développements* (fig. 8, 9, 10, 11, pl. 60) : La fig. 8 donne la coupe du feston sans petits plis au milieu; la fig. 9 la donne avec un plus grand emplissage et l'échancrure pour former les plis du milieu du feston. La coupe du côté (fig. 11) est tracée suivant le principe appliqué fig. 3 même planche. La fig. 10 est la coupe du pli vertical.

## LAMBREQUIN A PLAT OU DRAPÉ STYLE LOUIS XV.
### (Fig. 9, pl. 69.)

*Développements* (fig. 7, 12, 13, 14, pl. 60) : Ce lambrequin peut s'exécuter à plat sans aucun pli, la coupe entière avec les plis verticaux est donnée par la fig. 7, moins les retours.

Les fig. 12 et 14 donnent la coupe du milieu de ce lambrequin et du côté formant chute avec un léger emplissage pour former quelques plis ; ces coupes sont établies toujours d'après les principes précédemment démontrés. La fig. 13 est celle du pli vertical.

## MANTEAU DUCAL.
### (Fig. 6, pl. 78.)

*Développements* (fig. 1, 2, 3 et 4, pl. 49) : La partie formant le fond de ce manteau est un lambrequin plus ou moins drapé dont la fig. 1 (pl. 49) donne la moitié du développement d'abord avec peu d'ampleur entre les points A, C, G, I, L, B, M, F, E, K, et avec une beaucoup plus grande ampleur entre les points A, C, H, J, L, B, M, F, E, K, développements faits d'après les principes des fig. 7 et 8 (pl. 59).

Les draperies partant de la couronne se coupent comme l'indique la fig. 2 ; cette figure est expliquée dans le chapitre précédent avec les festons irréguliers.

Les chutes des côtés se coupent comme l'indique la fig. 4 établie d'après les démonstrations faites également au chapitre précédent.

La couronne peut se remplacer par un gros chou d'étoffe qui se rapporte sur les draperies, de même que ceux des côtés.

# CHAPITRE XV

---

## LITS, BALDAQUINS, COURTES-POINTES ET DECORATIONS DES STYLES MOYEN-AGE, RENAISSANCE, LOUIS XIII, LOUIS XIV, LOUIS XV ET LOUIS XVI.

**PLANCHES 39, 40, 41, 42, 43, 44, 52, 53, 54, 55, 57 et pl. 61 à 74.**

ous avons déjà parlé dans le chapitre 12 des lits en général, suivant la manière dont ils sont placés dans la chambre; nous allons passer en revue sommairement les Décors de lits, et les différents genres de Décorations suivant chaque style, en expliquant les figures de nos planches.

### LITS ET DÉCORATIONS STYLE MOYEN AGE.

#### PLANCHE 52.

Sous la dénomination de style moyen âge, on comprend les différentes transformations du style ogival depuis le xiⁱᵉ jusqu'au xviᵉ siècle, époque de la Renaissance. Ces transformations ont laissé de nombreux types d'architecture et de meubles, ainsi que des documents au moyen desquels on est arrivé à reconstituer la façon dont on décorait les intérieurs.

La principale décoration de ces époques consistait dans la richesse des tapisseries et des étoffes, plutôt que dans leur arrangement. Les tapisseries tentures se plaçaient le long des murs, devant les portes, pour en masquer les ouvertures, et aussi devant les fenêtres, pour servir de rideaux; on devait certainement employer toutes sortes d'étoffes à cet usage, que l'on suspendait à des tringles au moyen d'anneaux.

Les lits de ces époques étaient en fer, en bronze ou en bois plus ou moins ouvragés, décorés d'ornements incrustés ou peints.

Ces lits se plaçaient généralement la tête appuyée le long du mur et pas tout à fait dans l'angle de la pièce, de façon à laisser une ruelle plus ou moins large; disposition que l'on adopte encore de nos jours en employant des baldaquins comme pour les lits vus de pied.

Les appartements riches étaient très vastes à ces époques, et la chambre à coucher étant la pièce principale, jusqu'au xvi° siècle, dans laquelle tout le monde se réunissait et où avaient lieu les réceptions, il était indispensable d'entourer le lit de rideaux, pour se retirer s'il était nécessaire.

On accrochait des tentures à des poutrelles ou à des tringles supportées par des petits piliers de bois plus ou moins richement sculptés, ce qui constituait une espèce d'alcôve plus grande que le lit; ou bien dès le xiv° et le xv° siècle, on suspendait au-dessus du lit, et retenu au plafond, un châssis garni d'une pente et supportant les rideaux qui pouvaient se fermer sur les trois côtés. Dès cette époque, également, on a fait des lits à colonnes supportant le baldaquin.

Aujourd'hui, les lits de ce style se font avec un baldaquin de la largeur du lit, afin de laisser retomber les rideaux à l'aplomb des côtés de ce lit et égal à la grandeur du lit, ou bien arrivant aux trois quarts de la longueur du coucher. Les baldaquins se font à moulures apparentes ou de bois recouvert garni d'un lambrequin à plat terminé par une frange et proportionné à la hauteur de l'appartement.

Les étoffes et les passementeries modernes composées d'après les documents de ces époques, permettent, tout en faisant des décors simples, d'obtenir le caractère particulier à ces styles.

Les dispositions de lambrequins de la planche 52 peuvent trouver leur application pour des baldaquins plus riches; on peut de même employer des lambrequins légèrement drapés à l'antique.

Les galeries et lambrequins fig. 1, 2, 6, pl. 52, se rapportent à l'époque du xiie siècle; les fig. 3, 4 et 8 au xiiie siècle; les fig. 5, 7, 9 et 10 aux xive et xve siècles.

Ces documents donnent une faible idée de ces époques, mais les formes en sont caractéristiques.

Ces lambrequins drapés avec quelques plis, et disposés comme nous l'indiquons dans cette planche, sont composés d'après les draperies peintes sur les murs, décoration qui se faisait fréquemment à cette époque, ainsi que d'après les bandeaux en étoffe que l'on plaçait autour des grandes cheminées.

Les courtes-pointes de ce style peuvent se faire tombantes jusqu'à terre, en couvrant entièrement le lit comme une housse; on les fait également drapées à l'antique.

Les lits style moyen âge se font aujourd'hui de toutes sortes de bois apparent, ou de bois garni d'étoffe agrémentée de passementeries.

## LITS ET DÉCORATIONS STYLES RENAISSANCE ET LOUIS XIII.

### PLANCHES 53, 54, 55, 56, 57.

Le type du lit style Renaissance est le lit à grand dossier de tête et à colonnes supportant le baldaquin, ou pour mieux dire une corniche en rapport d'architecture avec l'ensemble du lit; à cette corniche était fixé, entre les colonnes, une pente ou lambrequin plus ou moins ornementé.

Six rideaux d'une ampleur suffisante pour fermer entièrement le lit, étaient suspendus dessous le lambrequin et retombaient jusqu'à terre.

L'intérieur du ciel de lit, à plat ou à pans coupés, était tendu en étoffe généralement unie décorée d'applications ou de galons formant motifs et encadrements. Une riche courte-pointe recouvrait entièrement le lit, retombant sur les trois côtés; ce lit était placé ordinairement la tête au mur, les pieds s'avançant dans la chambre

Le type du lit style Louis XIII est un lit également à colonnes assez courtes et entièrement gainées supportant un baldaquin tout recouvert par le lambrequin; la moulure de la corniche était remplacée par des galons ou des câblés et les rideaux cachaient complètement les colonnes. Ces lits se plaçaient le plus souvent de milieu, c'est-à-dire touchant le mur, dans leur longueur.

Les bois de ces lits étaient sculptés souvent avec une grande richesse de détails; la décoration du lambrequin et des rideaux était aussi très ouvragée et on complétait le tout par des panaches de plumes, ou des vases gainés garnis de passementeries, posés aux angles du baldaquin, à l'aplomb des colonnes.

Dans les lits Renaissance vus de pied, la courte-pointe retombait par-dessus le petit dossier et le coucher était ordinairement très bas; dans ceux de style Louis XIII placés de milieu, le dossier de la tête était assez élevé, et celui des pieds beaucoup moins haut et non recouvert par la courte-pointe.

Aujourd'hui, on fait des lits de ces styles en suivant ces dispositions générales et avec des lambrequins brodés et ornementés de galons ou de passementeries, selon l'importance de l'ameublement. Toutefois on fait également ce genre de lits sans colonnes avec des baldaquins plus ou moins grands en tenant compte des différences d'ornements propres à chacun de ces styles.

Dans le style Renaissance, les lignes générales peuvent être composées de parties droites et de parties cintrées; les lambrequins à bords découpés ou à dents fendues régulièrement. L'ensemble d'un lit de style Louis XIII devra toujours être plus sévère d'aspect et composé de préférence de lignes droites et d'ornements peu détaillés.

Le principe de décoration de ces deux styles peut être facilement compris, en examinant les modèles de lambrequins pour fenêtres donnés dans les planches 53, 54, 55, dont nous avons déjà parlé, au chapitre précédent.

### REMARQUE.

La plupart des modèles de lits de cet ouvrage sont garnis d'étoffe et de rampes gainées, droites ou mouvementées, suivant chaque style, car nous avons voulu donner au tapissier le plus de documents pratiques dans le genre de travaux qu'il peut avoir à exécuter.

Pour ces lits tout recouverts d'étoffe, les bâtis se font en bois de hêtre ou en bois blanc; ces bâtis comprennent les contours ou rampes de différentes formes suivant le style; ils doivent être assez larges pour contenir une feuillure de quelques centimètres sur laquelle on cloue la toile qui reçoit la garniture de crin formant le panneau.

Les carres des rampes doivent être abattues de façon à ne pas être trop vives. On garnit ces rampes d'étoffe collée en plein, ce qui constitue le gainage ou bien on les garnit de crin comme les rampes de fauteuil; il ne faut jamais qu'elles soient rondes, mais, légèrement bombées sur chaque face.

La garniture des panneaux se fait plus bombée sur le milieu que dans les côtés; dans ceux à divisions des lits styles Louis XIV, Louis XV ou Louis XVI on donne également à la partie du milieu plus de saillie qu'à celles des côtés, et l'on fait les champs d'encadrements à plat et un peu en retrait du fond.

### DESCRIPTION DES LITS STYLES RENAISSANCE ET LOUIS XIII.

#### Pl. 56 et 57.)

(Fig. 2, pl. 56). — Lit Renaissance à baldaquin de la largeur du lit et long des trois quarts du coucher; lambrequin droit à câblé formant tête, encadré de galons et garni de franges et de quatre glands aux angles.

Bois de lit à rampes entièrement gaînées d'étoffe, terminé par une grande frange à quadrilles; grand dossier avec motif d'application : courte-pointe en forme de pupitre recouvrant le traversin. (Nous expliquons plus loin la coupe des diverses courtes-pointes.)

(Fig. 3, pl. 56). — Lit style Louis XIII à colonnes gaînées; lambrequin à champs d'étoffe unie et à divisions formées par des galons plats; gros câblé formant tête; franges et glands aux angles; pommes recouvertes de passementeries à l'aplomb des colonnes; six pentes ou cantonnières sans plis cachant entièrement les colonnes; courte-pointe retombant sur les trois côtés, laissant voir la moulure du bas du lit.

Fond de lit drapé à l'antique par petites parties et petit lambrequin intérieur.

(Fig. 5, pl. 56). — Lit style Louis XIII à colonnes gaînées supportant le baldaquin en bois; lambrequin à divisions formées par des galons; parties des extrémités un peu plus longues avec fermoirs en passementeries à macarons; pentes ou rideaux suivant l'emplacement du lit; grand dossier bois; courte-pointe à traversin rond, retombant sur les trois côtés, laissant voir la moulure du bas du lit; fond de lit tendu uni à encadrement de bordure; lambrequin intérieur.

(Fig. 6, pl. 56). — Lit style Louis XIII à colonnes gaînées supportant le baldaquin à petites moulures, et à voussures en pans coupés à l'intérieur; lambrequin à dents carrées découpées, décorées de galons et d'applications, terminé par une frange et glands entre chaque dent; rideaux à la tête seulement.

Intérieurs du petit et du grand dossier garnis d'étoffe avec galons et applications; fond de lit à plat à bordures; galons et motifs encadrant le contour du grand dossier.

(Fig. 1, pl. 57). — Lit de pied moderne; bois de lit à rampes gaînées, les panneaux garnis à encadrements de champs d'étoffe unie; bas du lit entouré d'une frange. Baldaquin carré de la largeur du lit, et de 1 m. 20 cent. à 1 m. 30 cent. de profondeur (mesure des quatre baldaquins de la pl. 57); lambrequin plat simple avec franges, petits glands aux extrémités; fond de lit tendu à encadrements de galons; lambrequin intérieur.

(Fig. 2, pl. 57). — Lit style Louis XIII bois apparent; baldaquin carré bois assorti; lambrequin avec côtés formant pendentifs à encadrements de galons, et quelques applications, franges et glands à chaque division; fond de lit tendu à bordure, encadrements de galons et applications.

(Fig. 5, pl. 57). — Lit style Renaissance bois apparent ainsi que le baldaquin; lambrequin à pendentifs et partie de milieu indiquée par des galons et des ganses avec ornements en applications; fond de lit drapé à l'antique.

(Fig. 6, pl. 57). — Lit de style Louis XIII en bois recouvert; rampes carrées gainées de drap ou de velours, champ formé par des galons et applications avec broderies et soutaches; socle du lit en bois apparent, noir ou chêne; courte-pointe à pupitre se bordant dans le bateau.

Baldaquin carré de bois apparent; lambrequin avec grand cartouche en applications et soutaches; fermoirs en passementeries aux angles, franges et glands; fond de lit tendu avec encadrements de galons.

(Fig. 3 et 4, pl. 57). — Lambrequins de style Renaissance à encadrements de galons et applications brodées ou soutachées; ces lambrequins peuvent servir de façade pour baldaquin.

(Fig. 4, pl. 56). — Ce lambrequin de style Louis XIII peut, comme les précédents, convenir pour baldaquin.

Les côtés des baldaquins, dont les façades seraient composées avec l'un ou l'autre de ces lambrequins, se feraient avec le même dessin.

# LITS ET DÉCORATIONS STYLE LOUIS XIV.

## PLANCHES 43, 44, 64, 65.

Les lits riches de cette époque étaient faits ordinairement de bois recouvert, le dossier de la tête seul apparent et assez élevé ; la courte-pointe recouvrait entièrement le coucher et retombait jusqu'à terre.

Les baldaquins presque toujours à voussure cintrée ou en pans coupés à l'intérieur, étaient de la largeur du lit, et avançaient au moins des trois quarts de la longueur du coucher, et quelquefois de la longueur entière.

Ce n'est que dans les ameublements importants que l'on fait aujourd'hui des lits comme ceux que nous venons de décrire.

Mais tout en se basant sur les documents de cette époque, on peut faire des décors de lits simples, de formes droites ou mouvementées en bois apparent ou en bois entièrement recouvert d'étoffe et à rampes gainées ; les baldaquins aussi larges que le lit ou bien plus étroits selon le genre et le dessin des lambrequins.

### DESCRIPTION DES LITS ET DÉCORATIONS DE STYLE LOUIS XIV.

#### (Pl. 64.)

(Fig. 1, pl. 64). — Lit style Louis XIV à rampes gainées et à champs d'encadrements en étoffe unie ; fonds en étoffe à dessins courants ou à applications ; le bas du bois de lit en bois sculpté.

Baldaquin carré de 1 m. 50 cent. de large sur 1 m. 40 cent. de profondeur, à moulure, bois assorti à celui du lit ; lambrequin découpé à dents régulières avec ou sans champ d'encadrement, le fond en étoffe pareille à celle du lit ; petit lambrequin intérieur et fond de lit drapé à l'antique par petites parties.

(Fig. 2, pl. 64). — Lit simple à rampes gainées, fonds en étoffe à dessins courants, encadrements de galons, franges entourant le lit

et tombant jusqu'à terre. Baldaquin de 1 m. 20 cent. à 1 m. 25 cent.
de largeur sur 1 m. 10 cent. à 1 m. 15 cent. de profondeur ; moulure en bois et petite voussure ; petit lambrequin en étoffe unie ou à
dessins courants, contours mouvementés, les côtés tombant un peu
plus bas ; petit lambrequin intérieur, fond de lit drapé à l'antique.

(Fig. 4, pl. 64). — Grand lambrequin de style Louis XIV avec galerie de bois apparent, la partie du milieu tendue à plat ainsi que
celles des extrémités ; les parties intermédiaires légèrement drapées
à l'antique afin d'éviter la monotonie de l'ensemble, le tout relié
par des plis verticaux et agrémenté de cordelières.

(Fig. 5, pl. 64). — Décors de fenêtre à lambrequins se faisant vis-
à-vis et reliés par deux festons drapés.

Ce genre de dispositions, qui se fait dans tous les styles, est bien
préférable à deux lambrequins réguliers, et fait meilleur effet ;
galeries simples à moulures avec petites agrafes, motif sculpté au
milieu de l'ensemble. Lambrequin à fond d'étoffe à dessins avec
champs unis ; galons, ganses et câblés ou cordelières garnies de
moules en passementeries suspendus sur les lambrequins.

DESCRIPTION DES LITS STYLE LOUIS XIV.

(Pl. 65.)

(Fig. 1, pl. 65).— Lit en bois apparent ; l'intérieur du grand dossier
tendu en étoffe.

Baldaquin de 1 m. 25 cent. à 1 m. 30 cent. de large sur 1 m. 20 cent.
de profondeur, tout garni, la moulure remplacée par un câblé et
accompagnée d'une crête ; contours du haut garnis de galons et de
palmettes en passementerie ou applications, le fond en étoffe pareille
à celle du lambrequin. Lambrequin à dents découpées bordées de
galons et de franges, ganse d'encadrement placée à 3 centimètres
du galon.

Draperie sous le lambrequin, et chutes garnissant les côtés, draperies se répétant sur les trois autres côtés à l'intérieur du baldaquin
et remplaçant le petit lambrequin pour cacher la tête des rideaux.

(Fig. 2, pl. 65). — Baldaquin plus simple que le précédent et s'établissant dans les mêmes conditions.

Les côtés de ces deux baldaquins se font à dents semblables à celles des façades.

(Fig. 3, pl. 65). — Lit en bois apparent ou bien à rampes gainées, excepté la petite partie de moulures formant fronton du grand dossier, avec le motif sculpté.

Si les contours extérieurs se font de bois apparent, on peut toujours garnir les panneaux d'étoffe à dessins courants ou d'étoffe unie avec applications, et l'on sertit l'intérieur des rampes de petits câblés ou de galons.

Baldaquin carré comme les précédents, cintré sur la façade, mais en élévation seulement; bois apparent et voussure; lambrequin à pendentifs; motifs d'application, galons et ganses d'encadrements : côté du lambrequin comme l'indique la figure 4, plus tombant du côté du mur.

(Fig. 5, pl. 65). — Lit plus riche que les précédents; rampes en bois apparent pouvant également se gainer; encadrements de galons, champs unis, fonds en étoffe à dessins ou broderies et applications.

Baldaquin plus grand que les précédents, moulure de bois apparent et voussure. Lambrequin à contours découpés encadrés de galons, cordelière en passementerie formant motif.

Le côté du lambrequin s'exécute comme l'indique la figure 6.

### DÉCORS DE FENÊTRES.

### (Pl. 43 et 44.)

Les figures 7, 9 (pl. 43) et celles 3 et 8 (pl. 44) sont des dispositions de draperies accompagnées de galeries de style Louis XIV, arrangements admis dans certains cas pour varier les décors de ce style.

# LITS ET DÉCORATIONS STYLE LOUIS XV
## PLANCHES 43, 44, 66 et 67.

L'ensemble de ces lits était plus léger et plus gracieux que celui des lits de style Louis XIV; les formes des bois et des baldaquins étaient plus mouvementées, et ont donné lieu à une grande variété de combinaisons; mais, comme nous l'avons fait pour les styles précédents, nous donnons dans ces deux planches des modèles établis d'une façon pratique sur des documents autorisés.

### DESCRIPTION DES LITS STYLE LOUIS XV

#### (Pl. 66.)

(Fig. 2, pl. 66). — Bois de lit à rampes gainées ou bois apparent; contours du bas et pieds sculptés; champs d'encadrements unis, sertis de galons.

Baldaquin à moulure apparente mouvementé suivant le plan figure 8; lambrequin à dents découpées serties de ganses, de galons et de franges; draperie sur la façade se répétant sur les trois autres côtés intérieurs du baldaquin; fond de lit drapé à l'antique.

(Fig. 3, pl. 66). — Bois de lit gainé ou à moulures apparentes, panneaux tendus avec champs d'encadrements; contours du bas et pieds en bois sculptés : baldaquin à moulure apparente mouvementé suivant le plan figure 11, cintré également en élévation, et à voussure; lambrequin à contours découpés et draperies intérieures.

(Fig. 4, pl. 66). — Bois de lit recouvert comme les précédents mais terminé par un petit lambrequin; baldaquin mouvementé suivant le plan figure 9, et légèrement cintré en élévation; lambrequin à contours découpés dont le côté est indiqué par la figure 5; cordelière sur la façade et s'attachant au petit milieu de bois sculpté; draperies intérieures.

(Fig. 6, pl. 66). — Baldaquin cintré en élévation et en plan comme l'indique la figure 10 ; lambrequin drapé à contours découpés et à plis verticaux, jetés d'étoffe s'enroulant sur la moulure ; les côtés de ce baldaquin s'exécutent comme le dessin figure 7.

## DESCRIPTION DES LITS ET LAMBREQUINS STYLE LOUIS XV.
### (Pl. 67.)

(Fig. 1, pl. 67). — Lit en bois apparent : baldaquin formé par trois grands festons drapés à l'antique et retenu au plafond par des câblés ; cette décoration est faite sur un châssis carré, cintré en creux suivant le galbe du haut des festons ; draperie à l'intérieur ; fond de lit drapé à l'antique.

(Fig. 3, pl. 67). — Lit gainé et garni d'étoffe comme les précédents ; baldaquin bois apparent, plus grand que les précédents, le fond étant égal à la largeur du lit ; moulure apparente ; festons drapés à bords découpés reliés par des plis verticaux.

(Fig. 4, pl. 67). — Lit tout en bois apparent ; baldaquin à moulure ; lambrequin drapé composé d'un grand feston au milieu et de deux plus étroits sur la façade ; deux festons sur le côté, celui du fond plus haut et le pli vertical se terminant en chute le long du mur.

(Fig. 2, pl. 67). — Grand lambrequin, légèrement drapé, accompagné d'écharpe et de chutes, la tête formée par une galerie mouvementée à moulures.

## DÉCORS DE FENÊTRES.
### (Pl. 43 et 44.)

Les figures 3, 8, 9 (pl. 43) et celles 5 et 6 (pl. 44) sont des dispositions de festons drapés avec des galeries bois doré ou gainées, de style Louis XV ; ces décorations peuvent s'employer également avec des lambrequins.

## LITS ET DÉCORATIONS STYLE LOUIS XVI.

### PLANCHES 39, 40, 41, 42, 43, 44, 71, 72.

Les lits de style Louis XVI se font comme les précédents en toutes sortes de bois : palissandre, bois noir, acajou avec filets cuivre, bois laqué et décoré de filets de couleur et les panneaux ornementés d'attributs, de motifs de feuillages, de fleurs ou d'oiseaux.

Ce genre de lits se fait également à rampes gainées, les panneaux tendus avec champs d'encadrements ou bien capitonnés.

A cette époque et pour les lits vus de pied, on a fait souvent les baldaquins de la largeur du lit et presque aussi longs que le coucher, mais on en fait peu aujourd'hui de cette grandeur.

Les formes ordinairement employées sont de dimension moyenne, comme les baldaquins des styles Louis XIV et Louis XV, et se font à angles vifs sur un plan tout carré avec ou sans ressauts sur les angles; ou bien avec une partie cintrée sur la façade, partie qui doit être tracée suivant le nombre et la grandeur des festons; on en fait également dont la façade décrit une demi-circonférence, forme qui sied bien aux draperies ou même à un bandeau.

Le type de la décoration du style Louis XVI consiste en festons drapés de grandeur régulière; mais, pour donner de la diversité aux décorations, on les dispose de différentes manières en leur donnant des dimensions en rapport avec le genre d'étoffe employée, et en les proportionnant à la largeur de la fenêtre ou du baldaquin.

Les modèles de fenêtres de la planche 44 donnent des dispositions de draperies placées suivant les contours des galeries.

Les figures 1, 2, 4, 5, 6 de la planche 43, et ceux figures 1 et 7 de la planche 44 sont des dispositions de festons qui peuvent servir de types à d'autres combinaisons.

La figure 2, planche 44, à grands festons enlacés, dont le prin-

cipal est relevé par un câblé, convient également au style Louis XVI,
dispositions du reste employées au temps de l'Empire et de la Res-
tauration, ainsi que la figure 4, même planche.

Les lambrequins et les bandeaux s'emploient aussi pour le style
Louis XVI, ils ont alors peu d'importance ; on fait également des
cantonnières, mais on ne les emploie guère qu'en tapisserie d'Aubusson.

DESCRIPTION DES LITS STYLE LOUIS XVI.

(Pl. 39.)

(Fig. 1, pl. 39). — Lit de bois laqué ou doré à panneau en décoration ou en étoffe brodée.

Baldaquin à moulure en bois doré, façade formée par une demi-
circonférence suivant le plan (fig. 3). Cinq draperies sur la partie
cintrée avec chutes sous les parties carrées ; sur la partie droite de
côté, grande draperie relevée au milieu, comme figure 5, et longue
chute sur la dernière partie du plan.

Rideaux d'étoffe semblable à celle des draperies, relevés assez
haut par des câblés et formant manteau ; rideaux de dessous et fond
de lit drapés en étoffe plus légère.
Intérieur de la voussure du baldaquin en étoffe froncée et divisée
par des ganses, contour intérieur à champ uni ; les écoinçons avec
motifs brodés, le tout entouré de galons et de câblés.

(Fig. 2, pl. 39). — Bois de lit comme le précédent ; l'intérieur du
grand dossier tendu avec applications de broderies. Baldaquin bois
doré ou laqué suivant le plan (fig. 4), à voussures extérieures et intérieures ; dans la partie du milieu deux petites draperies avec chutes
sur un lambrequin légèrement drapé ; draperies dans les coins
ronds et grande draperie sur les côtés avec chutes droites, comme
figure 6. Intérieur du baldaquin à voussure tendu et décoré de
broderies et de galons.

17

(Fig. 7, pl. 39). — Grand lit à balustres aux quatre angles ; grand baldaquin à trois faces en bois doré, à double voussure, supporté par des tringles de fer recouvertes d'étoffe et ajustées dans les balustres ; ces tringles sont cintrées suivant le mouvement des rideaux ; même disposition de draperies sur les trois faces.

### DESCRIPTION DES LITS STYLE LOUIS XVI.

#### (Pl. 40.)

(Fig. 1, pl. 40). — Baldaquin pour lit de milieu en bois recouvert, draperies à têtes flamandes et rideaux partant de la façade.

(Fig. 1, 2, 3, 4, pl. 40). — Lits de milieu ; baldaquins de bois recouverts, de différentes formes ; à têtes flamandes et à diverses combinaisons de draperies.

Le baldaquin fig. 2 est à moulure gainée d'étoffe et motif de milieu sculpté ; celui fig. 3 convient mieux par sa forme au style Louis XV.

### DESCRIPTION DES LITS STYLE LOUIS XVI.

#### (Pl. 42.)

(Fig. 1, pl. 42). — Bois de lit à rampes gainées, fonds de panneaux et bateaux capitonnés ; petit bandeau drapé à plis entourant le bas, la tête cachée par un câblé.

Baldaquin bois recouvert cintré sur la façade, tête à petits tuyaux et trois draperies avec chute tombant sur le devant des rideaux ; rideaux drapés en trois parties et partant sous la tête à tuyaux, petits choux d'étoffe entre chaque draperie et sur les plis verticaux des rideaux ; fond de lit tendu à l'antique.

(Fig. 2, pl. 42). — Lit en bois apparent ; baldaquin carré en bois doré à petits ressauts aux angles avec pommes et culots, décoration sur la face et les côtés composée de trois draperies retenues par des câblés et des glands.

(Fig. 3, pl. 42). — Lit bois apparent, les fonds de panneaux tendus en étoffe ; baldaquin de forme circulaire bois recouvert, décoration composée de cinq draperies avec petits plis au milieu ; têtes flamandes à chaque division de draperie, choux d'étoffe ou de passementerie et jeux de glands, chutes droites aux extrémités sur les parties droites ; cercle intérieur du châssis plissé, encadré d'un champ uni et petits écoinçons en étoffe pareille à celle plissée

(Fig. 4, pl. 42). — Lit en bois laqué et décoré ; baldaquin en bois doré, cintré sur la façade et coins rentrés ; décoration composée de quatre draperies à plis au milieu, jeux de glands et chutes sur la façade ; trois draperies et chutes sur les côtés.

### DESCRIPTION DES DÉCORATIONS STYLE LOUIS XVI.

#### (Pl. 74.)

(Fig. 1, pl. 71). — Décor de deux fenêtres pour salon style Louis XVI, composé de festons relevés inégalement et retenus par des câblés avec glands, rideaux relevés inégalement ; galeries en bois doré droites. Le cadre de la glace du trumeau reçoit les deux festons qui relient la décoration des deux fenêtres, motif sculpté suspendu sur la glace.

(Fig. 2, pl. 71). — Décor de portière à draperies relevées inégalement sous une galerie droite à motif style Louis XVI ; rideaux bonne-grâce de chaque côté, laissant voir le grand rideau de la seconde pièce relevé en deux fois, et le second rideau de gauche relevé parallèlement.

Les deux dispositions précédentes peuvent s'appliquer également à des décorations de style Louis XV.

### (Pl. 72.)

(Fig. 1, pl. 72). — Grande baie de fenêtre à draperies enlacées sur une galerie bois doré ou gainée.

Ces enlacements de draperies se font généralement d'étoffe de nuance différente et souvent d'une étoffe unie et d'une autre à dessins; rideaux bonne-grâce aux extrémités et rideaux d'étoffe légère ou transparente relevés inégalement.

(Fig. 2, pl. 72). — Lit style Louis XVI, en bois entièrement gainé et panneau d'étoffe brodé et à encadrements; baldaquin suspendu au plafond, composé d'un lambrequin drapé à l'antique avec plis verticaux aux angles; draperie jetée sur le devant en étoffe semblable à celle des rideaux relevés en deux fois par des câblés et partant du haut du baldaquin; rideaux intérieurs en étoffe légère ou guipure.

Décor de fenêtre à draperies passant sur une galerie droite à toit; grand rideau drapé relevé à l'italienne et rideau bonne-grâce; store plissé à l'intérieur, formé d'un grand feston et de deux plus petits.

## DÉCORATION INTÉRIEURE DES BALDAQUINS.

### PLANCHES 64, 65, 66.

Dans les planches précédentes que nous venons d'expliquer, nous avons indiqué les plans des baldaquins accompagnés de différentes dispositions intérieures convenant à chaque style.

Généralement les intérieurs des baldaquins se font à plat et se tendent d'étoffe semblable à celle du fond de lit, ou bien pareille à celle des rideaux; mais on peut, sans beaucoup de frais et avec un peu de goût, faire quelques divisions et encadrements de différents tons, qui leur donneront un cachet particulier.

Les ciels plissés se font aussi avec des mousselines transparentes sur un fond rose ou bleu; nous avons expliqué page 169 la manière

de les couper et de les plisser convenablement, suivant chaque
genre de baldaquin ; on peut également les encadrer de champs de
tons assortis à l'ensemble.

Dans un décor de lit riche, il vaut mieux faire le châssis à voussure et le garnir d'étoffe claire en rapport avec l'ensemble du lit et
le décorer de champs d'encadrement diversement découpés, suivant
le style, et ornementés de galons, de câblés et même de broderies.
Ces voussures se construisent, comme nous l'indiquons pl. 65, par la
fig. 11, à pan coupé intérieur et à voussure extérieure en creux,
pour compléter la décoration du baldaquin ; ou comme fig. 12, à
pan coupé seul ; ou encore comme fig. 13, en voussure à talon
renversé.

Les lettres A le long du profil de ces figures indiquent la feuillure
apparente nécessaire pour recevoir le lambrequin ou les draperies,
et sous la partie plate de cette feuillure, on fixe le fil galvanisé
devant recevoir les agrafes des rideaux.

## COURTES-POINTES DIVERSES.

### PLANCHES 73, 74.

Les courtes-pointes font partie de l'ensemble de la décoration des
lits et se font ordinairement d'étoffe pareille à celle des rideaux, ou
tout au moins de la même nuance.

Dans les décors riches, on les complète par des encadrements ou
des ornements comme ceux de la planche 74.

Les courtes-pointes simples se coupent comme figure 1 ou figure 2
(pl. 73) avec les faux traversins ronds formés à leur extrémité par
des cercles en fer galvanisé.

#### COURTE-POINTE A TRAVERSIN ROND.

#### (Fig. 1, pl. 73.)

Le développement de la figure 1, courte-pointe carrée enveloppant
le traversin, se fait ainsi : porter sur une horizontale de A en B

25 centimètres, mesure nécessaire pour le rentré de la courte-pointe au pied du lit, puis de B en C la longueur du coucher; faire passer au-dessus et au-dessous des points A, B, C des verticales.

Porter sur la verticale au-dessus du point B au point N la mesure du côté de la courte-pointe, mesure qui varie suivant la hauteur du coucher et le genre de lit; porter en dessous du point B au point G la largeur du coucher, puis de G en P pour l'autre côté de la courte-pointe la même mesure que l'on a porté en B N; tracer par le point N une horizontale, on aura le point O sur la verticale passant par le point C, ce qui déterminera le côté de la courte-pointe; tracer par le point G une horizontale à droite et à gauche, on aura d'abord le point F sous la verticale abaissée du point A qui détermine le rentré de la courte-pointe, puis le point I sur la verticale abaissée du point C, ce qui détermine entièrement le dessus de la courte-pointe. Tracer ensuite par le point P une horizontale, on aura le point Q sur la verticale abaissée du point C, l'autre côté de la courte-pointe sera tracé.

Pour déterminer la place de l'échancrure à faire dans l'étoffe afin d'entourer le faux traversin, on place le rond en fer contre la verticale, C I, ligne d'extrémité du coucher, de façon qu'il soit tangent à cette ligne, comme l'indique le point Y, et qu'il dépasse l'horizontale G I, bord de la courte-pointe de 5 centimètres environ, afin que le faux traversin fasse bien corps avec la courte-pointe, ce qui donnera le point L sur cette horizontale; élever sur ce point L une verticale, on aura le point M sur l'horizontale A B C; l'échancrure nécessaire se fera donc à partir des points L, M; de ces points, on porte aux points V, V l'ampleur nécessaire pour envelopper le faux traversin, et de V en E et de V en K l'étoffe nécessaire pour le rentré de la tête.

Les petites parties d'étoffe rectangulaire T N A B, O S C D, F G U P, I J Q R, aux angles du tracé précédent peuvent se laisser après les côtés de la courte-pointe afin d'avoir plus d'aisance pour l'entrée sur le coucher, ou bien on peut les diminuer ou les enlever tout à fait et coudre les rentrés du pied et de la tête le long des côtés. Les lés sont toujours assemblés comme l'indiquent les verticales X X, X X et l'on double le tout avant de fixer l'étoffe comprise entre les point

MV, LV autour des cercles; ces cercles se garnissent de carton recouvert d'étoffe ordinairement plissée (voir page 174); le milieu est orné d'un chou d'étoffe ou d'un macaron en passementerie et le contour est garni d'une crête. Ces cercles se fixent, comme nous l'avons déjà dit, sur les lignes G I, B C, 5 centimètres en contre-bas et l'on arrête derrière le haut des côtés de la courte-pointe.

La courte-pointe que nous venons de développer est pour un lit vu de pied; les deux côtés retombant sont tracés d'égale largeur; pour un lit de milieu un des côtés ne serait formé que du rentré nécessaire pour border, et l'on pourrait ajouter un autre traversin, quoiqu'il soit maintenant plutôt d'usage de n'en mettre qu'un.

### COURTE-POINTE EN FORME DE TAPIS A TRAVERSIN ROND.

#### (Fig. 2 et 3, pl. 73.)

La figure 2 (pl. 73) donne le développement de la moitié de la courte-pointe en forme de tapis pour un lit de milieu, et sur laquelle on ajoute un ou deux traversins.

Le rectangle A B C D indique la moitié de la façade de la courte-pointe avec le rentré; celui E F A B la moitié du dessus de la courte-pointe avec son rentré en E J A I et celui G H E F la moitié du côté retombant ou rentré le long du mur, puisque ce tracé est fait pour un lit de milieu.

Pour tracer l'ouverture à faire dans la courte-pointe, on place les ronds de traversin tangents à la verticale J I et de façon à ce que les cercles laissent entre les points K L, M N sur les horizontales A B, E F environ 10 centimètres, et on enlève la bande d'étoffe comprise entre les points K L, M N.

Le faux traversin se forme séparément sur les cercles comme figure 3, en laissant une échancrure équivalente à celle de la courte-pointe; on coud ces échancrures l'une contre l'autre; en plaçant la courte-pointe sur le lit on introduit par ces ouvertures le traversin dans son enveloppe et la courte-pointe bien tendue tombe d'aplomb.

Ce genre de courte-pointe peut s'agrémenter de bande de tapisscrie ou de passementerie disposées en travers comme figure 4 et placées de façon à masquer l'assemblage des lés.

COURTES-POINTES A CÔTÉS DRAPÉS.

(Fig. 5, 6, 7, 8, 11, 12, 13, 14, pl. 73.)

La figure 5 représente le côté d'une courte-pointe à traversin rond, formé d'un grand feston drapé à l'antique, attaché au traversin et au pied ; la figure 6 donne la coupe de ce grand feston tracé d'après les principes de la planche 47, moins la bordure formant le haut de ce côté ; cette bordure est en partie cachée par ce grand feston que l'on coud dessus par l'intérieur du premier pli de façon qu'il fasse corps avec elle ; on rapporte les choux en étoffe ou en passementerie.

La fig. 7 est un autre côté de courte-pointe drapé à l'antique en trois festons, disposition que l'on emploie pour les décors de lits riches. La fig. 8 indique le dessus de la courte-pointe avec bordures et encadrements de galons et chiffres brodés sur le traversin.

La fig. 11 est un modèle de courte-pointe fantaisie qui peut se faire en étoffe légère sur un fond de couleur, complété par des volants de dentelle et des nœuds de couleur ; les fig. 12, 13, 14 indiquent les coupes des trois draperies composant ce côté de courte-pointe suivant leur position respective, coupes établies d'après les principes démontrés au chapitre 13, l'ampleur se met plus ou moins importante suivant le tissu employé ; mais on peut également exécuter ce côté de courte-pointe comme un store plissé.

GRANDE COURTE-POINTE FORMANT HOUSSE.

(Fig. 15, pl. 73.)

La fig. 15 est un exemple de grande courte-pointe recouvrant tout le lit, à part le grand dossier, comme on le faisait à l'époque

Louis XIV; les côtés sont légèrement drapés et retenus par des choux et des câblés à glands.

Chaque côté de cette courte-pointe se développe séparément comme un grand feston drapé à l'antique, avec plus ou moins d'ampleur, mais en tenant compte de la forme du traversin; les plis se rapportent ou se coupent avec les côtés.

### FORMES DE TRAVERSINS.

#### (Fig. 9 et 10, pl. 73.)

On peut disposer dans les courtes-pointes le faux traversin suivant les profils fig. 9 et 10 sur des formes en fil de fer ou en carton, car on fait aussi des traversins de ces modèles; ces formes se disposent après la courte-pointe comme celle qui suit.

### COURTES-POINTES EN FORME DE PUPITRE ET DÉCORÉES.

#### (Pl. 74.)

Dans les décors de lits importants on fait également des courtes-pointes dont la tête forme pupitre pour recouvrir le traversin fait de même; ces courtes-pointes peuvent recouvrir également les deux oreillers sans faire une masse trop volumineuse.

La fig. 1, pl. 74, indique le dessus de la courte-pointe; entre les points A B, E F est compris le rentré du pied; le dessus du coucher est indiqué par le rectangle BCFG, et entre les points CD, GH est comprise l'étoffe nécessaire pour le derrière et le rentré du pupitre.

La fig. 2 indique la coupe du côté de ce genre de courte-pointe; en IJ, OP le rentré du pied; en JK la partie plate du coucher, puis de K en L la ligne oblique de la partie formant pupitre, partie toujours proportionnée comme longueur au traversin; de L en M la ligne verticale indiquant le derrière et la hauteur du pupitre, et de M en N l'étoffe nécessaire pour le rentré entre le coucher et le bois de lit.

On peut couper également le côté du pupitre légèrement mouve-

menté comme la fig. 3, mais bien que coupé suivant la ligne KL
(fig. 2), la souplesse de l'étoffe donne à la courte-pointe placée sur
le lit l'apparence des fig. 12, 13, 14.

### COURTES-POINTES DÉCORÉES D'APPLICATIONS.

#### (Pl. 74.)

Ce genre de courte-pointe offre l'avantage de pouvoir se décorer
par des encadrements et une ornementation qui compléteront l'ensemble du lit.

Les fig. 1, 4, 5 conviennent pour les lits de style Renaissance,
celle fig. 6 est de style Louis XIII ; elles sont composées d'encadrements et de motifs de draps ou de velours découpés appliqués et
serlis de ganses ; les carres des courtes-pointes sont toujours garnies par un petit câblé.
Les fig. 12, 13 et 14 représentent les côtés des courtes-pointes
allant avec les figures précédentes.

Les fig. 7, 8 et 9 sont de style Louis XIV et se font avec des applications comme les précédentes ; celles fig. 10 et 11 sont de style
Louis XV et l'on peut en découper l'ornementation dans des étoffes
à dessins, qui, appliquées et serlies de ganses, sont d'un très bel effet
sur un fond uni.

# CHAPITRE XVI

## GARNITURES DE TOILETTES, DE CHEMINÉES, STORES PLISSÉS, FANTAISIES.

### PLANCHES 75, 76, 77, 78.

A décoration des toilettes à coiffer se fait sans observer rigoureusement le style du reste de l'ameublement, et la variété des étoffes que l'on peut employer donne au tapissier un large champ pour exercer sa fantaisie et son goût.

On fait les rideaux de ces toilettes aussi bien en mousseline garnie de dentelles ou de broderies qu'en étoffe plus ferme; généralement la table ne se garnit que de guipure ou mousseline sur un transparent de couleur rose ou bleu; l'intérieur se garnit également de mousseline ou d'une étoffe différente de celle des rideaux.

L'ensemble de la décoration de ces toilettes s'adapte sur des petits châssis et des tringles de fer cintrées suivant le galbe des rideaux toute la disposition est fixée à la table de forme carrée ou mouvementée, ou bien adaptée à un grand châssis de fond fixé lui-même à la table.

### TOILETTE A PETIT BALDAQUIN STYLE LOUIS XV.

#### (Fig. 2, pl. 75, et fig. 3, 4, 5, pl. 76.)

Le petit baldaquin à dôme de la toilette fig. 2 (pl. 75) est de style Louis XV à deux festons avec plis à tuyaux sur la façade; les deux rideaux bonne-grâce fixés au petit baldaquin sont relevés assez haut pour ne pas gêner le dessus de la table ainsi que les tiroirs supportant les accotoirs de la glace.

Les fig. 3, 4 et 5 (pl. 76) indiquent le plan, l'élévation et le profil de la table, du baldaquin et des armatures le supportant ; ces tracés correspondent entre eux et sont facilement compréhensibles : le baldaquin et les ferrures sont fixés à un grand châssis plat vertical découpé suivant les contours de la fig. 2 (pl. 75) ; ce châssis se fixe à la table au moyen de platines à vis, de façon à offrir toute garantie de solidité ; les tringles $a$, $a$, supportant le devant du baldaquin sont mouvementées d'après les contours des rideaux bonne-grâce, et sont rivées à des tiges horizontales $b$, $b$, auxquelles sont fixées les patères bois blanc pour recevoir les choux d'étoffe.

La coupe de ces petits rideaux peut se faire comme celle des rideaux ordinaires en traçant le bas en biais pour former la chute, ou bien comme celle indiquée fig. 18 (pl. 76).

### TOILETTE A PETIT BALDAQUIN STYLE LOUIS XVI.

#### (Fig. 1, pl. 75, et fig. 12, pl. 76.)

La fig. 12 (pl. 76) indique le plan de la table et du baldaquin de la toilette fig. 1 (pl. 75) de style Louis XVI ; la disposition des tringles cintrées est la même que celle de la fig. 2 (pl. 75) indiquée par les fig. 4 et 5 (pl. 76).

### TOILETTE A DRAPERIE STYLE LOUIS XVI.

#### (Fig. 1 et 2, pl. 76.)

La fig. 1 (pl. 76) est de style Louis XVI, à feston drapé et rubans formant guirlandes et nœuds ; cette décoration se fait sur un petit châssis dont le plan est donné par la fig. 2 et l'armature s'exécute comme celles des deux figures précédentes.

## TOILETTE DE FANTAISIE A DRAPERIES.

### (Fig. 7, pl. 75, et fig. 6, 7, 8, 13, 14, 15, 16, 17, 18, pl. 76.)

La fig. 7 (pl. 75) est un modèle de toilette fantaisie dont le cadre de glace est de style Louis XV.

Ces dispositions sans baldaquins s'exécutent entièrement sur des tringles cintrées suivant les contours des draperies.

La fig. 6 (pl. 76) indique le plan de la table et des tringles qui viennent aboutir à une partie de bois horizontale $c$ qui reçoit le pli du milieu.

La fig. 7 (pl. 76) est l'élévation géométrale de la table, du châssis à plat formant fond et des tringles disposées suivant les contours des draperies.

La fig. 8 (pl. 76) donne le profil et détermine la saillie nécessaire à ce genre de décoration. Les lettres $a$, $b$, $c$, $d$, $e$, de ces trois figures feront comprendre la construction de toute l'armature.

La fig. 17 (pl. 76) indique le développement de l'étoffe du fond de cette toilette coupé d'après les principes établis page 138 pour les fig. 1 et 2 de la pl. 14, mais cintré dans le haut suivant le galbe de l'élévation fig. 7 (pl. 76).

Les fig. 14 et 15 (pl. 76) sont les coupes des plis verticaux du milieu et des côtés, et la fig. 16 celle d'un des festons coupé suivant les principes donnés dans le chapitre 13 ; la fig. 18 est la coupe d'un des rideaux bonne-grâce se drapant sur la tringle $d$ et s'attachant sur la tringle $e$, en faisant l'effet de la fig. 13 profil de la fig. 7 (pl. 75).

## TOILETTE DE FANTAISIE A DRAPERIES IRRÉGULIÈRES.

### (Fig. 8, pl. 75, et 9, 10, 11, pl. 76.)

La fig. 8 (pl. 75) est une autre disposition de fantaisie drapée irrégulièrement dont le plan, l'élévation et le profil sont donnés par les fig. 9, 10 et 11 (pl. 76). Chaque point correspondant dans ces figures est marqué par une des lettres $a$, $b$, $c$, $d$, $e$, $f$, $i$, $j$, $k$, de sorte qu'il est facile de comprendre chaque saillie de l'armature entièrement irrégulière sous ses différents aspects.

Les jupes de toutes ces toilettes sont composées de festons drapés à l'antique et se drapent comme il est indiqué au chapitre 13, ainsi que les festons qui les décorent.

## DÉCORS DE CHEMINÉES.

### PLANCHE 77.

Le dessus des riches cheminées de marbre se garnit d'une tablette en zinc recouverte de velours ou de peluche et adaptée suivant les contours intérieurs. On se sert également d'une tablette en zinc recouverte d'étoffe pour supporter les franges dépassant le bord de la cheminée ou de légères draperies ; mais lorsque le décor est plus important on met la tablette en bois garnie ou à moulure apparente.

La décoration entière d'une cheminée est souvent obligée pour cacher un marbre ordinaire n'étant pas en rapport de style avec l'ameublement, ou bien afin de lui donner une proportion convenable si elle est trop petite.

Lorsque l'on garnit entièrement une cheminée, il est facile de placer la tablette supportant le lambrequin ou les draperies quelques centimètres plus haut sur le dessus de la cheminée, et de l'élargir proportionnellement afin d'y faire tenir les rideaux et les côtés du lambrequin.

Dans tous les styles on fait ce genre de décoration avec des bandeaux droits ou découpés, en applications et broderies ou avec des étoffes à dessins.

Les fig. 6 et 7 (pl. 77) sont de style Renaissance et Louis XIII ; on peut faire également des petits lambrequins pour cheminées de style moyen âge et Renaissance dans le genre de ceux dessinés pl. 52.

Les fig. 1, 4 et 5 (pl. 77) sont de style Louis XIV, en applications et broderies, et les fig. 2, 3, 8 de style Louis XV fantaisie.

Pour le style Louis XVI on emploie les petites draperies régulières qui servent également dans ce cas au style Louis XV ; du reste, pour ces décorations, on ne suit pas toujours exactement le style de l'ameublement et on emploie toutes sortes d'étoffes de fantaisie.

Les tablettes des cheminées, fig. 4, 5 et 8, sont composées avec des gorges élevées, ce qui est d'un bel effet. Ces gorges sont établies par des courbes comme les toits de galeries et les voussures des baldaquins ; on les recouvre d'étoffe, à l'exception des moulures qui restent apparentes, et on les décore de feuilles découpées appliquées aux angles et de divers ornements ; on peut aussi les faire en bois uni ou sculpté assorti aux meubles.

Lorsque l'on fait ces dessus de cheminée, on combine le cadre de glace de façon qu'il se raccorde sur la moulure de la tablette, comme l'indiquent la fig. 4 et la fig. 9.

Les lambrequins se font comme fig. 4 avec pointes retombant jusqu'à terre ou plus ou moins longs comme fig. 4 et 5. Pour terminer les côtés de la fig. 4, on peut faire à l'étoffe des plis l'un sur l'autre (fig. 9) afin de donner un peu d'ampleur à cette partie.

### DÉCORATION SUR DES GLACES.

### (Pl. 75, 77 et 78.)

Les draperies sur les glaces de la planche 77 sont des compositions de fantaisie qu'il est facile de varier soit sur des cadres à plat recouverts de peluche ou d'autres étoffes avec dessins en applications ; soit sur des cadres bois doré ou à moulures gainées. Ces draperies ne doivent jamais être trop importantes comme tout l'ensemble de la décoration d'une cheminée.

Les fig. 4, 6 (pl. 75) et fig. 3 (pl. 78) peuvent servir à décorer le haut des glaces.

### CHEVALETS GARNIS, GAINES, MANTEAU DUCAL.

### (Pl. 78.)

Les chevalets gainés et drapés de la planche 78 sont des objets de fantaisie que le bon goût seul peut faire bien décorer, et le plus souvent on emploie pour cela des lés de velours ou d'étoffe quelconque sans les couper; quelques cordelières à glands et des passementeries complètent l'ensemble.

Les modèles de gaines de cette planche se font en bois apparent ou en bois blanc que l'on fait gainer et que l'on décore de galons, de diverses passementeries et de draperies.

L'exécution de ces objets en gainage doit toujours être très soigneusement faite.

La fig. 6 de cette planche, modèle de manteau ducal, peut servir de fond à un tableau, à un objet d'art, à des armoiries. Nous avons donné les détails de la coupe de cette figure à la fin du chapitre 13 des lambrequins.

### STORES PLISSÉS.

### (Fig. 1, 2, 3, 4, 5, page suivante.)

Les stores plissés se divisent suivant la largeur de la fenêtre et le genre de la décoration, en festons réguliers, ou avec une grande partie au milieu.

Dans une grande baie, au lieu de mettre un seul store, il est préférable d'en faire plusieurs composés chacun de trois ou quatre divisions, ce qui permet de les relever séparément afin de donner du jour à volonté, tout en variant l'aspect de la décoration.

Ce genre de store plissé se fait aussi comme rideau de vitrage.

Ces stores s'établissent avec une ampleur variant, d'après le genre de l'étoffe, de 75 cent. à 1 mètre pour 1 mètre en hauteur de store tout plissé ; pour l'ampleur en largeur, on donne pour un feston ou division de 30 cent., comme ceux de la fig. 4 ci-dessous, de 8 cent. à 10 cent. au plus, et cela toujours suivant le genre de l'étoffe et l'effet que l'on veut obtenir.

Les divisions de ces stores se préparent séparément, s'il est nécessaire ; mais ordinairement on les prend à même la largeur de l'étoffe sans la couper, ce qui est facile, car il ne s'agit que de froncer l'étoffe sur elle-même ; cette largeur d'étoffe détermine souvent la grandeur des divisions pour avoir le moins de perte possible.

Le haut de chaque division se coupe comme nous l'indiquons fig. 2, avec des petits emplissages, pris, par conséquent, sur l'ampleur donnée en largeur, emplissages servant à former les premiers plis ; les lignes horizontales A M B représentent les parties droites et la mesure exacte du haut de chaque division.

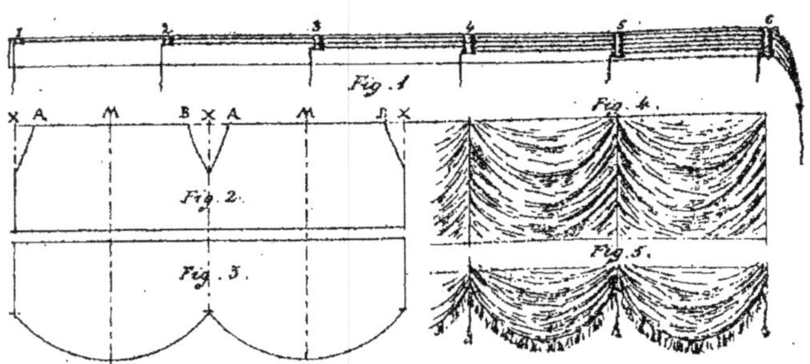

Le bas des divisions forme feston et se coupe comme fig. 3, sur un arc de cercle tracé au compas ; on garnit ces festons d'effilés et l'on place des petits glands entre eux.

Toute l'étoffe se fronce sur des rubans préparés à l'avance de la longueur du store tout plissé, et sur lesquels on a indiqué des points de division, que l'on a également portés sur l'étoffe afin de répartir convenablement l'ampleur.

On coud sur chaque ruban les petits anneaux, dans lesquels pas-

seront les cordons de tirage; ces anneaux distancés de 6 cent. à
8 cent. les uns des autres.

Dans toute la largeur et à l'envers du store, on place à la hauteur
des emplissages des petits festons du bas, une tringle dans un four-
reau, afin de lui donner du poids.

Le système généralement adopté pour relever ces stores consiste
en jeux de petites poulies employées en nombre égal à celui des
cordons, et placées comme le montre la fig. 1 sous la barre de bois
de la longueur du store; mais, par économie, au lieu d'employer des
séries de poulies composées de 1, 2, 3, 4, 5 galets comme ceux de
cette figure, on ne met qu'une seule poulie pour chaque corde et
une série complète pour recevoir tous les cordons à l'extrémité; il
faut avoir soin dans ce cas de bien mettre chaque poulie à sa place
exacte, afin de ne pas gêner la marche des cordons. On emploie également des poulies que l'on entaille dans la barre transversalle, ce qui
demande un travail d'ajustement très soigné.

Tous les cordons attachés au store et passés dans les petits anneaux se placent dans leur poulie respective et viennent, une fois
passés dans le dernier jeu, s'attacher sur un seul cordon, par lequel
on fait manœuvrer tout le store.

Pour les stores d'une grande largeur, on emploie quelquefois un
rouleau sur lequel tous les cordons viennent s'enrouler, et on place
devant ce rouleau la galerie bois blanc sur laquelle le store est fixé;
on met derrière cette galerie des pitons ou des petites poulies qui
facilitent la marche des cordons avant de s'enrouler sur le bâton que
l'on fait manœuvrer avec deux rondelles comme un store ordinaire.

# CHAPITRE XVII

## MÉCANISMES ET FERRURES POUR CROISÉES ET PORTIÈRES. — TIRAGES.

**PLANCHES 79 et 80.**

Eu de fenêtres sont disposées avec des impostes permettant de faire une décoration sans gêner l'ouverture, et, dans bien des cas, la distance entre l'ouverture de la baie et le dessous de la corniche ou même du plafond est trop étroite pour placer une galerie et sa décoration, tout en laissant passer dessous le châssis de la fenêtre ouverte; il faut donc avoir recours à un mécanisme supportant la galerie et à une décoration permettant d'ouvrir la fenêtre à volonté.

Il s'est fait beaucoup de systèmes de ferrures à compas ou à mécaniques compliquées, mais la plupart présentaient de grands inconvénients et peu de solidité.

Nous donnons, planche 80, un modèle de ferrure brevetée, à la marque G L l, mécanisme simple, très employé et le meilleur que l'on ait fait jusqu'à présent : on peut se le procurer du reste chez tous les *fabricants d'ornements pour appartements.*

### DESCRIPTION DU MÉCANISME POUR CROISÉE.

### (Fig. 1, 2, 3, 4, 5, 6, pl. 80.)

La fig. 1 (pl. 80) représente ce mécanisme vu de face et mis en place prêt à recevoir la galerie ; la platine tenant la tige mobile A, fixée au châssis de la fenêtre à 5 cent. des charnières.

La fig. 2 donne en plan la position de la tige mobile A qui pousse la petite bielle B, laquelle doit être placée à l'aplomb des charnières du châssis de la fenêtre.

La fig. 3 indique le profil du mécanisme fermé et supportant à son extrémité la galerie appuyée contre le mur.

La fig. 4 représente le mécanisme ouvert, puisque la bielle B a été repoussée par la tige A lorsque l'on a ouvert la fenêtre ; la bielle B rivée à la tringle transversale la fait tourner, ce qui met en mouvement le mécanisme qui y est fixé, et la galerie est amenée horizontalement à une distance convenable du mur.

La galerie est fixée à l'extrémité du compas au moyen d'une douille à vis placée presque dans l'angle comme l'indiquent les fig. 5 et 6, ce qui donne la place du retour du lambrequin ou de la chute qui cache ainsi le mécanisme, lorsque la galerie est revenue près du mur.

Pour une cause quelconque, lorsque la galerie doit être placée assez haut au dessus du chambranle, les branches E, F (fig. 4) du compas se font plus longues que celles rivées à la ferrure enfoncée dans le mur, et le mouvement horizontal se fait de même.

Les poulies pour recevoir les cordons de tirage se placent, comme nous l'indiquons fig. 4, intérieurement et un peu au dessus des supports de la serrure.

### MESURES A DONNER POUR L'EXÉCUTION DU MÉCANISME DE CROISÉE.

### (Fig. 7 et 8, pl. 80.)

Pour faire exécuter ce mécanisme bien proportionné à la grandeur et à la profondeur de l'embrasure de la fenêtre, on donne les mesures comme suit d'après les figures 7 et 8 :

1° Mesure d'une charnière à l'autre.

2° Largeur de la baie entre les chambranles.

3° Largeur des chambranles.

4° Profondeur de l'embrasure.

5° Mesure du dessus du châssis ouvert au-dessous de la corniche, ou au-dessous du plafond, si la galerie doit le toucher, comme on est forcé de le faire souvent.

6° Mesures intérieures de la galerie et des retours que l'on proportionne à la largeur du châssis de la fenêtre tout ouvert.

### REMARQUE.

Généralement on place les supports de ce mécanisme à 5 cent. en dehors des chambranles ; ainsi, lorsque l'ouverture de la baie est de 1 m. 50 cent. et les chambranles de 6 cent. chacun, on ajoute 10 cent., ce qui donnera 1 m. 72 cent. à 1 m. 75 cent. pour l'écartement des supports, et 1 m. 78 cent. à peu près à l'intérieur de la galerie ; dimensions qui se modifient proportionnellement aux mesures de la baie et à celles des chambranles, ainsi que d'après le genre de décoration adopté.

Ce mécanisme peu coûteux présente toute garantie de solidité et peut supporter une charge assez lourde ; on l'emploie également comme ferrure de portières, et surtout pour les portes vitrées.

## FERRURES DE PORTIÈRES.

### PLANCHES 79 et 80.

Pour se rendre compte des différents mécanismes à employer, il est indispensable de tracer le dessin géométral du haut de la porte et de la galerie, ainsi que le plan de l'embrasure et de la galerie, comme nous l'avons fait dans les figures suivantes.

### PORTIÈRE A DEUX RIDEAUX.

#### (Fig. 9, 10, 11, pl. 80.)

La fig. 9 (pl. 80) représente une portière à deux festons; celui de gauche passe par dessus la galerie et s'ouvrira par conséquent le premier.

Le mécanisme employé dans ce cas consiste en une grande ferrure à potence (fig. 10) pour chaque battant; le support à pointe ou à platine A se fixant le long du chambranle reçoit le goujon de la tige verticale B retenue d'aplomb par la ferrure à anneau C, de sorte que cette tige pivote sur l'axe A du support, la platine horizontale G reçoit la partie mobile de la galerie L M (fig. 11) et le tout est repoussé par la tige horizontale mobile D E fixée à la porte.

Pour que l'ouverture de la portière se fasse convenablement, il est essentiel que la distance comprise entre le point D sur la ferrure et l'axe de la tige pivotante verticale B soit égale a celle comprise entre le point E, point d'attache de la tige D E sur la porte et la charnière N de cette porte..

L'autre côté a sa ferrure disposée de la même façon, et l'on rapporte des petits retours en bois pour fixer le côté du rideau et de la chute.

### PORTIÈRE A UN RIDEAU.

#### (Fig. 12, 13, 14, pl. 80.)

La fig. 12 (pl. 80) représente un décor de portière de 1 m. 10 cent. de large; la ferrure employée (fig. 13) est la même que la précédente.

Lorsque la porte affleure les chambranles, comme dans ce cas, il vaut mieux placer la tige verticale B faisant tourner la ferrure vis-à-vis des charnières de la porte, et par conséquent la tige horizontale D E (fig. 14) se place perpendiculairement à la porte et à la ferrure.

Le support A (fig. 13) à platine vissée à côté du chambranle est contourné suivant le plan fig. 14, et reçoit le goujon de la tige verticale B (fig. 13); la platine G reçoit la partie mobile de la galerie et l'on fixe au mur le retour P avec la petite partie de face complétant la galerie; la tête du rideau se place de manière à laisser un peu de jeu à l'étoffe lorsque la portière est en mouvement; le retour du côté droit se fixe et se garnit isolément.

### PORTIÈRE A DEUX RIDEAUX ET A GALERIE BOIS DORÉ.

#### (fig. 1, 2, 3, 4, pl. 79.)

La fig. 1 (pl. 79) est un décor de portière avec galerie bois doré garnie de trois festons, d'un grand rideau relevé à l'italienne et d'un autre bonne-grâce; les deux festons de gauche et le grand rideau s'ouvrent ensemble, et le feston de droite et le petit rideau d'autre part.

Pour faire ouvrir la porte avec la décoration, on pose la galerie à demeure et l'on fait manœuvrer la feuillure apparente coupée et fixée aux platines des ferrures cintrées suivant le contour de cette feuillure.

Le système de ces ferrures est celui employé pour la petite portière précédente.

La fig. 2 indique le tracé géométral de la galerie, de la feuillure coupée et des ferrures proportionnées au poids qu'elles supportent.

La fig. 3 donne la place des ferrures; les tringles verticales pivotantes B, B de chaque ferrure sont placées à l'aplomb des charnières de la porte, et les tiges horizontales mobiles D E sont fixées perpendiculairement à la porte et à la galerie comme dans les fig. 13 et 14 (pl. 80).

Nous avons indiqué également dans la fig. 3 le tracé des battants à demi-ouverts et repoussant la feuillure.

Le support à platine A de la grande ferrure (fig. 2 et 3) est placé sur le chambranle, ce qu'il faut éviter autant que possible lorsque le chambranle est à moulures; on le fait couder davantage et on le place comme celui A de droite, indiqué dans le plan fig. 3 et l'élévation fig. 2.

La feuillure doit être ajustée soigneusement à la galerie ainsi que sur les ferrures pour qu'elle revienne se placer exactement sous cette galerie; elle doit être assez large pour que l'on puisse y fixer solidement les draperies et les rideaux. Les parties P et R de cette feuillure (fig. 2) restent fixées à la galerie avec les retours et reçoivent les chutes qui passent par dessus la crête formant tête aux festons.

Ce genre de ferrure manœuvre bien et est très solide, puisque le poids est supporté par les ferrures A, A fixées aux chambranles.

On pourrait également, pour une galerie à feuillure, placer la tige pivotante B en dehors de l'aplomb des charnières de la porte comme nous l'indiquons dans la fig. 4 (pl. 79), ce qui éviterait de laisser les petites parties de feuillure P et R après la galerie, mais dans ce cas il faudrait placer en biais la tige horizontale D E comme on l'a fait dans la fig. 11 (pl. 80); les points D et B de la ferrure se placent à la même distance que celle comprise entre le point E point d'attache sur la porte, et le point N charnière de cette porte.

Nous avons indiqué dans cette fig. 4 (pl. 79) le battant de la porte ouvert et la tige mobile *e d* repoussant la feuillure afin de faire bien comprendre la position de la feuillure lorsque ce battant est entièrement ouvert.

FERRURES DE PORTIÈRES A DOUILLES.

(Fig. 5, 6, 7, pl. 79.)

La ferrure support à doubles douilles représentée dans la fig. 5 (pl. 79) s'emploie dans les embrasures de peu de profondeur et pour les galeries entièrement recouvertes et ne devant pas porter un grand poids.

La fig. 6 (pl. 79) représente le plan par terre de la baie de la porte et de la galerie s'ouvrant par le milieu.

Pour trouver la dimension convenable à donner à ce genre de support, on détermine d'abord, comme nous l'indiquons dans le côté droit de cette figure, le point A de la douille fixée au battant de la porte, puis l'on prend la mesure comprise entre ce point et celui B charnière de la porte et on la reporte de l'extrémité intérieure D ou charnière de la galerie au point C qui indique la place de la douille sur la galerie; la ligne C A entre la galerie et la porte indique la longueur du support coudé qui maintient cette galerie parallèlement à la porte.

Nous avons indiqué également dans le côté droit de cette fig. 6 le battant de la porte ouvert ainsi que la galerie et nous avons tracé des points B charnière de la porte, et D charnière de la galerie comme centres des arcs de cercle partant des points A et C, ce qui donne les points correspondants $a$, $c$ sur le battant et sur la galerie; la grandeur $ac$ est égale à celle A C du plan, ce que nous avons établi pour montrer la manière de se rendre compte de la grandeur exacte de la ferrure coudée.

Il n'est pas toujours nécessaire d'avoir entre le battant et la galerie un espace aussi grand que celui du côté droit de cette figure; en réduisant un peu la longueur du support coudé, on diminue cet espace. Le support raccourci de 3 centimètres environ se place au point C sur la galerie, dans le côté gauche de cette fig. 6, le point A sur la porte restant à sa place. Pour vérifier si cette longueur de support est suffisante pour faire manœuvrer la galerie avec le battant, on trace la porte ouverte comme nous l'avons indiqué, puis du point B de la charnière, comme centre, on trace un arc de cercle partant du point A, ce qui donne le point $a$ sur le battant ouvert; puis de ce point $a$ comme centre avec une ouverture de compas égale à la nouvelle mesure du support A C, on trace l'arc de cercle $ef$; du point D charnière de la galerie comme centre, on trace du point C un arc de cercle qui rencontrera celui $ef$, ce qui donnera le point $c$ qui sera le point d'attache de la douille sur la galerie, laquelle prend la position indiquée en D, $c$, H, ce qui la rapproche de la porte.

Pour que la galerie fonctionne bien, on peut employer à la place de charnières des supports fixés dans le mur dont la tête sera à goujon, et l'on met une douille à la galerie, ce qui la fait pivoter facilement sur ces supports; le petit retour sera isolé comme nous l'indiquons dans le côté droit de cette figure 6.

Si l'on ne veut pas ouvrir la galerie dans son entier, on fixe le retour au mur et l'on met la charnière ou le support dont nous venons de parler au point D (fig. 7) et lorsque l'on a déterminé le point A point d'attache de la douille du support tournant sur la porte, on fait le tracé comme il a été dit pour la fig. 6, puisque c'est le même principe.

### FERRURE A GLISSOIRE.

### (Fig. 8, 9, 10, pl. 79.)

Le système de ferrures à glissoire représenté fig. 8, 9 et 10 (pl. 79) s'emploie aussi pour les portes affleurant les chambranles ; on les a perfectionnées en mettant un galet qui facilite le frottement en remplacement de l'anneau seul ; ce genre de ferrures s'emploie pour les feuillures ouvrantes des galeries fixes, et pour les galeries recouvertes entièrement.

La saillie F E de cette ferrure (fig. 9) est déterminée par la mesure du retour de la galerie et sa longueur verticale s'exécute proportionnellement au poids qu'elle supporte, et à son emplacement sur la porte.

Pour déterminer exactement la longueur de la tige horizontale A C fixée à la galerie et sous laquelle glisse la ferrure, on trace la porte entièrement ouverte comme nous l'avons fait en B H (fig. 9) ; puis du point B charnière de la porte comme centre, on trace un arc de cercle partant du point E centre du galet de la ferrure ; on trace ensuite sur la porte ainsi ouverte le plan de la ferrure comme nous l'indiquons en f e : la charnière intérieure de la galerie ou pour plus de facilité dans le mouvement le gond avec douille étant placé au point G, on fait le tracé de la galerie comme il est indiqué en G J en plaçant la ligne intérieure de cette galerie à une distance égale de la ferrure f e, à celle qui existe entre la galerie et la porte lorsqu'elles sont fermées.

On détermine donc en a c la longueur de la tige sous laquelle frotte le galet ; si l'on ne veut pas que la galerie s'ouvre autant, on met un arrêt au bas de la porte, ce qui l'empêche par conséquent de repoussér la galerie : nous avons tracé dans cette figure la porte à moitié ouverte et par suite la galerie afin de faire comprendre le développement de l'arc de cercle décrit par le point E ou galet de la ferrure dont le point de centre est la charnière B de la porte.

La fig. 10 est le tracé en plus grand de la ferrure et de la tige horizontale A C.

## PRINCIPAUX MOYENS DE TIRAGES.

### (Fig. 1, 2, 3, 4, 5, 6, page suivante.)

Les figures de la page suivante indiquent les différentes façons de disposer les cordons de tirage pour les rideaux fonctionnant sur un bâton ou bien sur une ou deux tringles.

#### RIDEAUX SUR UN BATON.

### (Fig. 1 et 2.)

Les fig. 1 et 2 indiquent les positions du cordon de tirage attaché aux anneaux manœuvrant sur un bâton creux ordinaire dans lequel sont placées la poulie simple S et la poulie double D.

Dans ce genre de disposition le milieu du cordon doit être placé au point M (fig. 1), point placé à une distance égale de l'anneau B et de la poulie simple S ; cet anneau B est celui qui se dirige vers la poulie simple lorsque l'on ouvrira les rideaux.

Le milieu du cordon étant placé sur le point M, on attache ce cordon au premier anneau B du rideau fermé en faisant un nœud simple en dessous ; on passe le cordon à gauche dans la poulie simple S et l'on attache le premier anneau A de l'autre rideau fermé, comme on a fait pour celui B ; on passe alors les deux cordons dans la poulie double D et ils retombent avec une différence de longueur égale au chemin qui sera parcouru par les anneaux.

Lorsque l'on ouvrira les rideaux, l'anneau B viendra se placer à gauche au point C (fig. 2), et celui A à droite au point E ; le milieu du cordon ou point M se déplacera également en M (fig. 2); les cordons et les glands de tirage auront changé de place tout en restant à la même différence de hauteur les uns des autres.

Pour des rideaux placés sur une tringle et dont les poulies servent de supports, les moyens d'attache et le passage des cordons dans les poulies sont les mêmes que ceux employés dans les deux figures précédentes.

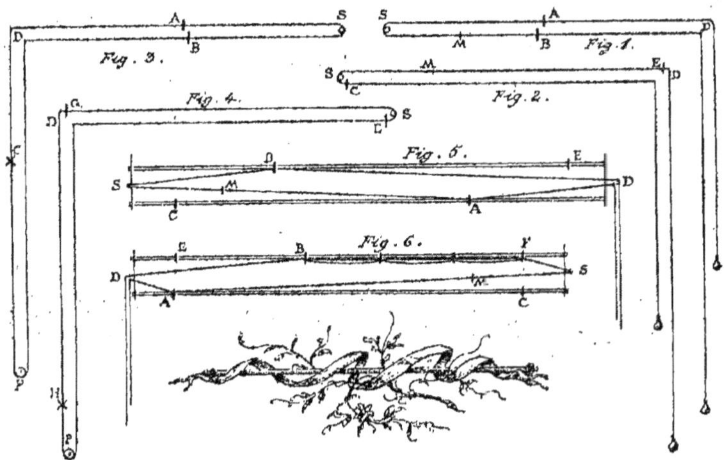


RIDEAUX SUR UN BATON OU SUR UNE TRINGLE, AVEC POULIE DE BAS.

(Fig. 3 et 4.)

Les fig. 3 et 4 montrent les cordons de tirage retenus par des poulies de bas, qu'il est toujours nécessaire d'employer lorsque le bâton ou la tringle sont près du haut de l'espagnolette de la fenêtre, afin que les cordons ne s'y accrochent pas.

La longueur du cordon de tirage étant déterminée par la largeur et la hauteur de la fenêtre ainsi que par la place de la poulie de bas, il faut calculer la distance de déplacement de ce cordon lorsque l'on ouvrira les rideaux, car il est nécessaire que le point de jonction du cordon soit placé assez haut pour que le nœud ne gêne pas la marche du tirage et qu'il vienne s'arrêter avant la poulie de bas.

La fig. 3 indique les anneaux attachés en A et B, les rideaux étant fermés, et le nœud du cordon fait au point C à une distance assez grande de la poulie de bas P ; les rideaux ouverts, les anneaux A et B se placeront en G et en E (fig. 4) et le nœud du cordon descendra au point H avant la poulie de bas P, de sorte que ce cordon fonctionnera aisément.

### RIDEAUX SE CROISANT SUR DEUX TRINGLES.

#### (Fig. 5.)

Si les rideaux sont d'égale largeur, le point d'attache du premier anneau de chaque rideau fermé sera fixé à distance égale de l'extrémité des tringles, soit aux points A et B (fig. 5) ; le point M indique la place où il faut placer le milieu du cordon de tirage, comme dans la fig. 1.

Lorsque l'on ouvrira les rideaux, le tirage se faisant à droite, l'anneau A viendra se placer au point G du côté de la poulie simple S, et celui B au point E du côté de la poulie double D ; les cordons se déplaceront proportionnellement comme dans les fig. 1 et 2.

### RIDEAUX D'INÉGALE LARGEUR SE CROISANT SUR DEUX TRINGLES.

#### (Fig. 6.)

Ce cas se présente souvent ; il est nécessaire de se rendre bien compte de la largeur de chaque rideau pour les faire ouvrir convenablement.

Nous supposons le grand rideau fermé et son premier anneau fixé au point A sur la première tringle, et le petit rideau également fermé et son premier anneau au point B sur la seconde tringle.

La poulie simple est placée au point S à droite et la double à gauche au point D.

L'attache du cordon de tirage se fait toujours au point A pour le grand rideau, mais si on attachait le cordon au premier anneau B du petit rideau, lorsque l'on voudra ouvrir les rideaux, ce point B venant s'arrêter au point E du côté de la poulie double D, le cordon serait retenu et ne laisserait ouvrir qu'une petite partie du grand rideau. Il faut donc, pour que le grand rideau s'ouvre entièrement, que le cordon soit libre sur une distance égale à celle que ce rideau occupe lorsqu'il est fermé ; pour cela, au lieu d'attacher le premier anneau B du petit rideau, on place un anneau au point F qui représente sur la seconde tringle la largeur du grand rideau fermé, et l'on y attache le cordon de tirage ; puis, l'on attache à cet anneau F une petite corde que l'on tend jusqu'à l'anneau B du petit rideau et on la fixe à cet anneau ; pour que cette corde ne pende pas lorsqu'on ouvrira les rideaux, il faut l'attacher à deux ou trois anneaux passés dans la tringle.

Cette disposition faite, le grand rideau pourra s'ouvrir entièrement et viendra jusqu'au point C du côté de la poulie simple S, et l'anneau F de la seconde tringle glissera et entraînera les deux anneaux et la petite corde ainsi que l'anneau B du petit rideau qui se repliera jusqu'au point E du côté de la poulie double D. Lorsque l'on voudra refermer les rideaux, la petite corde de rappel attachée au point F se tendra en entraînant l'anneau B auquel elle est attachée et remettra le petit rideau à sa place.

Le point M indique, comme dans les figures précédentes, le milieu du cordon de tirage.

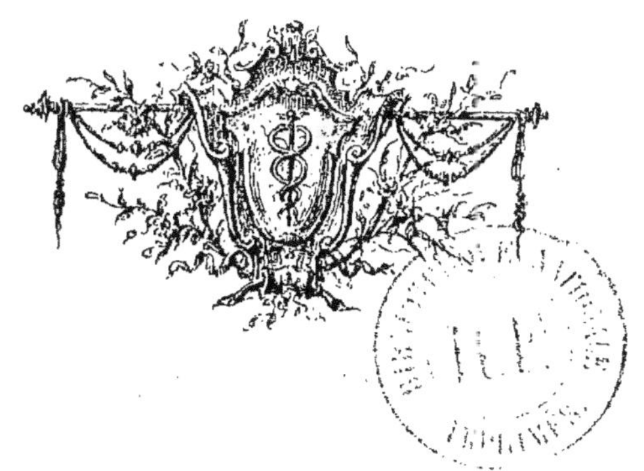

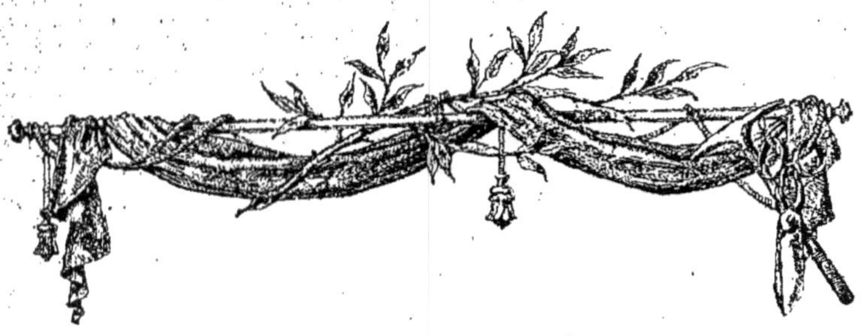

# TABLE DES MATIÈRES
## CONTENUES DANS LE TEXTE

## CHAPITRE III

### PLANS, LEVÉ DES PLANS D'APPARTEMENTS

#### *Planche 3.*



## CHAPITRE IV

### PLANS ET PROJECTIONS, ÉLÉVATIONS, CHANGEMENT DE PROPORTION

#### *Planches 4 et 5.*

# CHAPITRE V

## PERSPECTIVE

*Planches 6, 7, 8, 9 et 10.*

## CHAPITRE VI

### INSTRUMENTS ET OUTILS

### *Planche 11.*



## CHAPITRE VII

### DE LA DÉCORATION DES PIÈCES D'UN APPARTEMENT

## CHAPITRE VIII

### TAPIS, COUPE ET POSE DES TAPIS

*Planche 12.*



## CHAPITRE IX

### TENTURES UNIE, PLISSÉE ET GRECQUE, PANNEAUX DE TENTURES

*Planches 13, 14, 15, 16 et 17.*

## CHAPITRE X

### RIDEAUX, COUPE DES RIDEAUX FRONCÉS ET PLISSÉS, TÊTES DE RIDEAUX, GALERIES, LAMBREQUINS

*Planches 18, 19, 20, 21, 22, 23, 24 et 25.*

## CHAPITRE XI

### RIDEAUX DRAPÉS ET RELEVÉS A L'ITALIENNE

*Planches 14, 26 et 27*

# CHAPITRE XII

### LITS, BALDAQUINS, RÈGLEMENTS DES RIDEAUX, CIELS DE LITS PLISSÉS ET UNIS

*Planches 27, 28, 29, 30, 31, 32, 33, 34, 35, 36, 37, 38, 39, 40.*

# CHAPITRE XIII

FESTONS DRAPÉS, CHUTES, DRAPERIES, DESSINS ET COUPES

*Planches 45, 46, 47, 48, 49, 50, 51.*

## CHAPITRE XIV

### LAMBREQUINS, CANTONNIÈRES, DESSINS ET COUPES

*Planches 25, 44, 49, 52, 53, 54, 55, 56, 57, 58, 59, 60, 61, 62, 63, 68, 69, 70, 78.*

## CHAPITRE XV

LITS, BALDAQUINS, COURTES-POINTES ET DÉCORATIONS DES STYLES MOYEN-
AGE, RENAISSANCE, LOUIS XIII, LOUIS XIV, LOUIS XV ET LOUIS XVI

*Planches 39, 40, 41, 42, 43, 44, 52, 53, 54, 56, 57 et pl. 61 à 74.*

# CHAPITRE XVI

GARNITURES DE TOILETTES ET DE CHEMINÉES, STORES PLISSÉS,
FANTAISIES, ETC.

## *Planches 75, 76, 77, 78.*



# CHAPITRE XVII

MÉCANISMES ET FERRURES POUR CROISÉES ET PORTIÈRES. — TIRAGES

## *Planches 79 et 80.*

BUREAU DE DAME LOUIS XV

# LE MOBILIER D'ART

## Par Théodore VILLENEUVE

Dessinateur de la maison Krieger, à Paris.

### MEUBLES, CHEMINÉES, TENTURES

EXTRAIT DU « *Mobilier d'Art* », par TH. VILLENEUVE. (Dessin réduit.)

LIT LOUIS XV

# TABLE DES PLANCHES

Paris. — Imp. E. Capiomont et C<sup>ie</sup>, rue des Poitevins, 6.

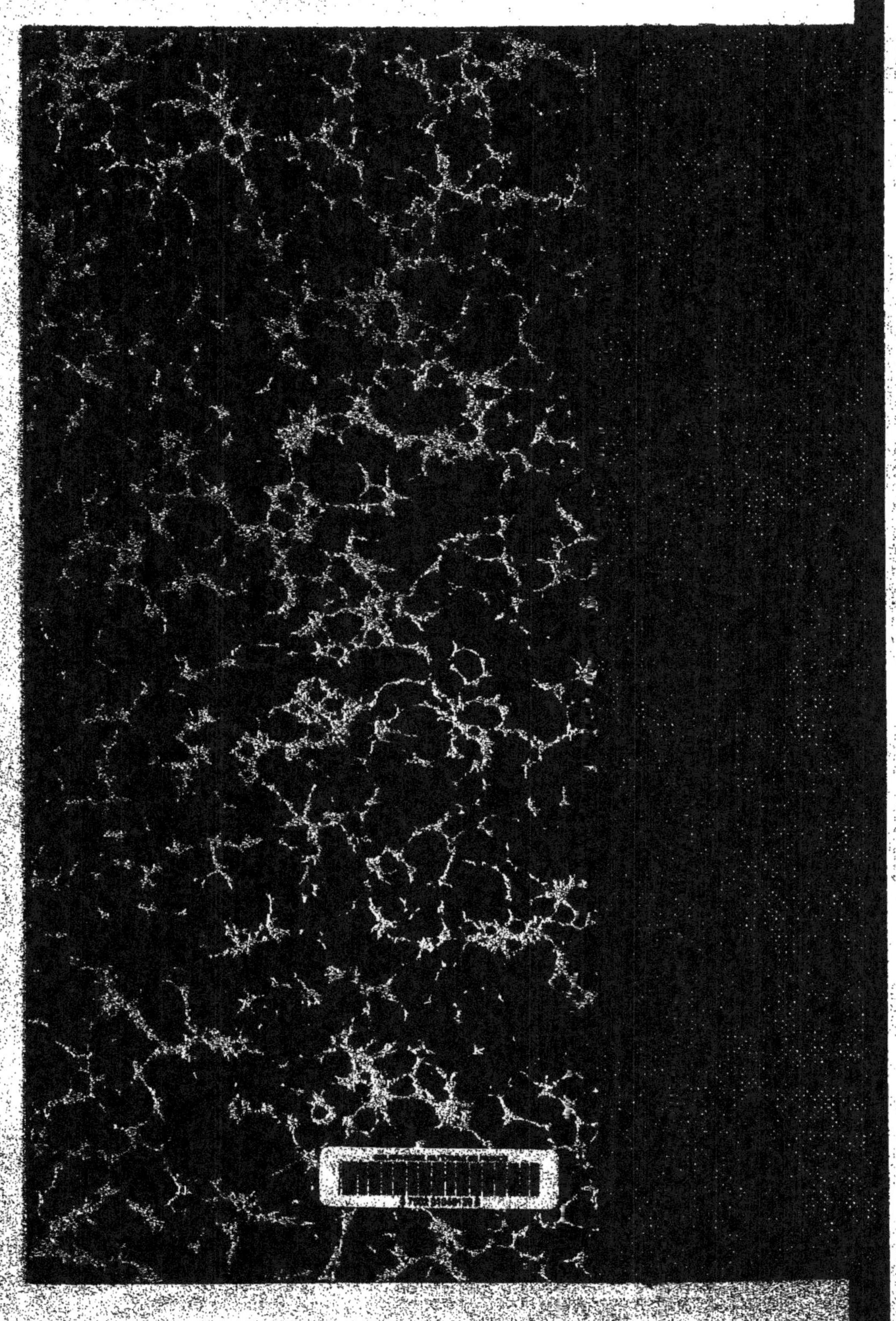